Hermann Ludwig von Wartensleben

Feldzug 1870-71: Die Operationen der I. Armee unter General von Manteuffel

Verone

Hermann Ludwig von Wartensleben

Feldzug 1870-71: Die Operationen der I. Armee unter General von Manteuffel

1st Edition | ISBN: 978-9-92500-003-6

Place of Publication: Nikosia, Cyprus

Erscheinungsjahr: 2015

TP Verone Publishing House Ltd.

von Wartensleben beschreibt in diesem Buch den Feldzug im Deutsch-Französischen-Krieg der I. Armee unter General von Manteuffel.

Feldzug 1870–71.

Die
Operationen der I. Armee

unter

General von Manteuffel.

— Von der Capitulation von Metz bis zum Fall von Peronne. —

Dargestellt
nach den Operations-Akten des Obercommandos der I. Armee

von

Hermann Graf Wartensleben,
Oberst im Generalstabe.

Vorwort.

Die erste Periode des großen Deutsch-französischen Krieges, der Feldzug gegen die Kaiserliche Armee kennzeichnet sich — trotz der Zersplitterung der Französischen Heerestheile beim ersten Aufmarsch — auf beiden Seiten durch ein Streben nach möglichstem Zusammenwirken der Heereskräfte. Die Entscheidungen fallen daher, meist schnell aufeinanderfolgend, in einigen wuchtigen Hauptschlägen, deren Bedeutung und innerer Zusammenhang auch in weiteren Kreisen von vornherein klar hervorgetreten ist.

Anders im späteren Zeitraum, im Kriege gegen die Republik. Wir sehen hier die beiderseitigen Armeen in mehr oder weniger von einander unabhängige Einzelfeldzüge engagirt.

Die unerwartete Dauer des Widerstandes von Paris, die überraschende Leistungsfähigkeit des feindlichen Landes in Aufbringung neuer Streitkräfte bedingen ein immer weiteres Vorrücken der Operationen von der deutschen Grenze nach Westen. Zwar bildet die Oberleitung in Versailles nach wie vor das Bindeglied zum gemeinsamen Zweck; aber oft ist diese Triebfeder äußerlich nicht erkennbar. So wird das Bild dieser zweiten Periode des großen Krieges ein anscheinend ziemlich verworrenes, insbesondere für alle den betreffenden Vorgängen Fernerstehenden. —

Der allgemeine Kriegszweck und die besondere Bestimmung der einzelnen Armeen geben den Operationen ihre Hauptrichtung. Auf Befehlen oder Directiven von Oben und, insoweit diese Spielraum geben, auf Meldungen von Unten und anderweitigen

Nachrichten und Verhältnissen gründen sich dann die ferneren Maßregeln. Es gilt das nicht nur für den Feldherrn, sondern mehr oder minder für jeden Truppenführer, welcher in die Lage kommt, selbstständige Entschlüsse zu fassen. In ihrer Gesammtheit stellen jene Elemente die jedesmalige, oft wechselvolle und nicht immer klare Kriegslage dar. Ohne einen wenigstens allgemeinen Ueberblick dieser letzteren aber ist eine objective Beurtheilung, eine lehrreiche Kritik nicht wohl möglich. —

Aus allen diesen Gründen erscheint eine frühzeitige Veröffentlichung der Spezialgeschichten jener einzelnen Feldzüge nicht ohne allgemeines Interesse. —

Wir geben hier einen Ueberblick des Feldzuges der I. Armee von der Kapitulation von Metz bis zum Fall von Peronne. Die Darstellung gründet sich auf die Kriegsacten des Oberkommandos; vielfach wird zugleich Selbsterlebtes geschildert. Weit davon entfernt, etwas Vollkommenes geben zu wollen, wünschen wir nur in dem oben angegebenen Sinne ein, wie wir annehmen, nicht unwillkommenes Material zu liefern, zugleich aber auch allen am Feldzuge der I. Armee Betheiligten die gemeinsam verlebte ereignißreiche Zeit in frischere Erinnerung zurückzurufen. Möge jeder auch ungenannte Mitkämpfer seinen eigenen Antheil an den gemeinsamen Erfolgen darin wiederfinden!

Hinsichtlich der Auffassungsweise und Behandlung des Stoffs darf im Allgemeinen auf das Vorwort zu den „Operationen der Südarmee" Bezug genommen werden. —

Berlin, im Mai 1872.

Inhalts-Verzeichniß.

Seite

Einleitung.
Verhältnisse der I. Armee vor dem Abmarsch von der Mosel.

Erste Periode.
Vormarsch der I. Armee von der Mosel nach der Oise . . . . 1—14

Erstes Kapitel.
Von Metz bis Reims (7.—15. Novbr.) . . . . 15—31

Zweites Kapitel.
Von Reims bis Compiegne (Aufmarsch an der Oese, 16.—23. Novbr.) . . . . 32—43

Zweite Periode.
Die Operationen in der Picardie und Normandie bis zur Einnahme von Rouen (24. Novbr. — 6. Decbr.)

Drittes Kapitel.
Der Vormarsch gegen Amiens, Recognoscirungsgefechte bei Quesnel und Mezieres, Avantgardengefecht an der Luce. Kapitulation von Thionville (24.—26. Novbr.) . . . . . . 44—54

Viertes Kapitel.
Die Schlacht bei Amiens am 27. Novbr. . . . . 55—64

Fünftes Kapitel.
Kapitulation von la Fere. Besetzung von Amiens. Kapitulation der Citadelle. Formirung der I. Armee zum Marsch gegen Rouen. Einsetzung einer deutschen Verwaltung im Somme-Departement. Verhältnisse beim 7. Armee-Corps (27.—30. Novbr.) . . . . 65—77

Sechstes Kapitel.
Vormarsch nach der Normandie. Gefechte bei Buchy. Einrücken der I. Armee in Rouen (1.—6. Decbr.) . . . . 78—90

Dritte Operationsperiode.
Die Operationen an der Seine und an der Somme von der Einnahme von Rouen bis zur Schlacht an der Hallue.

Siebentes Kapitel.
Allgemeine und besondere Kriegslage der I. Armee im December. Verhältnisse von Rouen. Operationen mobiler Colonnen auf beiden Seine-Ufern . . . . 91—100

Achtes Kapitel.

Anordnungen und erste Ausführungsmaßregeln zur Formation der I. Armee in 2 Gruppen an der Seine und an der Somme. Gefechte an der Rille. Recognoscirungen gegen Havre . . . . 101—106

Neuntes Kapitel.

Ereignisse an der Somme und vor den Ardennenfestungen in der ersten Hälfte des Decembers. Ueberfall von Ham. Vorstoß des General Faidherbe nach la Fere. Kapitulation von Montmedy . . . . 107—111

Zehntes Kapitel.

Konzentrirung des größeren Theils der I. Armee nach Amiens . 112—127

Elftes Kapitel.

Die Schlacht an der Hallue . . . . 128—147

Vierte Operationsperiode.

Operationen und Kämpfe nach der Schlacht an der Hallue bis zum Fall von Peronne.

Zwölftes Kapitel.

Vorrücken des 8. Armee-Corps nach Bapaume. Cernirung und Bombardement von Peronne. Gefecht bei Longpre, Busigny :c. Ueberfall von Souchez. Vorrücken des Feindes gegen Rouen, Gefechte an der Seine. Erstürmung von Schloß Robert le Diable . . . . 148—167

Schlußkapitel.

Kapitulation von Mezieres am 1. und von Rocroi am 6. Januar. Ausscheiden der 14. Division aus dem Armee-Verbande. Niederlage des französischen Truppencorps auf dem linken Seine-Ufer am 4. Januar. Vorrücken der Nordarmee zum Entsatz von Peronne. Schlacht bei Bapaume. Operationen der Cavallerie-Division Lippe gegen Vervins, 2. bis 6. Januar. Uebernahme des Oberkommandos der I. Armee durch den General Goeben. Kapitulation von Peronne am 9. Januar 168—182

Anhang . . . . 183—196

Anlagen:

1. Ordre de bataille zur Zeit des Abmarsches von der Mosel (7. Novbr.) . . . . 197—198
2. Ordre de bataille des 1. und 8. Armee-Corps . . . . . 200—201
3. Stärke der Französischen Nordarmee 202

Einleitung.

Verhältnisse der ersten Armee vor dem Abmarsch von der Mosel.

Nach der Schlacht bei Gravelotte bildete die I. Armee einen Theil des größeren Cernirungsheeres vor Metz unter dem Prinzen Friedrich Carl. Sie hatte damals folgende Zusammensetzung:

Oberbefehlshaber: General der Infanterie von Steinmetz,
 Chef des Stabes: General-Major von Sperling,
 1. Armee-Corps: General der Cav. Frhr. von Manteuffel,
 7.   "   "   "   Inftr. von Zastrow,
 8.   "   "   "   Inftr. von Goeben,
  3. Reserve-Division   Gen.-Lieut. von Kummer,
  1. Cavallerie-Division   -   von Hartmann,
  3.   "   "   -   Graf v. d. Groeben,
 General-Etappen-Inspection Gen.-Lt. von Malotki.

Um Mitte September wurde dem General Steinmetz das General-Gouvernement von Posen übertragen. Die drei Armee-Corps mit den jeweilig attachirten selbständigen Divisionen ressortirten seitdem in taktischer Beziehung direct vom Ober-Kommando des Cernirungsheeres; in administrativer und sonstiger Hinsicht aber blieb der bisherige Armeeverband aufrecht erhalten. Der Chef des Stabes war bereits seit dem 10. September zur Führung der 29. Brigade abkommandirt; er erkrankte dort in Folge der Strapatzen beim Vorpostendienst, konnte die Armee erst Anfangs Dezember bei Rouen wieder erreichen und wurde in dieser Zwischenzeit durch den Oberquartiermeister, Oberst Wartensleben, vertreten.

Die Dislocations- und Vertheidigungsrayons der Armee vor Metz waren während der Cernirungsperiode mehrfachem Wechsel unterworfen; je nachdem die allgemeine militairische Situation es erforderte, den Schwerpunkt der Cernirung hier- oder dorthin zu verlegen und je nach Maaßgabe der verfügbaren Truppen. Es waren dies außer der I. Armee: das 2., 3., 9. und 10. Armee-Corps der II. Armee, anfänglich auch ein Theil der Etappentruppen der I. Armee, und vorübergehend das 13. (Meklenburgische) Armee-Corps. Die Einzelheiten hierüber und das Detail der eigentlichen Vertheidigungsstellungen gegen Metz gehören nicht in den Bereich dieser Darstellung. Während der ersten Cernirungsperiode standen nur das 1. Armee-Corps, die Division Kummer, die 3. Cavalleriedivision und ein kleiner Theil des 7. Armee-Corps auf dem rechten, alles Uebrige auf dem linken Moselufer; später okkupirte im Allgemeinen die I. Armee das Terrain des rechten, die II. Armee das des linken Moselufers.

Wir geben nachstehend die allgemeinen Rayongränzen, wie sie vom 1. October an bis zur Kapitulation von Metz bestanden, und wie sie für das Verständniß der Anordnungen zum Vormarsch ausreichen. Danach hatte die I. Armee folgende Aufstellung:

8. Armee-Corps mit der ihm attachirten 3. Cavallerie-Division im Terrain zwischen der Seille und der Saarbrücker Eisenbahn. Hauptquartier Cherisey. Vertheidigungslinie Pouilly—Mercy le Haut.

7. Armee-Corps rechts anschließend bis zur Saarbrücker Chaussee. Hauptquartier Puche. Vertheidigungslinie Ars Laquenexy—Montoy.

1. Armee-Corps mit der ihm attachirten halben 1. Cavallerie-Division im Terrain zu beiden Seiten der Chaussee nach Saarlouis. Hauptquartier S. Barbe. Vertheidigungslinie Noisseville—Failly. Die andere Hälfte der 1. Cavallerie-Division befand sich unter ihrem Divisions-Kommandeur vor Thionville.

3. Reserve-Division (Kummer), damals dem 10. Armee-Corps attachirt, auf dem linken Moselufer, nördlich Metz. Hauptquartier Mezieres; Vertheidigungslinie Amelange—Feves.

Von der II. Armee okkupirte das 10. Armee-Corps den Rayon zwischen dem 1. Armee-Corps und der Division Kummer.

An diese letzteren schloß sich auf dem linken Moselufer zunächst an: das 3. Armee-Corps, dann das 9. bis zur oberen Mosel. Das 2. Armee-Corps stand im Allgemeinen zwischen Mosel und Seille.

Das Hauptquartier des Prinzen Friedrich Carl war seit dem 7. September in Corny, südlich Metz, der Stab der I. Armee nahe dabei in Jouy aux Arches. Die General-Etappen-Inspectionen der I. und II. Armee befanden sich in der Gegend von Herny und Courcelles an der Saarbrücker-Eisenbahn. Diese letztere vermittelte den Nachschub für beide Armeen, deren jede ihre besondere Endstation hatte (Herny, resp. Courcelles). Da die Etappenlinien der Cernirungsarmee bis zur Preußischen Gränze nur kurz waren, das weite Vorschreiten der anderen Armeen aber eine Sicherung ihrer Verbindungen im Terrain westlich der Mosel nöthig gemacht hatte, so wurden nach und nach die Etappentruppen der I. und II. Armee ihrem ursprünglichem Verbande entzogen; die der I. Armee befanden sich schon im October größtentheils im Truppencorps des General Gayl vor Verdun.

Als sich in der zweiten Hälfte des October die Anzeichen einer baldigen Entscheidung bei Metz immer deutlicher herausstellten, erließ die oberste Heeresleitung in Versailles unterm 23. October Vorschriften über anderweitige Formirung und demnächstige Aufgaben der I. und II. Armee. Diese an das Oberkommando der Cernirungsarmee gerichteten Directiven gingen am 27. October in Corny ein; sie enthielten zunächst einige Gesichtspunkte in Betreff der bevorstehenden Kapitulation, insbesondere die Vorschrift, daß die kriegsgefangene Mannschaft in zwei Hauptrichtungen: theils über Saarlouis, Call nach Cöln, theils von Courcelles auf Eisenbahn über Saarbrücken nach Deutschland dirigirt werden sollte. Dann heißt es:

„Ueber die spätere Verwendung der jetzt vor Metz befindlichen Streitkräfte befehlen S. Majestät der König das Nachstehende:

Die I. Armee (1. 7. und 8. Armee-Corps, 3. Reserve-Division) erhält den Auftrag, Metz zu besetzen, Thionville und Montmedy zu belagern, die kriegsgefangene Armee zunächst zu bewachen und durch die Landwehrtruppen abführen zu lassen. Eine Rückkehr der letzteren steht zunächst nicht zu erwarten, da die Bewachung in der Heimath momentan nicht anders hergestellt werden kann. Eine spätere Heranführung anderer Landwehrbataillone bleibt vorbehalten. Die I. Armee wird im Uebrigen in der Stärke von mindestens 2 Armee-Corps auf eine Linie St. Quentin-Compiegne und zwar mit der Tete unverzüglich nach Abschluß der Kapitulation abrücken.

Die II. Armee (2., 3., 9., 10. Armee-Corps und 1. Cavallerie-Division) hat schleunigst in der allgemeinen Richtung über Troyes an die mittlere Loire abzurücken. Beide Armeen marschiren in breiter Front behufs leichterer Verpflegung und möglichst zu beschleunigenden Vorrückens. gez. Moltke."

Inzwischen waren die Verhandlungen mit dem Marschall Bazaine bereits soweit vorgeschritten, daß ein definitiver Abschluß der Kapitulation unmittelbar bevorstand. Das Oberkommando der Cernirungsarmee traf deshalb bei Eingang der Directiven folgende vorbereitende Anordnungen:

Zum Verbleiben bei Metz und zur Uebernahme der Belagerungen bestimmte Prinz Friedrich Carl das 7. Armee-Corps und die 3. Reserve-Division unter General Zastrow. Der genannte General sollte insbesondere auch die obere Leitung aller Anordnungen für den Transport der kriegsgefangenen Armee und die Regelung der Verhältnisse bei Metz und vor Thionville übernehmen. Zum einstweiligen Kommandanten von Metz wurde General Kummer ernannt, welcher aber bald darauf an Stelle seiner sich auflösenden Division das Kommando der 15. Division erhielt.

Die von der I. zur II. Armee übertretende 1. Cavallerie-Division sollte am 29. nach der Gegend von Briey abrücken; das Kommando vor Thionville übernahm einstweilen General Strantz. Zur Unterstützung des Belagerungscorps vor Verdun wurden am 28. folgende Truppentheile des 8. Armee-Corps dorthin in Marsch gesetzt: Das Infanterie-Regiment Nr. 60, das Jägerbataillon Nr. 8 und 1 Pionier-Compagnie. Sie trafen am 30. in der Gegend von Verdun ein und traten hier unter Befehl des Generals Gayl, welcher sein Stabsquartier in Charny hatte. Die 3. Cavallerie-Division rückte am 28. nach der Gegend nördlich Fresnes.

Am 27. Abends erfolgte im Schloß Frescati der Abschluß der Kapitulation. Prinz Friedrich Carl erließ folgenden Armee-Befehl:

„Soldaten der I. und II. Armee!

Ihr habt Schlachten geschlagen und den von Euch besiegten Feind in Metz 70 Tage umschlossen, 70 lange Tage, von denen aber die meisten Eure Regimenter an Ruhm und Ehre reicher, keiner sie deren ärmer machte! Keinen Ausweg ließet Ihr dem tapferen Feinde, bis er die Waffen strecken würde. Es ist so weit.

Heute endlich hat diese Armee von noch voll 173,000 Mann, die beste Frankreichs, über 5 ganze Armee-Corps, darunter die Kaiser-Garde mit 3 Marschällen von Frankreich, mit über 50 Generalen und über 6000 Offiziere capitulirt und mit ihr Metz, das niemals zuvor genommen.

Mit diesem Bollwerk, das wir Deutschland zurückgeben, sind unermeßliche Vorräthe an Kanonen, Waffen und Kriegsgeräth dem Sieger zugefallen.

Diesen blutigen Lorbeer, Ihr habt ihn gebrochen durch Eure Tapferkeit in der zweitägigen Schlacht bei Noisseville und in den Gefechten um Metz, die zahlreicher sind, als die es rings umgebenden Oertlichkeiten, nach denen Ihr diese Kämpfe benennt.

Ich erkenne gern und dankbar Eure Tapferkeit an, aber nicht sie allein. Beinahe höher stelle ich Euren Gehorsam und den Gleichmuth, die Freudigkeit, die Hingebung im Ertragen von Beschwerden vielerlei Art. Das kennzeichnet den guten Soldaten.

Vorbereitet wurde der heutige, große und denkwürdige Erfolg durch die Schlachten, die wir schlugen, ehe wir Metz einschlossen, und — erinnern wir uns dessen in Dankbarkeit — durch den König selbst, durch die mit Ihm abmarschirten Corps und durch alle diejenigen Kameraden, die den Tod am Schlachtfelde starben oder ihn sich durch hier geholte Leiden zuzogen. Dies ermöglichte erst das große Werk, das Ihr heute mit Gott vollendet sehet, nämlich daß Frankreichs Macht gebrochen ist. Die Tragweite des heutigen Ereignisses ist unberechenbar.

Ihr aber, Soldaten, die zu diesem Ende unter meinen Befehlen vor Metz vereinigt waret, Ihr geht nächstens verschiedenen Bestimmungen entgegen.

Mein Lebewohl also den Generalen, Offizieren und Soldaten der I. Armee und der Division Kummer und ein „Glück auf" zu ferneren Erfolgen."

Am 29. Mittags fand der Convention von Frescati gemäß

der Ausmarsch der feindlichen Armee aus ihren Lägern um Metz statt; während gleichzeitig unsererseits die Forts S. Julien, Queleu, S. Privat, S. Quentin und Plappeville, sowie auch die Stadt besetzt wurden. Die französischen Truppen erschienen unbewaffnet; Waffen und Fahnen waren vorher abgelegt. Der Ausmarsch geschah corpsweise nach 6 verschiedenen Richtungen und Punkten hin; hier standen die betreffenden Corps der Cernirungsarmee zur Uebernahme der Kriegsgefangenen bereit, welche letzteren in die für sie vorbereiteten 6 großen Läger übergeführt wurden. So rückte das VI. Corps (Canrobert) nach Ladonchamps und wurde hier übernommen vom 10. Armee-Corps; in gleicher Weise das IV. Corps (Ladmirault) vom 3. Armee-Corps bei Amanvillers; das Gardecorps (früher Bourbaki) nebst der Artillerie-Reserve der Armee: vom 2. Armee-Corps bei Tournebride; das II. Corps (Frossard) vom 8. Armee-Corps bei Thiebault; die meist aus Mobilgarden bestehenden eigentlichen Garnisontruppen: vom 7. Armee-Corps bei Grigy; das III. Corps (Leboeuf) vom 1. Armee-Corps bei Bellecroix. — Es war ein trüber, naßkalter Octobertag; seit der Mittagstunde oft strömender Regen; die Stimmung ernst bei Freund und Feind. Denn das erhebende Gefühl des Siegers Angesichts dieses nach langem zähen Ausharren errungenen ungeheuren Erfolges konnte doch die andere Regung des menschlichen Herzens nicht unterdrücken, — beim Anblick dieser tapferen nun überwundenen Gegner, welche dem traurigen und ungewissen Loos der Kriegsgefangenschaft entgegen gingen. Wir glauben, daß mehr oder weniger Alle, welche jenen denkwürdigen Tag an Ort und Stelle mit durchlebten, von solchen getheilten Gedanken damals erfüllt waren. Prinz Friedrich Carl mit den beiden Armee-Stäben wohnte dem Act der Uebergabe in der Nähe von Tournebride bei; der kommandirende General des 2. Armee-Corps nahm hier die Rapporte der feindlichen Truppen entgegen, deren Defiliren bis ins Abenddunkel hinein dauerte. Dasselbe verlief durchaus würdevoll und in lautloser Stille, da zur Schonung der Gefühle des Gegners kein Spiel gerührt wurde. Die französischen Offiziere wurden einstweilen nach Metz entlassen und kehrten jetzt dorthin zurück, während die Soldaten in die Gefangenenläger abzogen. Manche rührende Abschiedsscenen zwischen den feindlichen Führern und ihren Truppen werden den Augenzeugen in der Erinnerung geblieben sein. —

Die Kapitulation von Metz erfolgte zu einem Zeitpunkt, wo ein Auftreten der I. und II. Armee im freien Felde sehr wünschenswerth geworden war, um die Deckung der Armee vor Paris gegen die inzwischen neu formirten feindlichen Heeresmassen zu übernehmen. Waren letztere auch bisher noch nicht offensiv aufgetreten, so deuteten doch alle Nachrichten und Anzeichen darauf hin, daß dies namentlich von der Seite der Loire, vielleicht auch von Westen her bald zu erwarten stand. Weniger bemerkbar machten sich zwar bis jetzt die Formationen im Norden; aber auch hier stießen in den Richtungen nach Rouen, Amiens und St. Quentin einzelne Detachements der Maas-Armee mehrfach auf so überlegenen Widerstand, daß sie ihn nicht zu überwältigen vermochten. Es konnte also für die Cernirungsarmee vor Paris bald die Nothwendigkeit herantreten, gegen numerische Ueberzahl nach zwei Seiten hin Front machen zu müssen. Unter diesen Umständen war in den Directiven vom 23. October auf einen beschleunigten Vormarsch der II. und I. Armee hingewiesen worden. Derselbe mußte sich indessen um mehrere Tage verzögern, weil die durch Krankheiten und Gefechte sehr reduzirte Effectivstärke des 7. Armee-Corps und der 3. Reserve-Division bei Weitem nicht dazu ausreichte, um die Besetzung von Metz und außerdem die Bewachung und Eskortirung einer über alle Erwartungen großen Zahl von Kriegsgefangenen zu bewirken. Folgende summarische Berechnung wird dies zunächst veranschaulichen:

Bestimmungsmäßig wurden zur Eskortirung von 100 Gefangenen beansprucht: 10 Mann Infanterie und 1 Cavallerist. Legt man diese Zahl und eine dreifache Ablösung während der Bewachungsperiode in den Lägern zu Grund, so ergiebt das auf 173,000 Gefangene rund 55,000 Mann Bewachungsmannschaften — es war dies annähernd die damalige Ausrückestärke der I. Armee einschließlich der Landwehr-Truppen.

Das Oberkommando der Cernirungsarmee hatte die einleitenden Anordnungen in Betreff der Gefangenen unter nachstehenden Gesichtspunkten getroffen: Die Gefangenen finden zunächst Aufnahme in 6 großen Lägern, wie es am 29. geschah. Die beiden östlichen (Ars Laquenery — 7. Armee-Corps und S. Barbe — 1. Armee-Corps) bilden die Ausgangspunkte für die weitere Abführung in den beiden von der obersten Heeresleitung vorgeschriebenen Hauptströmen über Saarbrücken und Saarlouis, ersterer von Courcelles aus auf Eisenbahn, letzterer über Boulay mittelst Fußmarsches. In jeder Richtung soll vom 30. ab ein tägliches Staffel von 10,000 Gefangenen ablaufen. Die westlichen Läger evakuiren täglich je ein Echelon in die mittleren, diese in die östlichen Läger, so daß zuerst die westlichen, zuletzt die östlichen Läger ganz entleert werden. Die I. Armee übernimmt im Allgemeinen die Sorge für Verpflegung der Gefangenen, die II. Armee sorgt in gleicher Weise für die Einwohnerschaft von Metz.

Wir wissen, daß die II. Armee die Westseite der Cernirung von Metz inne hatte, so daß also ihre Gefangenen-Läger zuerst entleert wurden. Außerdem stellte sich bald heraus, daß die Stadt Metz noch mit genügenden Vorräthen versehen war, Mangel daran nur die Armee dort betroffen hatte, daß also auch in dieser Hinsicht die II. Armee aller Fesseln ledig wurde. Sie konnte sich in ihrer Gesammtheit bereits am 2. November zur neuen Bestimmung nach der Loire in Bewegung setzen. Es entsprach dies sowohl den Directiven aus Versailles, als auch der allgemeinen Kriegslage, weil die Armee vor Paris damals hauptsächlich von der Loire her bedroht war. Andererseits aber fiel nun die Regelung der Verhältnisse von Metz der I. Armee allein zu und fesselte sie dort noch mehrere Tage.

Zur Besetzung von Metz und der Forts mußte eine ganze Division des 7. Armee-Corps bestimmt werden. Es war das zur Aufrechthaltung der Ordnung daselbst um so nöthiger, als sich in der Stadt etwa 20,000 gefangene Reconvalescenten befanden und theilweise auf den Straßen herumbewegten; abgesehen von 6000 Offizieren mit ihren Burschen. Außerdem traten im Eisenbahntransport der Gefangenen über Saarbrücken in den ersten Tagen Unregelmäßigkeiten ein, wodurch der Ablauf des sogenannten südlichen Stromes anfänglich ins Stocken kam und die östlichen Läger sich in unverhältnißmäßiger Weise füllten, da sich die westlichen in der vorgeschriebenen Art leerten. Es wurde eine Theilung der östlichen Ausgangsläger und dadurch eine vermehrte Bewachung nöthig. So waren Anfang November, um die Zeit des Abrückens der II. Armee die Bestandtheile der I. Armee in folgender Weise in Anspruch genommen:

1 Division des 7. Armee-Corps in Metz und in den Forts.
Die Landwehr-Bataillone der bisherigen Division Kummer und

ein Theil der Etappentruppen eskortirten auf der nördlichen Linie über Boulay — Saarlouis bis in die Heimath. —

Die Brigade Blankensee (Regimenter Nr. 19 und 81) desgleichen auf der südlichen Linie über Saarbrücken;

Andere Abtheilungen der Armee waren in Folge höherer Anordnungen, theils, wie wir sahen, in der Richtung auf Verdun, theils zu anderer Bestimmung detachirt, wie demnächst gezeigt werden wird.

Der Rest (es waren das etwa 3 Brigaden des 8. und je eine Division des 1. und 7. Armee-Corps) bewirkte die Bewachung der Läger und die Besetzung der nächsten Landetappen in Richtung der beiden Ströme von Gefangenen.

Alle Kräfte der Intendantur und der General-Etappen-Inspection waren aufgeboten, um der an sie herangetretenen schwierigen Aufgabe zu genügen. Außer dem durch Hinzutritt der Gefangenen um das dreifache gewachsenen täglichen Verpflegungsbedarf mußten auch die nöthigen Vorräthe und eisernen Bestände für den demnächstigen Vormarsch sicher gestellt werden.

Wir haben diese, den Gefangenentransport betreffenden Verhältnisse, wie sie sich aus den einleitenden Anordnungen des Oberkommandos der Cernirungsarmee ergaben, hier in Kürze zusammengefaßt. Es geht daraus hervor, daß der operirende Theil der I. Armee erst abrücken konnte, nachdem die mittleren Läger ganz und die östlichen soweit geleert waren, daß die zum Verbleiben bei Metz bestimmten Theile der Armee zu deren Bewachung ausreichten.

Wir gehen nun, um den Faden der Darstellung wieder aufzunehmen, um einige Tage zurück.

Durch Allerhöchste Cabinets-Ordre vom 27. October war der Oberbefehl über die jetzt wieder selbständig werdende I. Armee deren ältestem kommandirenden General, dem General Manteuffel übertragen worden. Die allgemeinen Verhältnisse, wie er sie bei seiner Kommandoübernahme am 30. in Jouy aux Arches vorfand, sind aus der eben vorangegangenen Darstellung ersichtlich. Es wird außerdem bemerkt, daß General Manteuffel*) während der

---

*) Aus eigener Anschauung führen wir hier Folgendes an: Am 6. September, wenige Tage nach seinem Siege von Noisseville, hatte General Manteuffel durch Sturz mit dem Pferde den Fuß gebrochen, welcher während des

ersten Operationsperiode auch die Geschäfte seines bisherigen Generalkommandos fortführte, weil das 1. Armee-Corps zunächst zu sehr verschiedenen Bestimmungen auseinander gezogen werden mußte.

Das Auftreten französischer Freischaaren in den Argonnen hatte sich seit einiger Zeit durch Ueberfälle einzelner Posten bemerkbar gemacht und war vom Generalgouvernement in Reims nach Versailles gemeldet worden. General Moltke telegraphirte dies am 29. dem Oberkommando der I. Armee und bezeichnete das baldige Erscheinen von Truppen in den Argonnen als wünschenswerth. In Folge dessen wurde das Regiment Nr. 33 nebst 2 Batterien des 8. Armee-Corps nach Fresnes in Marsch gesetzt, um hier zur 3. Cavallerie-Division zu stoßen. Deren Kommandeur General Gröben erhielt Befehl, mit diesen Verstärkungen zur Säuberung der Argonnen bis in die Gegend von Clermont, St. Menehould und Varennes vorzugehen. Hier sollte er den Vormarsch der Armee erwarten und sich ihm demnächst anschließen.*)

Am 31. Abends ging in Jouy ein ferneres Telegramm aus Versailles ein, worin der schleunige Abmarsch einer Division des 1. Armee-Corps angeordnet wurde, „um event. auch zur Unterstützung des vor Mezieres stehenden Detachements verwendet zu werden." Wir wissen, wie damals alle Kräfte der I. Armee durch Transport und Bewachung der Gefangenen absorbirt waren und kaum dazu ausreichten. Die Ausführung des Befehls wurde indessen dadurch möglich, daß Prinz Friedrich Carl eine Brigade (Diringshofen) des 10. Armee-Corps zur Verfügung stellte, welche auf einige Tage den Bewachungsdienst im Lager von S. Barbe übernahm. Sie konnte erst am 5. November nach Corny gezogen werden, um der II. Armee zu folgen, welche sich bekanntlich schon am 2. in Marsch gesetzt hatte. Die durch diese Maaßregel ver-

---

ganzen Herbst- und Winterfeldzuges einer täglichen Bandagirung bedurfte. Zur Schonung des schwachen Fußes mußte sich der General beim Gehen auf den Stock stützen, und konnte nicht ohne Hülfe zu Pferde steigen. Dennoch hat der damals im 62. Lebensjahr stehende Mann fast alle oft recht weiten und anstrengenden Märsche zu Pferde gemacht.

*) Auch das 9. Armeekorps der II. Armee wurde mit einer Expedition gegen die Argonnen beauftragt.

fügbar gewordene 1. Division (Bentheim) wurde am 2. November nach Woippy auf das linke Moselufer gezogen und vom 3. ab über Briey, Stenay, le Chene auf Rethel in Marsch gesetzt, wo sie vorbehaltlich der etwaigen Verwendung gegen Mezieres am 12. eintreffen sollte. Die Division wurde dabei angewiesen, in breiter Front zu marschiren, um möglichst mit Quartier-Verpflegung auszureichen. Nur im Nothfall sollte auf den mitgeführten 3tägigen eisernen Bestand zurückgegriffen werden. Requisitionen waren verboten, Ankäufe von Lebensmitteln dagegen gestattet. Diese Anordnungen entsprachen denjenigen höheren Directiven, welche für Truppenmärsche in Landestheilen unter deutscher Verwaltung damals maaßgebend waren.

In General Moltkes Telegramm vom 31. war gleichzeitig ausgesprochen, es werde die I. Armee demnächst auch mit Fortführung der Belagerung von Verdun beauftragt werden. Wir übergehen aber die in Folge dessen vom Oberkommando eingeleiteten Maaßregeln; sie kamen nicht mehr in Betracht, weil Verdun bereits am 8. November kapitulirte.

Bei fortdauernder Sorge für ordnungsmäßige Bewachung und Abführung der Gefangenen und für Ergänzung der erschöpften Verpflegungsvorräthe wurde möglichste Beschleunigung des Abrückens der Armee von der Mosel als Hauptgesichtspunkt festgehalten. In diesem Sinne wurde durch Armee-Befehl vom 3. November angeordnet, daß die Truppentheile des 1. und 8. Armee-Corps, je nachdem sie von der Bewachung der Gefangenen frei wurden, ins Moselthal vorzuschieben seien*). Das 1. Armee-Corps erhielt hierzu den Rayon nördlich der Linie Plappeville-Metz, das 8. Armee-Corps südlich der Linie St. Quentin-Metz angewiesen. Die Stadt selbst war bekanntlich vom 7. Armee-Corps belegt.

Ein Telegramm aus dem großen Hauptquartier vom 5. November ordnete die fernere Detachirung einer Brigade an, welche vom 9. ab auf Eisenbahn nach Soissons transportirt werden

---

*) Die Lage der Läger brachte es mit sich, daß diese Bewegungen vom 8. Armeekorps früher angetreten werden konnten, als vom 1. Armeekorps, welches letztere mit einzelnen Theilen noch bis zum 6. November im nördlichen Ausgangslager von S. Barbe und auf der ersten Landetappe nach Boulay gefesselt blieb.

sollte, um demnächst die Belagerung von la Fère zu übernehmen, wozu das erforderliche schwere Geschütz, nebst Festungs-Artillerie und Pionieren in Soissons bereit stehe. Da la Fère in der späteren Marschdirektion des 1. Armee-Corps lag, so bestimmte General Manteuffel zu der in Rede stehenden Expedition die 4. Infanterie-Brigade (Zglinitzki) nebst 1 Escadron und 1 Batterie des 1. Armee-Corps. Diesem Detachement war auch ein Generalstabsoffizier, sowie zur Sicherung eines etwa 8tägigen Verpflegungsbedarfs ein Intendantur-Beamter und ½ Proviant-Colonne beigegeben. Dasselbe wurde zunächst nach Pont à Mousson dirigirt, um hier verladen zu werden; wir finden es später vor la Fère wieder.

Inzwischen hatte die Evakuation der Gefangenen unter General Zastrow's spezieller Leitung einen geregelteren Fortgang genommen, als es in den ersten Tagen möglich gewesen war. Auch der Generalgouverneur in Coblenz, General Herwarth v. Bittenfeld griff entgegenkommend ein, indem er für Ablösung und schnellere Rückkehr der eskortirenden Linientruppen Fürsorge traf. Dank diesen Bemühungen und der außergewöhnlichen Leistungen der Truppen, beim Bewachungs- und Eskortedienst waren die Verhältnisse bei Metz jetzt im Wesentlichen geordnet. General Manteuffel konnte am 4. nach Versailles melden, er werde mit dem zu den Operationen bestimmten Theil der Armee den Vormarsch von der Mosel aus am 7. antreten. Es waren das — die bereits voraus detachirten Theile abgerechnet — noch 3 Brigaden des 8., 1 des 1. Armee-Corps und die beiden Corps-Artillerien. Ueber weitere Bestimmung und Aufgaben der übrigen Armeetheile wurde am 6. November Nachstehendes an General Zastrow verfügt.

„Bei meinem jetzt bevorstehenden Abmarsch mit dem 1. und 8. Armee-Corps ertheile ich Euer Excellenz nachstehende Directiven über die Aufgaben welche Ihnen nach Rückkehr der zum Gefangenen-Transport verwendeten Truppen zufallen werden.

Diese Aufgaben sind:

1. Die Regelung der Verhältnisse von Metz, und Sicherung des umliegenden und rückwärtigen Terrains, letzteres in Verbindung mit der General-Etappen-Inspection und im Einvernehmen mit den von den General-Gouvernements eingesetzten Civilbehörden.

2. Die Formirung der dem 7. Armee-Corps nicht angehörenden Truppentheile zu einer mir sobald als möglich nachzusendenden Armee-Reserve.
3. Die Einnahme von Thionville und Montmedy.

ad 1. Der Gouverneur von Metz*) steht unter General Zastrow. Es kommen hier die Ressort-Verhältnisse zwischen kommandirendem General und Festungs-Gouverneur zur analogen Anwendung. Deshalb fallen die Verhältnisse von Metz im Allgemeinen dem Gouverneur anheim. General Zastrow aber behält die obere Leitung, bestimmt die Stärke der Garnison und zugleich auch die Truppenstärke, welche zur Sicherung des umliegenden und rückwärtiger Terrains durch fliegende Colonnen erforderlich ist. Hierzu hat sich General Zastrow mit dem General-Etappen-Inspecteur in Verbindung zu setzen. Diesem Letzteren liegt die Sicherung der eigentlichen Etappen-Straßen ob, zu welchem Zweck ihm die zum Transport der Gefangenen verwendeten Etappen-Truppen nach Erledigung dieses Auftrages, wieder zu überweisen sind. Ob und wann die beim Detachement des Generals Gayl in Stärke von 4 Bataillonen, 3 Escadrons, 1 Batterie befindliche Etappen-Truppen dem General-Etappen-Inspecteur wieder überwiesen werden können, läßt sich noch nicht übersehen, da diese Abkommandirung auf höherem Befehl beruht.**)

ad 2. Die unter Befehl des Generals Schuler von Senden zu stellende Armee-Reserve hat zu bestehen aus der Brigade Blankensee (Infanterie-Regimenter Nr. 19 und 81) aus dem 3. Reserve-Husaren-Regiment und 1. Reserve Dragoner-Regiment von der Brigade des Generals Strantz, welcher den Befehl über diese beiden Regimenter übernimmt, endlich aus 3 Reserve-Batterien der früheren Division Kummer. Diese Truppentheile haben sich von Thionville resp. von Metz her, sobald als irgend möglich nach Briey zu concentriren und unverzüglich auf der Marschlinie des 1. Armee-Corps über

---

*) Hierzu war kürzlich General Löwenfeld ernannt worden.

**) Die Directiven aus Versailles vom 31. October, betreffend die anderweitige Bestimmung der Etappentruppen, waren damals noch nicht eingegangen.

Rethel in Marsch zu setzen, um die Armee schleunigst zu erreichen. Zu diesem Detachement treten die Branchen der bisherigen Division Kummer über. Neben der soviel als möglich anzuwendenden Quartierverpflegung hat die General-Etappen-Inspection einen hinreichenden, beladenen Fuhrenpark für dies Detachement sicher zu stellen, worüber General Schuler mit ihr in Verbindung treten wird. Es verbleiben danach zur Disposition des General Zastrow außer den Truppen des 7. Armee-Corps und abgesehen von den Festungs-Compagnien und Batterien des Hauptmanns Schulze*) noch 2 Bataillone des Regiments Nr. 72, 2 Reserve-Cavallerie-Regimenter und 3 Batterien der früheren Division Kummer.

ad 3. Die Bestimmung des Zeitpunktes, wann der Angriff auf Thionville und Montmedy stattfinden soll, bleibt dem General Zastrow überlassen; ebenso die Bestimmung darüber, ob er beide Orte gleichzeitig, oder erst Thionville, später Montmedy angreifen und bis zur Einnahme von Thionville Montmedy nur leicht cerniren will. Hierbei ist auch Longwy zu berücksichtigen und nicht aus den Augen zu lassen. General Zastrow wird diese Fragen nach den ihm zu Gebote stehenden Kräften entscheiden und wird gewiß mit mir dahin einverstanden sein, daß es zwar von großer Wichtigkeit ist, sich möglichst schnell Thionvilles zu bemächtigen, aber auch dahin, daß dies am sichersten geschieht, wenn der Angriff von vornherein mit den Erfolg sichernden Mitteln beginnt." gez. Manteuffel.

Anlage Nr. 1 enthält die damalige Ordre de bataille der I. Armee.

Wir verfolgen nun die Operationen der I. Armee in dem Rahmen von vier Hauptperioden, unter Zugrundelegung der für jeden dieser Operationsabschnitte ertheilten Directiven der obersten Heeresleitung.

---

*) Es waren das die in der Cernirungslinie um Metz vertheilt gewesenen 50 Zwölfpfünder, sowie einige später hinzugekommene 24pfünder.

Erste Periode.

Vormarsch der I. Armee von der Mosel nach der Oise.
(Zeitraum von 7. bis 23. November.)

Erstes Kapitel.
Von Metz bis Reims.
(7. bis 15. November.)

Dem Vormarsch nach der Oise liegen die mehrfach erwähnten Directiven von 23. October zu Grunde, wonach die I. Armee in der Stärke von mindestens 2 Armee-Corps unmittelbar nach der Kapitulation auf die Linie St. Quentin-Compiegne vorrücken sollte. Wir haben gesehen, wie die unerwartet große Zahl der Gefangenen von Metz ein unmittelbares Abrücken der I. Armee unmöglich machte. Aus diesem und den anderen in der Einleitung angeführten Gründen konnte der Anordnung aus Versailles, in ihrem Wortlaut nicht genügt werden. Indessen hielt es der Oberbefehlshaber im Einverständniß mit den kommandirenden Generalen von vornherein als seine Hauptaufgabe fest, den Vormarsch möglichst zu beschleunigen und die Operationsarmee auf die erreichbarste Stärke zu bringen. Die der Armee jetzt und später aufgegebenen Festungsbelagerungen mußten als Nebenaufgaben hiergegen zurücktreten. Diesem Gedankengang gemäß war vorläufig von der Belagerung von Thionville Abstand genommen worden, um alle Kräfte des 7. Armeekorps zunächst bei Metz und zur Eskorte zu verwenden und dadurch das 1. und 8. Armeekorps früher abkömmlich zu machen, als es sonst angängig gewesen wäre. In demselben Sinne wurde eine baldige Nachsendung des Reserve-Detachements unter General Schuler von Senden angeordnet; erst in dritter Linie wurde dem General Zastrow die Bestimmung des Zeitpunkts für die Festungsbelagerungen überlassen; (vgl. die eben mitgetheilte Instruktion). Auch der den Vormarsch einleitende Armeebefehl vom 5. November drückt jenen Hauptgedanken aus:

„Ich weiß, daß die Truppen nach der Uebergabe von Metz vielleicht noch anstrengenderen Dienst gehabt haben, als während der Cernirungszeit, und ich gönnte ihnen gern einige Tage wohlverdienter Ruhe. Seine Majestät legen aber Werth darauf, daß die Armee sich möglichst schnell in Marsch setzt. Demgemäß tritt sie denselben am 7. d. Mts. nach dem beigefügten Marschtableau an. Der Marsch ist in so breiter Front auszuführen, als es die Sicherheit gegen etwaige Angriffe von Freischaaren gestattet, um eine gute Unterbringung der Truppen in den Quartieren zu ermöglichen. Beim Vormarsch sind alle Ortschaften nach Waffen abzusuchen und diese zu confisciren.*) Denn wenn auch der größte Theil des zu durchschreitenden Landes bereits von preußischen Truppen durchzogen ist, und einzelne Punkte dauernd besetzt sind, so fehlt es doch — z. B. in der Argonnen-Gegend — nicht an Versuchen, einen Parteigängerkrieg zu organisiren. Die Sicherung des Kantonnements, Trains ɾc. ist daher besonders ins Auge zu fassen. Kein detachirter Offizier hat zu vergessen, daß wir uns vor dem Feinde befinden. Ich mache hierbei auf die mehrfach vorgekommenen und zum Theil gelungenen Ueberfälle gegen einzelne Kompagnien und Escadrons aufmerksam, welche sich sicher glaubten, weil sie auf einer Etappenstraße marschirten oder kantonnirten. Sollte ungeachtet unserer Sicherheitsmaßregeln

---

*) Später ordnete ein am 8. November eingehendes Telegramm aus Versailles die Zerstörung der vorgefundenen Waffen und die kriegsrechtliche Behandlung derjenigen Einwohner an, bei welchen sich nach geschehener Abforderung noch Waffen vorfinden sollten. Es kam dieser Befehl in der Art zur Ausführung, daß zur Schonung der Gefühle der Einwohner die Waffen nicht vor deren Augen vernichtet wurden. Die Maßregel hatte übrigens, — wie hier vorweg bemerkt wird, den gewünschten Erfolg. Es wurde eine mehr oder weniger große Zahl von Waffen in den Ortschaften, auch Wäldern gefunden und das Terrain in seiner ganzen Breite zwischen Marne und Ardennenbahn war seitdem pacificirt und ziemlich sicher. —

die Bevölkerung, sei es durch Begünstigung der Freischaaren oder durch andere Ausschreitungen sich gegen die Truppen vergehen, so sind von den Befehlshabern sofort die strengsten Repressalien zu ergreifen, die Maires und Gemeinden verantwortlich zu machen*).

Das Oberkommando marschirt mit der Avantgarde und ist das Hauptquartier stets durch ein Bataillon zu decken. Auf dem Marsch ist dem Oberkommando eine Escadron zuzuweisen, welche in der Nähe des Hauptquartiers cantonnirt. Das zwischen der Marschlinie des 1. und 8. Armee-Corps liegende Terrain ist durch Cavallerie beider Corps zu durchstreifen, welche Verbindung zu unterhalten hat. Später übernimmt die 3. Cavallerie-Division diese Aufgabe, sobald sie wieder in directe Verbindung mit der Armee getreten sein wird."

(Folgen Anordnungen betreffend den Befehlsempfang und die Verpflegung.) gez. Manteuffel.

Das diesem Befehl beiliegende Marschtableau wies dem 1. Armee-Corps die bereits von der 1. Division eingeschlagene Richtung über Briey, Damvillers, Bouziers, Rethel, dann weiter über Laon nach St. Quentin zu; das 8. Armee-Corps erhielt die Marschlinie über Fresnes und Etain, dann mit Umgehung von Verdun über Clermont, Suippe, Reims, Soissons nach Compiegne. Die 3. Cavallerie-Division sollte von ihrem Anschluß westlich der Argonnen an zwischen beiden Corps, einen kleinen halben Tagemarsch über diese letzteren hinaus vorgeschoben, marschiren; und zwar in der Richtung über Ville sur Tourbe, Neufchatel auf Chauny. Die Armee sollte danach am 16. die Linie Rethel-Reims, am 22. die vorgeschriebene Linie St. Quentin-Compiegne erreichen. Da nämlich in dem zu durchschreitenden Raum höchstens Zusammenstöße mit Freischaaren, nicht aber Widerstand feindlicher Heeresmassen zu erwarten stand, so schien es angängig und auch zweckmäßig, die Etappen bis zur Oise für die beiden General-Kommandos im Voraus festzusetzen. Aenderungen blieben natürlich vorbehalten und traten z. B. dadurch ein, daß Ruhetage überschlagen wurden. In Folge dessen kamen die Teten schon am 20. nach Compiegne.

---

*) Analoge Vorschriften hatte bereits die 1. Division für ihren am 2. angetretenen Marsch auf Rethel erhalten.

Wenn vorhin bemerkt wurde, ein ernsterer Widerstand sei beim Vormarsch bis zur Oise nicht zu erwarten gewesen, so muß man sich vergegenwärtigen, daß dies ganze Terrain fast ausschließlich den Verwaltungsrayon des General-Gouvernements Reims bildete. Es waren das die Departements Ardennes, Aisne, Marne, Seine-et-Marne, Aube, Seine-et-Oise; ursprünglich auch das auf beiden Maasufern sich ausbreitende Departement Meuse, welches letztere erst in Folge Allerhöchster Cabinets-Ordre vom 4. November zum Bezirk des General-Gouvernement Lothringen übertrat. Allerdings waren damals Verdun und die Ardennenfestungen noch in Feindes Hand; ihre lästigen Einwirkungen auf die Etappenstraßen waren aber durch angemessene Truppenentfaltung schon sehr abgeschwächt. Hierüber lagen zur Zeit des Abmarsches der I. Armee von Metz folgende Nachrichten vor: Das damals zum Generalgouvernement Reims gehörige Detachement des General Gayl war seit Hinzutritt der Abtheilungen vom 8. Armee-Corps bis auf 10 Bataillone, 3 Escadrons, 3 Feldbatterien gewachsen; dasselbe stand zum größten Theil vor Verdun in einem Umkreis von etwa 2 Meilen Durchmesser um die Festung, südlich bis Dugny, nördlich bis über Charny hinaus. Da sich innerhalb dieses Rayons keine gangbaren Maasbrücken befanden, der hohe Wasserstand aber ein Durchfurten des Flusses nicht gestattete, so war die I. Armee bei ihrem Vormarsch auf eine Umgehung der Festung in weiterem Abstande angewiesen. — Theile des Detachements Gayl und andere Gouvernementstruppen standen mit 5 Kompagnien, 2 Escadrons östlich Stenay zur Beobachtung von Montmedy; je 1 Kompagnie in Commercy, Etain, Clermont, Suippe; 2 Bataillone in Sedan; ein größeres Detachement der Brandenburgischen Landwehr-Division vor Mezières. Die mit Infanterie und Artillerie verstärkte 3. Cavallerie-Division hatte ihre Operationen nach den Argonnen bereits aufgenommen. Eben dorthin operirten von Norden her über Vouziers und Grand Pre Detachements der vor Mezieres stehenden Gouvernementstruppen: es waren das 4 Bataillone, 2 Escadrons, 1 Batterie unter Oberst Arnoldi.

Weniger gesichert erschien das Terrain westlich der Linie Reims-Rethel. Zwar waren Soissons und Laon von Gouvernementstruppen besetzt. Aus der Gegend von Rocroi, Vervies und St. Quentin her fanden aber noch fortdauernde Beunruhigungen der zur Pacificirung des Landes entsendeten Detachements statt. Hierzu kam die weit nach Süden vorgeschobene Lage der vom Feinde noch gehaltenen Festung la Fere, welche zugleich die für unsern Nachschub zur Pariser Nordcernirung wichtige Eisenbahn von Reims über Laon und Compiegne sperrte.

Unter diesen Verhältnissen konnte die Vorbewegung bis zur Gegend von Reims — abgesehen von den im Armeebefehl vom 5. November angeordneten Vorsichtsmaßregeln — im Wesentlichen als Reisemarsch in breitester Front ausgeführt werden; über Reims hinaus mußte schon auf größere Koncentrirung und Gefechtsbereitschaft Bedacht genommen werden.

Diese Uebersicht wird das Verständniß des Nachfolgenden erleichtern.

Die Armee in der nun bekannten vorläufigen Formation und Stärke erreichte am 7. November die Linie Conflans-Briey, am 8. die Linie Etain-Vaudoncourt. Das Oberkommando marschirte mit dem 8. Armee-Corps. Diesem letzteren war eine (während der Cernirungszeit dem 10. Armee-Corps attachirt gewesene) Sächsische Pontoncolonne angeschlossen, welche ihrem Corpsverband wieder zugeführt werden sollte. Beim Einrücken in Etain am 8. Mittags ging dem Oberkommando die Nachricht von der so eben erfolgten Kapitulation von Verdun zu, welcher Platz am folgenden Tage von den Truppen des Generals Gayl besetzt werden sollte.

Dies Ereigniß war abgesehen von seiner sonstigen Bedeutung auch deshalb sehr willkommen, weil es Gelegenheit gab, die beim Detachement Gayl befindlichen Abtheilungen des 8. Armee-Corps dem weiteren Vormarsch der Armee unmittelbar wieder anzuschließen. Auch konnte jetzt der schon längst beschlossene Umtausch der Regimenter Nr. 65 und 60 stattfinden; ersteres trat in den Verband des 8. Armee-Corps, letzteres vorläufig zum Detachement Gayl und mit diesem zum Generalgouvernement Lothringen über.

Es ist hier nämlich am Ort, einer wichtigen Organisations-Veränderung zu gedenken, welche von der obersten Heeresleitung schon vor einiger Zeit befohlen worden war, welche aber auf dem Feldpostwege erst am 8. November Abends in Etain zur Kenntniß des Oberkommandos der I. Armee gelangte. — Die betreffende Mittheilung d. d. Versailles 31. October lautete nach ihrem Hauptinhalte, wie folgt:

„Nachdem die Kapitulation von Metz die vor dieser Festung stehenden Armeen für die Operationen im freien Felde verwendbar gemacht hat, haben Seine Majestät der König befohlen, daß die Landwehrtruppen von dem unmittelbaren Dienst gegen den Feind mit dem successiven Fortschreiten der I. und II. Armee durch Linientruppen derselben abgelöst und nunmehr zu Besatzungs- und Etappenzwecken verwandt werden sollen. Es macht sich mit Rücksicht hierauf eine veränderte Zutheilung der Etappen- und Besatzungstruppen an die Königlichen Armeen und Generalgouvernements nöthig. Dem Oberkommando der I. Armee wird zugleich die Fortführung der Belagerung der Festungen Mezieres und Verdun übertragen und ist daher auf eine baldige Ablösung der vor diesen Plätzen zur Zeit stehenden Landwehrtruppen Bedacht zu nehmen. Der I. Armee verbleiben zur Zeit an Etappentruppen zwar nur 1 Bataillon und 1 Escadron. Dieselben dürften indeß genügen, um den jedesmaligen Hauptetappenort zu besetzen. Die rückwärtigen Verbindungen der Armee können während ihres Marsches durch das bereits occupirte Gebiet der General-Gouvernements Lothringen und Reims als hinlänglich gesichert angesehen werden." gez. Moltke.

Diese Mittheilung enthielt zugleich eine Uebersicht der jetzt ins Leben tretenden Vertheilung sämmtlicher Besatzungs- und Etappentruppen auf die 4 Armeen und die 3 Generalgouvernements.

Danach verfügte fortan:

Das Generalgouvernement Reims	über	17 Bat.	4 Escdr.	3 Battr.
" " Lothringen	"	20 "	6 "	2 "
" " Elsaß	"	23 "	9 "	2½ "
Die General-Etappen-Inspection der I. Armee	"	1*) "	1 "	—
" " " " " II. "	"	4 "	2 "	—
" " " " " III. "	"	16 "	9 "	2 "
" " " " " Maas "	"	4 "	2 "	—

Hieran schloß sich folgende principielle Bestimmung: „Die Verfügung über die zu Belagerungen verwendeten Artillerie- und Pionier-Festungscompagnien solle der mit der Belagerung beauf-

---

*) Der größere Theil der hier aufgezählten Bataillone hatte seit der befohlenen Aufstellung von 5. und 6. Compagnien bei denselben eine Etatsstärke von 1200 Köpfen. Zu dieser gehörte auch das der I. Armee verbleibende Bataillon St. Wendel des Landwehr-Regiments Nr. 30. Die Escadron war vom 6. Reserve-Husaren-Regiment.

tragten obersten Kommandobehörde derartig zustehen, daß ein Theil entweder zu einer neuen Belagerung verwendet oder an die oberste Heeresleitung zurück zu überweisen sei."

Außer dieser (wie wir sehen verspäteten) Mittheilung aus Versailles ging gleichfalls am 8. ein Schreiben des Generalgouverneurs von Reims General Rosenberg-Gruszynski in Etain ein, welcher eine baldige Ablösung seiner vor Mezieres stehenden Truppen beantragte, um diese letzteren im Sinne der neueren Directiven aus Versailles ganz für Etappen- und Besatzungszwecke verfügbar zu haben. Ueber die Verhältnisse vor Mezieres wurde mitgetheilt, daß sich dem Platz gegenüber augenblicklich ein Beobachtungs-Detachement von 5 Bataillonen, 3 Escadrons, 1 Batterie unter Oberst Kettler befinde. Derselbe habe sein Stabsquartier in Boulzicourt. An Belagerungsartillerie seien augenblicklich zur Stelle: 8 schwere Mörser und 4 Festungsartilleriecompagnien; auf dem Transport begriffen: 2 Festungscompagnien und 36 andere Belagerungsgeschütze.

Aus diesen in Etain eingegangenen Mittheilungen aus Versailles und Reims gewann das Oberkommando einen Ueberblick der Verhältnisse und der der Armee zugefallenen Nebenaufgaben. Zu den ihr anfänglich übertragenen Belagerungen von Thionville und Montmedy, dann von la Fere waren die von Verdun und Mezieres hinzugetreten. Wegen Thionville und Montmedy war das Nöthige mit General Zastrow eingeleitet; die gleichfalls schon getroffenen Anordnungen in Bezug auf Verdun hatten sich so eben durch den Fall der Festung erledigt, deren Besetzung jetzt dem Generalgouvernement Lothringen oblag. Es war dadurch das 8. Armee-Corps in seinem vollen Bestande für die weiteren Operationen verfügbar geworden. Mithin blieben la Fere und Mezieres. Hierzu wurden Abgaben aus der Operationsarmee nothwendig, so daß deren angeordnete Minimalstärke von 2 Armee-Corps an der Oise zunächst wenigstens nicht erreicht werden konnte. Für la Fere war bereits die 4. Brigade detachirt; für Mezieres war am nächsten verfügbar die seit dem 4. November in Marsch von Briey nach Rethel begriffene 1. Division. Ihre Kopfzahl entsprach zugleich der dem Schreiben aus Reims zufolge nöthigen Stärke eines Belagerungscorps vor jener Festung. Es mußte nämlich nach den bem Oberkommando bisher zugegangenen Mittheilungen angenommen werden, daß es sich bei Mezieres um

Fortführung einer bereits eingeleiteten Belagerung handle, und daß sowohl hier, als auch für la Fere das nöthige artilleristische ꝛc. Material und Personal (an Geschützen und Festungscompagnien) zur Verfügung stehe. — Die erste Division wurde deshalb (unter Mittheilung der Nachrichten aus Reims) angewiesen, ihren Marsch auf Rethel nicht weiter fortzusetzen, sondern zur Ablösung der vor Mezieres stehenden Gouvernements-Truppen nach Boulzicourt vorzurücken und demnächst die Belagerung der Festung zu übernehmen. — Dorthin wurde auch die Pontoncolonne des 1. Armee-Corps dirigirt, um die nöthige Verbindung der Belagerungstruppen auf beiden Maasufern herzustellen.

Vom General Groeben ging in Etain ein Telegramm d. d. Clermont 7. November ein: seine Recognoscirungen hatten ergeben, daß organisirte feindliche Freischaaren in den Argonnen nicht existirten. Der diesem Telegramm später nachfolgende schriftliche Bericht enthielt darüber Folgendes: Das am 2. November bei Fresnes vereinigte Detachement war am 3. bis zur Maas und am 4. bis östlich Clermont vorgerückt, während Offizierpatrouillen bis gegen die Linie Grand Pre — S. Menehould streiften. Es wurde nirgends auf Widerstand gestoßen; die angestellten Ermittelungen machten es vielmehr wahrscheinlich, daß die bis Ende October vorgekommenen Ueberfälle theils einem auch in Friedenszeit dort hausenden Raubgesindel zuzuschreiben, theils von der Festung Montmedy ausgegangen waren. Am 6. war General Groeben in 3 Detachements nach Neuvilly, les Islettes und S. Menehould weiter vorgerückt und hatte aus dieser Aufstellung am 7. den Wald von la Chalade absuchen lassen, wobei eine bedeutende Zahl vergrabener Gewehre, aber keine Spur von Banden gefunden wurde. Da der General seinen Auftrag als erledigt ansehen konnte, erwartete er nun in vorgeschriebener Weise das Eintreffen der Armee in der Argonnengegend.

Während am 9. November die Uebergabe von Verdun stattfand, rückte die I. Armee, die Festung nördlich umgehend, bis an die Maas vor und stand hier mit dem 8. Armee-Corps von Consenvoye bis Monthairon; das Oberkommando in Consenvoye. Vom 1. Armee-Corps kamen die 3..Brigade und Corps-Artillerie bis Damvillers und Gegend; die 1. Division erreichte Beaumont. Ihre rechte Flügelcolonne hatte in der Höhe von Montmedy ein unbedeutendes Rencontre mit einem aus der Festung vorpoussirten Recognoscirungs-Detachement bestanden.

Aus dem im Allgemeinen flachen und übersichtlichen Plateau des linken Moselufers war der linke Flügel der Armee am 9. in das längs der Maas aufsteigende mehr bergige Terrain getreten. In einiger Entfernung vom linken Ufer des letztgenannten Flusses erhebt sich dann in mehreren Parallelketten die waldige Berglandschaft der Argonnen und füllt das Terrain zwischen Maas und Aisne aus. Die meist dichtes Unterholz enthaltenden Laubwälder waren am 11. November mit dem ersten Schneefall behangen. Die über das Bergland führenden guten und wie überall in Frankreich vorwiegend chaussirten Straßen bilden also meist lange Defileen ohne Querverbindung. Die Argonnen sind deshalb ein schon aus der früheren Kriegsgeschichte bekanntes militairisches Hinderniß — vorausgesetzt, daß auf der westlich gelegenen Ebene schlagfertige Truppenmassen bereit stehen, um sich auf die aus dem Berg- und Waldland debouchirenden Colonnenteten zu werfen. Beim Vormarsch der I. Armee kam dies nicht mehr in Betracht; alles Interesse konnte sich der auch im November nicht zu verkennenden landschaftlichen Schönheit zuwenden. Die Armee erreichte am 10. November mit dem 8. Armee-Corps und dem Armee-Hauptquartier die Gegend vor Clermont und Varennes (bekannt durch den verunglückten Fluchtversuch Ludwigs XVI.); vom 1. Armee-Corps kamen die 3. Brigade und Corps-Artillerie bis Dun an der Maas, die 1. Division nach le Chene, wo ihr der bereits erwähnte Befehl zum Vorrücken gegen Mezieres zuging. Sie setzte sich am 11. November dorthin in Marsch. An diesem Tage rückte das 8. Armee-Corps bis zum Westausgang der Argonnen bei S. Menehould und Vienne le Chateau vor, die 3. Brigade ꝛc. bis Grand Pre. Das Oberkommando kam nach Vienne le Chateau. In dieser Aufstellung wurde der Armee nach 5tägigen ununterbrochenen und für die meisten Truppentheile sehr starken Märschen am 12. November ein Ruhetag gewährt. Gleichzeitig fand hier der Wiederanschluß der 3. Cavallerie-Division statt, welche von nun an die ihr angewiesene Stelle zwischen den beiden Armee-Corps einnahm. Die ihr bisher attachirte Infanterie und Artillerie trat zum 8. Armee-Corps zurück.

Während man sich so am Westausgang der Argonnen zum weiteren Vormarsch formirte und retablirte, war das Hauptquartier in Vienne le Chateau vorzugsweise mit den für die Belagerung von Mezieres nöthig gewordenen Vorbereitungen beschäftigt. General Moltke stellte nämlich das bisher gegen Verdun bestimmte artilleristische Personal und Material, welches aber zum großen Theil erst von Straßburg erwartet wurde, jetzt gegen Mezieres zur Verfügung*).

Andererseits erfuhr man durch ein Telegramm aus Reims, daß das bisher für die Belagerung von Mezieres bestimmte Personal und Material inzwischen nach Soissons dirigirt war, um gegen la Fere zu dienen, und daß sich vor Mezieres nur die bisherigen 8 französischen Mörser befanden. Es handelte sich also darum, den bei Verdun befindlichen und den noch im Transport dorthin begriffenen Belagerungstrain nach der Gegend von Mezieres zu schaffen. Dies konnte theils auf der Haupteisenbahnlinie über Commercy, theils auf der Bahnlinie von Clermont nach Reims geschehen, deren Inbetriebsetzung aber erst in Angriff genommen war. Da nun die vielfachen anderweitigen Ansprüche an die Hauptlinie eine freie Verfügung über sie ausschlossen, so wurde auch der Landtransport ins Auge gefaßt und hierzu mit den betheiligten Generalgouvernements sowie mit General Zastrow wegen Gestellung der nöthigen etwa 3000 Vorspannpferde in Verbindung getreten. Ein Theil der Festungscompagnien bei Verdun wurde dagegen dem General Zastrow über-

---

*) Die Belagerung von Verdun hatte nur mit unvollkommenen Mitteln geführt werden können; z. B. verfügte man nur über die wenig brauchbaren Geschütze aus eroberten französischen Plätzen. Auch die Truppenzahl vor dem Platz war anfangs der feindlichen Besatzung gegenüber kaum ausreichend, welche letztere sich u. A. durch entsprungene Sedaner Gefangene erheblich verstärkt hatte, und mehrfach zu Ausfällen überging, wobei es ihr sogar gelang, Geschütze zu vernageln. Seit dem Fall von Metz konnte bekanntlich die Truppenstärke vor Verdun durch Detachirungen von der I. Armee erhöht werden; es fehlte aber noch immer an Preußischem Belagerungsgeschütz, augenblicklich sogar auch an Artilleriemunition. Dennoch capitulirte der Kommandant auf die vom General Gayl angebotenen verhältnißmäßig günstigen Bedingungen, weil er wohl Angesichts der täglich auf dem Landwege von Commercy her zu erwartenden Geschütze eine fernere Vertheidigung für nutzlos hielt. — Eine Fortsetzung derselben würde den operirenden Theil der I. Armee vorübergehend geschwächt, ihren Vormarsch aber — dem früher ausgesprochenen Grundgedanken zufolge — nicht aufgehalten haben.

wiesen, um den von ihm angemeldeten Bedarf für die Belagerung von Thionville zu ergänzen.

In den nun folgenden Tagen durchschritt die Armee die weiten Ebenen der Champagne. Mit dem jetzt vollzähligen 8. Armee-Corps auf dem linken, der 3. Brigade und Corps-Artillerie auf dem rechten Flügel, die Cavallerie-Division in der Mitte, wurde am 13. November die Linie Suippe-Bouziers, am 14. die Linie Mourmelon—Attigny, am 15. die Linie Reims—Rethel erreicht. Die 1. Division, welche gleichfalls am 12. Ruhetag gehalten hatte, rückte am 13. mit ihren Hauptkräften bis hinter die Cantonnements der Gouvernementstruppen vor Mezieres auf dem linken Maasufer, wobei das Regiment Nr. 41 ein kleines Engagement in Folge feindlichen Ausfalles hatte. Das Regiment Nr. 43 mit 1 Escadron und 1 Batterie überschritt die Maas bei Donchery. Aus dieser Aufstellung wurde am 14. die Cernirung von Mezieres gleichzeitig auf beiden Maas-Ufern bewirkt, wobei im Allgemeinen die 2. Brigade den östlichen, die 1. den westlichen Rayon einnahm Letztere hatte insbesondere auch die Uebergänge der Sormonne zu besetzen und die Straßen nach Rocroy zu beobachten. General Bentheim nahm sein Stabsquartier in Boulzicourt. Das bisherige Cernirungscorps unter Oberst Kettler rückte am 14. zur Verfügung des Reimser Generalgouvernements ab.

General Manteuffel hatte sich von Suippe aus schon am 14. mit seinem Stabe nach Reims begeben, um wegen der weiteren Anordnungen in unmittelbare Verbindung mit dem Generalgouvernement zu treten. Zur Erläuterung dessen wenden wir uns für einen Augenblick nach Metz zurück.

Hier war inzwischen der Transport der Gefangenen mit Ausschluß der noch zurückgebliebenen Reconvalescenten um den 10. beendet und wurden dadurch die dem General Zastrow unterstellten Truppen für ihre neuen Bestimmungen verfügbar. In Ausführung der ihm unterm 6. ertheilten Directiven meldete der General unterm 11., „daß vom 13. ab General Kameke mit 10 Bataillonen, 6 Escadrons, 4 Batterien der 14. Division die Cernirung von Thionville bewirken werde. Die eigentliche Belagerung der Festung werde erst später nach Eintreffen der aus heimathlichen Festungen noch erwarteten Belagerungsgeschütze beginnen, da die bei Metz vorhandenen nicht dazu ausreichten. Am 15. November werde ein Detachement von 5 Bataillonen, 4 Escadrons, 1 Batterie vor

Montmedy eintreffen, um diesen Platz zu cerniren und zugleich Longwy zu beobachten; etwa gleichzeitig stehe die Armee-Reserve unter General Schuler bei Briey zum Abmarsch bereit. Zur Besetzung von Metz verblieben noch 10 Bataillone, 2 Escadrons und 4 Batterien der 13. Division".

Wir wissen, wie sich inzwischen die Lage der Dinge bei Mezieres geändert hatte. Der Anfangs für die dortige Belagerung bestimmte Geschützpark nebst allem Personal war nach Soissons dirigirt, um gegen la Fere verwendet zu werden. Auf baldiges Eintreffen des Verduner Belagerungsparks vor Mezieres war nicht zu zählen; denn auch die Resultate der zugesagten Pferdeausschreibungen entzogen sich jeder Berechnung. Da sich indessen in Reims herausstellte, daß die Betriebsfähigkeit der Eisenbahnstrecke von Clermont nach Reims bis zum 20. zu erwarten war, so wurde angeordnet, den Belagerungspark auf dem Landwege nur von Verdun nach Clermont und dann auf der Bahn über Reims nach Boulzicourt zu schaffen. Nach den bisherigen Erfahrungen aber mußte voraussichtlich eine geraume Zeit bis zur wirklichen Ausführung vergehen und war also von einer wirklichen Belagerung von Mezieres vorerst nicht die Rede. Unter solchen Umständen konnte es sich zunächst nur darum handeln, die nachtheiligen Einwirkungen des feindlich Festungsbreiecks Mezieres—Rocroy—Givet gegen das von uns okkupirte Land zu paralisiren. Hierzu aber bedurfte es keiner völligen Cernirung der erstgenannten Festung, sondern nur eines in angemessen aufgestellten Beobachtungscorps. Solcher Bestimmung entsprach das an Infanterie schwächere, an Cavallerie aber stärkere Detachement Senden weit besser, als die 1. Division, deren Fehlen im Verbande des 1. Armee-Corps bei den weiteren Operationen ohnehin bedauert werden mußte. General Manteuffel ertheilte deshalb schon von Suippe aus, wo ihm General Zastrows Meldung von der Verfügbarkeit des Sendenschen Truppencorps zuging, den telegraphischen Befehl, dasselbe von Briey aus über Stenay und Sedan nach Boulzicourt in Marsch zu setzen, wo es am 22. eintreffen und die 1. Division ablösen solle.

Die in Versailles befohlene neue Organisation der Generalgouvernements und des Etappenwesens machte aber auch in anderer Hinsicht eine Modification der dem General Zastrow ursprünglich ertheilten Directiven nöthig und wurde deshalb d. d. Reims den 14. November u. A. Folgendes an ihn verfügt:

1. Die Sicherung des Landes und insbesondere der Etappenstraßen ist jetzt lediglich Sache der General-Gouvernements, denen hierzu die bisherigen Etappentruppen zu überweisen sein werden, sobald sie vom Gefangenen-Transport zurückgekehrt sind.
2. Das bisher zur Armee-Reserve bestimmte Truppencorps unter General Schuler von Senden wird hiermit unter Ew.... Befehl gestellt, um zunächst zur Cernirung, demnächst zur Belagerung von Mezieres verwandt zu werden und habe ich dementsprechend dessen Instrabirung von Briey nach Boulzicourt gestern telegraphisch angeordnet.
3. Außer der Belagerung von Thionville und Montmedy übertrage ich Ew.... nun auch die Belagerung von Mezieres und zwar unter folgenden Gesichtspunkten:

   Zunächst wollen Ew.... Thionville belagern und Montmedy cerniren, was zufolge Ihres gestrigen Telegramms vom 20. resp. 15. d. Mts. ab geschehen wird. Die vorläufige Cernirung von Mezieres durch das Detachement Senden habe ich selbst angeordnet. Nach dem Fall von Thionville und disponibel werden des dortigen Belagerungscorps ist mit dem Angriff gegen Montmedy und Mezieres vorzugehen; es müßte denn sein, daß die örtliche Lage von Montmedy eine förmliche Belagerung ausschließt und das Aushungern vorziehen läßt. Jedenfalls werden nach Einnahme von Thionville unter Hinzurechnung der Sendenschen Truppen Kräfte genug vorhanden sein, um beide vorgenannte Plätze gleichzeitig zu belagern, da die Besatzung von Thionville dann dem Generalgouvernement von Elsaß zufallen würde, event. auch die beiden Bataillone Nr. 72*) dazu verwandt werden können. Was nun das Belagerungspersonal und Material betrifft, so sind Ew.... für Thionville hinreichend dotirt.

   Da Ew.... zunächst die Verhältnisse von Thionville

---

*) Das früher zum Verbande des 8. Armee-Corps gehörige Regiment Nr. 72 war nach seiner Ablösung durch das Regiment Nr. 70 anfänglich nach Saarlouis dirigirt, später aber bataillonsweise von dort wieder vorgezogen worden und stand zur Zeit der Kapitulation von Metz zum größeren Theil vor Thionville.

und Montmedy näher liegen, so wird das Oberkommando die Einleitungen zum Transport des Verduner Belagerungsparks nach der Gegend von Mezieres noch selbst treffen. Nach günstigster Schätzung wird derselbe nicht vor Ablauf von 3 Wochen dort in Aktion treten können. Ew.... wollen daher den General Senden anweisen, inzwischen die einstweilige Cernirung der Festung nach Maaßgabe seiner Truppenstärke und mit Rücksicht darauf zu bewirken, daß er zugleich den nach und nach eintreffenden Belagerungspark sichert. Der schwere Pontontrain des 1. Armee-Corps verbleibt bei Mezieres zur Disposition des General Senden.

gez. Manteuffel.

Die vorher entwickelte Auffassung des Oberkommandos über die Verhältnisse bei Mezieres aber fand ihren Ausdruck in nachfolgender zunächst an den General Bentheim gerichteten „Instruction für das Truppencorps vor Mezieres für den Zeitraum bis zum Beginn der Belagerung dieser Festung" d. d. Reims 15. November. „Die Festung Mezieres soll erst dann belagert werden, wenn die den Erfolg sichernden Mittel herangeschafft sind und in Aktion treten können. Bis zu diesem Zeitpunkt hin verbiete ich alle derartige partiellen Maaßregeln, wie Stadtbombardement oder dergleichen, welche, ohne militairische Resultate zu erzielen, nur Menschenverlust und Zerstörungen zur Folge haben.

Vor Beginn der Belagerung hat das vor Mezieres aufgestellte Truppencorps zweierlei Angaben:

1. Sicherung der rechten Flanke der operirenden Armee resp. deren rückwärtigen Verbindungen im Bereich des General-Gouvernement Reims gegen feindliche Unternehmungen aus dem durch die 3 Festungen Mezieres-Givet-Rocroy bezeichneten Dreieck.
2. Sicherung des successive eintreffenden Belagerungsparks und sonstigen Belagerungs-Materials.

Wie hiernach die Aufstellung im Speciellen zu nehmen ist, wird sich aus den jederzeitigen Umständen und den Terrainverhältnissen ergeben. Die Wahl der Angriffsfront aber soll bereits jetzt getroffen werden, um die Zwischenzeit zu allerlei Vorbereitungen, event. auch zur Etablirung des Belagerungsparks und der

Batterien ausnutzen zu können, wenn dies mit der jetzigen Aufstellung vereinbar ist. Ich bemerke in dieser Hinsicht, daß selbstredend der den schnellsten Erfolg verheißende Punkt hierbei den Ausschlag geben muß, daß aber die Wahl der Süd- oder der Ostfront deshalb wünschenswerth ist, weil nach der allgemeinen Kriegslage die Basirung des Belagerungscorps und die Sicherung des Parks hier besser als anderswo zu bewirken sein würde.

Da die Aufstellung vor Beginn der Belagerung nur die beiden vorgenannten Zwecke, nicht aber Aushungern der Festung im Auge hat, so wird eine Cernirung derselben nur insoweit verlangt, als die vorhandenen Kräfte ausreichen. Ich rechne deshalb nur auf Cernirung im Süden, Beobachtung im Norden gegen Rocroy und Givet, wobei Unternehmungen in dieser letzteren Richtung unter Festhaltung der Hauptaufgabe nicht ausgeschlossen sind.

Vorstehende Instruction ist im Fall der Ablösung dem Nachfolger im Kommando vor der Festung Mezieres zu übergeben."

gez. Manteuffel.

Diese allgemeinen Directiven in Bezug auf das Verhalten gegen die feindlichen Ardennenfestungen erschienen jetzt um so nöthiger, als eine directe Einwirkung des Oberkommandos auf den Gang der Belagerungen bei der immer größer werdenden Entfernung mehr und mehr ausgeschlossen sein mußte. In der That haben diese Belagerungen unter spezieller Leitung des General Kameke einen wesentlich selbständigen Verlauf gehabt. Sie werden aber in dieser Darstellung doch insoweit erwähnt werden, als sich Berührungspunkte zu den Feldoperationen ergaben, wie sie in dem fortdauernden Austausch von Directiven und Meldungen ihren Ausdruck fanden.

Was nun schließlich la Fere betrifft, so hatte sich anfänglich ein Gerücht verbreitet, der Platz wolle capituliren. Ein am 13. November von Laon vorgegangenes Recognoscirungs-Detachement der Reimser Gouvernementstruppen unter Oberst Kahlden constatirte aber, daß der Platz mit 2000 Mann besetzt, und mit zahlreichem Geschütz vollkommen armirt war. Der eben neu ernannte Kommandant, Fregattenkapitain Planche, zeigte sich zur Vertheidigung entschlossen. Der Eisenbahn-Transport der 4. Brigade von Pont à Mousson war durch Betriebsstockungen verzögert; indessen meldete General Zglinitzky unterm 13. von Soissons, er werde am 15. vor la Fere eintreffen. Die Heranschaffung des Belagerungsparks von Soissons in der Stärke von 26 schweren Geschützen sollte bis zum 18. November bewirkt sein. Wir fügen hier gleich hinzu, daß la Fere unter heftigem, aber erfolglosem Granatfeuer der Festung in der That am 15. und 16. auf beiden Oise-Ufern cernirt wurde; die 4. Brigade besetzte insbesondere die Ortschaften Charmes, Danizy, Travecy, Quessy und Fargniers. Dagegen verzögerte sich die Heranschaffung des Belagerungsparks, weil die vom Generalgouvernement Reims verfügten Pferdeausschreibungen nur lässig zur Ausführung kamen.

Am 15. November ging in Reims eine aus dem großen Hauptquartier in Versailles vom 9. November datirte Weisung ein, wonach die Benutzung der damals in Betrieb gesetzten französischen Eisenbahnen in folgender Weise geregelt wurde:

„Die I. Armee behält die bisher benutzten, welche auf Saarbrücken zusammenlaufen und über Metz, Frouard, Epernay, Reims Fortsetzung finden.

Die Maas-Armee führt ihre Linien ebenfalls auf Saarbrücken und dann mit der ebengenannten Linie der I. Armee zusammen über Soissons auf Paris.

Die II. Armee verlegt ihre Etappen-Linien so, daß sie sämmtlich auf Neustadt-Weißenburg zusammenlaufen und dann über Nanzig—Frouard—Blesme—Chaumont resp. Nanzig—Neufchateau (mit Landtransport auf dieser Strecke) —Chaumont Fortsetzung finden.

Die III. Armee behält die bisherigen Linien, welche für die norddeutschen Corps auf Weißenburg zusammenlaufen, für die süddeutschen Truppen aber mit der baldigst zu erwartenden Eröffnung der Verbindung von Kehl durch Straßburg sämmtlich auf diesen Weg zu weisen sind.

Da die sämmtlichen Linien von Frouard aus auf einer Strecke zusammenlaufen, über welche die Linien-Commission zu Nanzig disponirt, so hat diese Commission Anweisung erhalten, der Stärke der Armee entsprechend, die Summe aller mit Armee-Bedürfnissen beladenen Züge in folgendem Verhältniß zu vertheilen und vorgehen zu lassen:

für die I. Armee 3,
„   „ Maas- „ 3,
„   „ II.   „ 4,
„   „ III.   „ $\begin{cases} 4 \text{ von Weißenburg,} \\ 2 \text{ von Kehl.} \end{cases}$

Diese Zahlen bezeichnen nicht die täglich zu befördernden Züge, sondern sind Verhältnißzahlen, welche nicht für jeden Tag, sondern nur für einen größeren Zeitraum im Durchschnitt festgehalten werden müssen, und bleibt vorbehalten, etwaige Aushülfen und Ausgleichungen durch den General-Intendanten anordnen zu lassen." gez. Moltke.

Da hiernach eine wenn auch beschränkte Mitbenutzung der großen Haupteisenbahnlinie für die I. Armee in bestimmter Aussicht stand, so wurde beim Oberkommando beschlossen, sich außer dieser Eisenbahnlinie jetzt nur noch auf die südliche Etappenlinie Metz—Verdun—Reims zu basiren, die nördliche über Grand Pre auf Rethel aber aufzugeben. Das Generalgouvernement Reims, welches hierdurch in der ihm obliegenden Etappenbesetzung erleichtert wurde, erhielt Kenntniß von dieser, sowie von den in Bezug auf Mezieres getroffenen Maaßregeln.

Sonach hatten am 15. November die einzelnen Bestandtheile der I. Armee folgende Aufstellung:

a. Truppen des General Zastrow:
  die 13. Division größtentheils in Metz;
  „ 14.   „   größtentheils vor Thionville,
ein Detachement beider Divisionen von 5 Bataillonen, 4 Escadrons, 1 Batterie unter Oberst Pannewitz vor Montmedy; davon 1 Bataillon, 2 Escadrons in Longuion zur Beobachtung von Longwy.

Das Truppencorps des Generals Schuler von Senden bei Briey, bestimmt zur Ablösung der 1. Division vor Mezieres.

b. Eigentliche Operations-Armee unter General Manteuffel:
  das 8. Armee-Corps um Reims;
  die 3. Cavallerie-Division zwischen Reims und Rethel.

Vom 1. Armee-Corps:
  die 3. Brigade und Corpsartillerie bei Rethel.

c. Detachirt: die 4. Brigade vor la Fere.

Die 1. Division vor Mezieres.

Die General-Etappen-Inspection war nach Abwickelung ihrer Geschäfte in Metz dem Oberkommando nach Reims gefolgt, wo sie zunächst verblieb, um den Nachschub der Armee zu regeln. Die kürzlich erlassenen Bestimmungen über Benutzung der Eisenbahnen hatten hierzu eine neue Grundlage geschaffen.

Zweites Kapitel.

Von Reims bis Compiegne. Aufmarsch an der Oise.

(16. bis 23. November.)

Den auf der Linie Reims—Rethel eingetroffenen Truppen wurde hier am 16. November ein Ruhetag gewährt. Für den weiteren Vormarsch kam folgendes in Betracht: Wir erwähnten schon im vorigen Kapitel, daß im Terrain westlich von Reims und Rethel, wo die Occupationssphäre des Reimser Generalgouvernements mit den von ihm noch besetzten Punkten Laon und Soissons abschnitt, eine vermehrte Gefechtsbereitschaft erforderlich war. Man beschloß deshalb, die Aufmarschlinie an der Oise dadurch um die Hälfte zu verkürzen, daß, solange die 1. Division noch fehlte, der rechte Flügel nicht bis St. Quentin, sondern nur bis Guiscard ausgedehnt wurde. Ueber die hier zu berücksichtigenden feindlichen Streitkräfte hatte man zunächst erfahren, daß bei Lille eine Nordarmee unter Bourbaki in Formation begriffen sei, angeblich um Mezieres zu entsetzen. Eine andere Armee bilde sich unter General Briand bei Rouen, um gegen die Westfront der Pariser Cernirung vorzustoßen. Spätere bis zum 15. November eingegangene Nachrichten sprachen auch von Truppenformationen bei Amiens und bezifferten die in dortiger Gegend vorhandenen Streitkräfte auf 25,000, die bei Rouen auf 27,000, die bei Lille auf 33,000 Mann.

Wir enthalten uns einer weiteren Darlegung der sich hieraus für das Oberkommando der I. Armee zunächst ergebenden Gesichtspunkte. Sie finden ihren Ausdruck im Armee-Befehl vom 16., und in den Directiven für die Cavallerie-Division vom 18. November.

Der Befehl vom 16. lautete:

„Die Armee setzt morgen ihren Vormarsch in 5 aufeinander folgenden Märschen fort. Für das 8. Armee-Corps bleibt das bisherige Marschtableau maaßgebend, wonach dasselbe am 21. die Gegend von Compiegne erreicht, Avantgarden auf den nach Montdidier und Beauvais führenden Straßen vorgeschoben. Auch ist demnächst in Richtung über Senlis Verbindung mit der Maas-Armee aufzunehmen.

Die 3. Cavallerie-Division marschirt am 19. bis in die Gegend von Coucy, am 20. in den Rayon zwischen Villequier—Aumont und Guiscard, um die rechte Flanke der Armee zu gewinnen und diese von nun an bis auf Weiteres zu decken. Es werden ihr hierzu das Jäger-Bataillon Nr. 8 und eine reitende Batterie des 8. Corps überwiesen, welche Truppentheile spätestens bei Coucy die Cavallerie-Division zu erreichen haben. Nach Eintreffen des Jäger-Bataillons Nr. 1 bei Guiscard tritt auch dieses zur Cavallerie-Division. Es ist Aufgabe der Cavallerie-Division, aus der Gegend von Guiscard, also vom 21. ab, Recognoscirungen in der Richtung auf St. Quentin, Arras und Amiens vorzutreiben und zwar nicht nur, um die Flanke der Armee zu decken, sondern auch um möglichst zuverlässige Nachrichten über Stärke, Bewegungen und Aufstellung der feindlichen Nordarmee einzuziehen, deren Hauptkräfte nach den letzten darüber mitgetheilten Nachrichten zwischen Lille und Rouen zu vermuthen sind. Meldungen hierüber sind nicht nur an den Kommandeur der Cavallerie-Division, sondern auch direct in mein Hauptquartier abzusenden.

Die 2. Infanterie-Division marschirt bis zum 19. nach dem bisherigen Marschtableau, am 20. aber (mit südlicher Umgehung der von der 4. Brigade belagerten Festung la Fere) nach St. Gobain, am 21. in die Gegend diesseits Noyon. Am 22. ist über Noyon hinaus eine Avantgarde in Richtung auf Amiens vorzuschieben. (Folgt Bestimmung der Rayongränzen zwischen den 3 Hauptabtheilungen der Armee.)

Da die Armee von der Linie Soissons—Laon ab in ein bisher nur wenig von unseren Truppen betretenes Terrain gelangt, so empfehle ich von da ab ein mehr kriegsmäßiges Marschiren und vermehrte Sicherheitsmaßregeln, dabei aber möglichste Schonung der Truppen durch Vermeidung unnöthiger Concentrirungen zu Rendezvous und nicht zu enges Kantonniren. Die Herren kommandirenden Generale und Truppenbefehlshaber werden dies nach eigenem Urtheil über die Verhältnisse in ihren betreffenden Rayons bestimmen. Wichtig ist es, daß die Herren Divisions-Kommandeure und selbständigen Detachementsführer fortgesetzte Verbindung unter einander erhalten und alle Vorkommnisse und Nachrichten von Belang nicht nur nach oben hin melden, sondern auch sich gegenseitig mittheilen. Die Vorschriften über Waffenabnahme rc. bleiben unverändert in Kraft." gez. Manteuffel.

Ferner wurde der 1. Division aufgegeben, das Jäger-Bataillon Nr. 1 unmittelbar nach Eingang dieses Befehls in 6 angegebenen Etappen über Laon nach Guiscard in Marsch zu setzen, um dann zur Cavallerie-Division zu stoßen. Die 1. Division selbst sollte nach ihrer Ablösung durch General Senden sich am 23. über Marle auf St. Quentin in Marsch setzen und am 29. bei letztgenannten Punkt eintreffen. Da indessen ein so spätes Herankommen der 1. Division von hemmenden Einfluß auf die Operationen werden konnte, so wurde schon jetzt die Möglichkeit ihrer Heranziehung auf der Eisenbahn von Boulzicourt über Reims nach Laon ins Auge gefaßt. Mit Ausschluß des marschirenden Jäger-Bataillons und der dem General Senden überwiesenen Pontoncolonne gelangte der Transport wirklich zur Ausführung. Zwar wurde die Seitens der Betriebs-Direction zugesagte Leistung von 6 Tageszügen nicht erreicht; es liefen vielmehr täglich nur 4 Züge ab und verzögerte sich daher der vollständige Aufmarsch der Division um mehrere Tage gegen die anfängliche Berechnung. Dennoch traf sogar die Queue der Division früher bei der Armee ein, als es beim Landmarsch die Teten hätten thun können. Wir werden nach dieser kurzen Vorausschickung später sehen, wie wichtig das Eingreifen jener Teten bei der Schlacht von Amiens war. Es wurde dadurch einigermaßen das Ausfallen der 4. Brigade aufgewogen, welche wegen der verzögerten Gestellung der Gespanne für den Belagerungspark in Soissons die Belagerung von la Fere erst am 25. beginnen konnte. Die laut Befehl vom 16. November der Cavallerie-Division zufallende Aufgabe wurde durch besondere Directiven an den General Groeben d. d. Braisne den 18. dahin präcisirt:

1. „Einbringen zuverlässiger Nachrichten über Aufstellung, Stärke und Bewegungen der im nordwestlichen Frankreich befindlichen feindlichen Truppen, um dem Oberkommando Grundlagen für Anordnung der weiteren Operationen zu schaffen. Es ist wichtig, daß sich die Cavallerie-Division wie ein Schleier vor der Armee weit vorlegt, um diese Nachrichten so früh als möglich zu haben, weil die Armee jetzt noch im Stadium des Aufmarsches ist und also je nach dem Inhalt der Nachrichten dirigirt werden kann.

2. Niederhalten des feindlichen Landes durch Truppen-Entfaltung und durch vorübergehende Occupirung größerer Ortschaften.

3. Täuschung des Feindes durch wechselndes Erscheinen von Colonnen gemischter Waffen in verschiedenen Gegenden."

Die gleichzeitige Lösung aller drei Aufgaben wird durch bloße Detachirung kleiner Recognoscirungstrupps oder von Offizier-Patrouillen, selbst wenn sehr weit vorpoussirt, nicht erreicht; sondern es gehört dazu außerdem die Absendung sogenannter fliegender Colonnen, welche in sich eine gewisse Angriffs- und Vertheidigungsfähigkeit besitzen. Es wird also jedenfalls die Jägerwaffe darin vertreten sein müssen, welche, wenn die Mannschaft auf requirirte Wagen gesetzt wird, den Bewegungen der Cavallerie auch auf stärkeren Märschen zu folgen und deren Rückzug durch Besetzung von Defileen zu sichern vermag. Es können solcher Colonne auch einige Geschütze beigegeben werden, was namentlich für die Aufgaben Nr. 2 und 3 nur förderlich sein kann. Solche fliegende Colonnen, in den Haupteinrichtungen auf St. Quentin, Arras, Amiens und Montdidier 1 Tagemarsch und darüber vom Gros der Division aus vorgeschoben, würden also in ihrer Gesammtheit eine vordere Staffel derselben darstellen, von welcher aus die kleineren Recognoscirungstrupps und Patrouillen vorgehen. Diese letzteren können dann um so weiter vorgreifen und um so bessere Nachrichten bringen, da sie an den mobilen Colonnen ihren Rückhalt finden.

Die Cavallerie-Division hat sich unmittelbar vor und bei Beginn des Feldzuges besondere Anerkennung dadurch erworben, daß durch kleine Offizier-Patrouillen gute Nachrichten vom Feinde beschafft wurden; das Verhältniß ist aber jetzt ein anderes. Damals kannte man im Großen und Ganzen Stärke, Formation und Aufstellung des Feindes; sein Vorpostendienst war schlecht, die Einwohnerschaft noch ruhig. Jetzt stehen wir einem vielleicht geringeren Feinde gegenüber, dessen Formationen aber neu und uns daher meist unbekannt sind, der es uns nach seinen gemachten Erfahrungen an Wachsamkeit gleich thun wird —; und wir befinden uns in einem in der Insurgirung begriffenen Lande, wo man gewärtig sein muß, daß jetzt noch mit untergeschlagenen Armen dastehende Bauersleute sich hinter unserem Rücken in Franctireurs verwandeln. Die bei richtiger Anwendung so empfehlenswerthe, meilenweite Entsendung einzelner Offiziere und Reiter bedarf in solchem Lande besonderer Vorkehrungen, um sie nicht nutzlos zu gefährden. Jede Patrouille, jeder Reiter bedürfen hier in gewisser Entfernung eines Rückhalts, damit nicht er, und mit ihm seine vielleicht wichtigen Mittheilungen verloren gehen.

Es ist freilich in neuerer Zeit vorgekommen, daß selbst Compagnien und Escadrons überfallen und aufgehoben worden sind, wie z. B. die Etappenkommandos in Stenay und andern Orten. Aber auch in dieser Hinsicht liegt die Sache hier anders. Um einen Ueberfall zu beschließen, einzuleiten und auszuführen, bedarf es einiger Zeit. Stabile Aufstellungen, wie Etappenkommandos, welche sich gewissermaßen häuslich eingerichtet und wohl nicht wochenlang immer denselben Grad von Wachsamkeit bewahrt haben mögen, sind dergleichen Ueberfällen eher ausgesetzt; sehr viel schwieriger sind sie gegen mobile Colonnen, welche sich nur eine Nacht an demselben Orte befinden."

gez. Manteuffel.

Die auf beiden Aisne-Ufern vorrückende Armee stand am 17. November zwischen Breuil und Chateau-Porcien, (Oberkommando in Jonchery); am 18. zwischen Braisne und Sissonne. Am 19. wurde folgende Aufstellung erreicht: 8. Armee-Corps Soissons und Gegend; 3. Brigade und Corpsartillerie um Laon. Die Cavallerie-Division ging bis Coucy, wo auch das ihr überwiesene Jägerbataillon Nr. 8 nebst einer reitenden Batterie des 8. Armee-Corps eintraf. Das Oberkommando kam nach Soissons. Man erfuhr durch ein Telegramm des Generals Zastrow die erfolgte Cernirung von Montmedy. Das Regiment Nr. 74 hatte hierbei am 16. bei Chaufancy und Thonelle zwei glückliche Gefechte gegen die Besatzung jener Festung bestanden, in denen der Feind u. A. gegen 50 Gefangene verlor.

Von der Cavallerie-Division waren am 19ten 4 Offizierpatouillen über die Oise hinaus vorgegangen, zwei stärkere zu je 60 Pferden über Compiegne und Noyon, zwei kleinere in der Richtung auf Guiscard und Ham. Man fand das ganze Terrain südlich der Linie la Fere—Roye bis zu letztgenanntem Ort frei vom Feinde; dagegen erhielten die mehr nördlich vordringenden Patrouillen in Ham und in dem 1 Meile südöstlich davon gelegenen Dorfe Cugny Feuer, zum Theil auch von nicht uniformirten Mannschaften. Die Anwesenheit des Feindes wurde übrigens heute auch dadurch bemerkbar, daß er in Stärke von etwa 6 Compagnien mit 4 Geschützen aus der Richtung von Ham her gegen die Westcernirung von la Fere vorging, während ungefähr gleichzeitig ein Ausfall aus der Festung versucht wurde. General Zglinitzki wies beide Angriffe unter ansehnlichen Verlusten für den Feind zurück und nahm ihm dabei eine Anzahl Gefangener, auch einen Munitionswagen ab. — Vor Mezieres hatte in den letzten Tagen gleichfalls eine Reihe kleinerer Gefechte mit für uns günstigem Ausgang und geringen Verlusten stattgefunden.

Am 20. November erreichte die 3. Brigade von Laon aus die Gegend von S. Gobain; das 8. Armee-Corps stand mit den Hauptkräften um Attichy. Die Avantgarde aber besetzte schon heute Compiegne. Die Cavallerie-Division ging auf Guiscard und schob mobile Colonnen in nördlicher und westlicher Richtung vor, welche das Land bis gegen St. Quentin, Ham, Nesle und Roye durchstreiften. Nur bei Ham wurde die Anwesenheit feindlicher Mobilgarden in Erfahrung gebracht; sonst war nirgends etwas vom Feinde zu bemerken.

Zur Erläuterung der jetzt eingetretenen Sachlage und der sich daraus ergebenen Anordnungen zum Aufmarsch an der Oise gehen wir um einen Tag zurück. In der Nacht vom 19. zum 20. waren dem Oberkommando in Soissons Directiven über die ferneren Aufgaben der Armee zugegangen, datirt aus Versailles vom 18. und folgenden Inhalts:

„Das Oberkommando wird benachrichtigt, wie Seine Majestät der König, den bisherigen Operationen des Oberkommando's beistimmend, zu befehlen geruht haben, daß die I. Armee von der Linie Compiegne-Noyon aus ihren Vormarsch in der Richtung auf Rouen fortsetze. Ob hierbei mit den Hauptkräften der Weg über Amiens einzuschlagen sein wird, bleibt davon abhängig, ob die bisher dort gemeldeten stärkeren Ansammlungen in jener Gegend verbleiben oder nicht vielmehr dem Anmarsch der I. Armee gegenüber sich abziehen. Jedenfalls bleibt Amiens an und für sich wichtig genug, um es in jedem Fall durch ein stärkeres Detachement zu occupiren und besetzt zu halten." gez. Moltke.

Wir haben gesehen, wie der bisherige Vormarsch mit solcher Beschleunigung geschehen war, daß der in der Luftlinie 35 Meilen breite Raum zwischen Mosel und Oise in einem Zeitraum von nur 14 Tagen durchschritten wurde. Es war dies in Anbetracht der allgemeinen Situation nöthig gewesen, um die Armee so bald als möglich in eine Aufstellung zu bringen, aus welcher sie einem feindlichen Vorgehen gegen die Nordcernirung von Paris wirksam entgegen treten konnte. Mit Erreichung der Oise und deren Uebergänge beherrschend war sie dieser defensiven Aufgabe nach allen Richtungen hin gewachsen, und konnten jetzt, wie es in den Directiven vom 18. in Aussicht genommen war, auch offensivere Zwecke mit ihr verfolgt werden. Da indessen das Verhalten des Feindes ein unmittelbares Eingreifen der I. Armee zunächst nicht gebot, so erschien eine kurze Ruhe für die Truppen aus drei Gründen angemessen und geboten: einmal um deren Retablirung*) nach den dem Cernirungs- und Bewachungsdienst bei Metz unmittelbar gefolgten anstrengenden Märschen zu bewirken; sodann um soweit als möglich die detaschirten Abtheilungen zu den ferneren Operationen mit heranziehen zu können; vor Allem aber, um durch die in dieser Zwischenzeit fortzusetzenden Recognoscirungen der Cavallerie-Division eine sichere Grundlage für die Einleitung der nächsten Bewegungen zu gewinnen. Da nämlich den Directiven gemäß Rouen das eigentliche Hauptobject war, so durfte der Umweg über Amiens nur mit solcher Truppenstärke eingeschlagen werden, als zur Besitznahme auch dieses wichtigen Punktes ausreichend erschien.

---

*) Wir erinnern u. A. an die wichtige und von Zeit zu Zeit immer wieder nöthige Ausbesserung der Fußbekleidung.

Von diesen Gesichtspunkten ausgehend erließ das Oberkommando am 20. in Attichy folgenden Befehl:

„Die Armee wird in den jetzt folgenden Tagen ihren Aufmarsch an der Oise bewirken und falls die Umstände nicht einen früheren Aufbruch veranlassen, voraussichtlich am 24. den weiteren Vormarsch antreten. Für diese Zwischenzeit wird im Anschluß an den Armee-Befehl vom 16. Folgendes bestimmt:

Das 8. Armee-Corps, welches heute Compiegne mit einer Avantgarde besetzt hat, dislozirt sich von morgen ab mit dem Gros auf dem rechten Oise-Ufer. Die Cavallerie-Division, welche angewiesen ist, heute bis Guiscard vorzurücken, wird das Terrain vor dem rechten Flügel und in der rechten Flanke der Armee durch weit vorzupoussirende Colonnen aufklären. Dementsprechend ist auch Seitens des 1. Armee-Corps der Oise-Uebergang bei Noyon morgen in Besitz zu nehmen. Die 1. Division, deren Transport von Boulzicourt nach Laon heute begonnen hat, trifft mit der Tete heute dort ein, und ist ihr der echelonweise Vormarsch auf Noyon mit der Zwischenetappe Coucy bereits direct vorgeschrieben. Das 1. Armee-Corps (excl. der vor la Fere bleibenden 4. Brigade) ist demnächst je nach seinem Eintreffen in dem Rayon nördlich der Linie Ressons-Blerancourt zu dislozieren und hat sich nach Bedarf rechts auszudehnen. Die Cavallerie-Division geht je nach dem Eintreffen des 1. Armee-Corps mit ihrem Gros weiter in das Dreieck Roye-Nesle-Ham vor und hat insbesondere zu constatiren, ob größere feindliche Streitkräfte bei Amiens stehen.

Der bisher dem 8. Armee-Corps angeschlossene Sächsische Pontontrain*) ist nach Coucy zu dirigiren und vom 1. Armee-Corps zu übernehmen.

Mit dem Beziehen von Cantonnements auf dem rechten Oise-Ufer ist vermehrter Sicherheitsdienst nothwendig. So lange die Nähe größerer feindlicher Truppenmassen noch nicht constatirt ist, wird zwar von zusammenhängenden Vorpostenlinien abzusehen sein; dagegen muß auf den gegen Lille, Amiens und Rouen führenden Hauptstraßen fleißig patrouillirt werden und bleibt außerdem jedes Cantonnement für die eigene Sicherheit verantwortlich."

gez. Manteuffel.

---

*) Er war damals unter Bedeckung eines Bataillons des Regiments Nr. 28 bis Soissons gelangt.

In Gemäßheit dieses Befehls wurde am 21. November das 8. Armee-Corps auf beiden Oise-Ufern um Compiegne dislocirt: die Tete des 1. Armee-Corps erreichte Noyon; das Tetenechelon der 1. Division (Regiment Nr. 1) war Tags vorher in Laon eingetroffen. General Groeben ging heute von Guiscard aus mit einem Detachement der Cavallerie-Division nach Ham vor und besetzte ohne Widerstand zu finden, die Stadt und das alte befestigte Schloß. Angeblich war der Feind in Stärke von 1500 Mann und 2 Geschützen Nachts vorher auf der Eisenbahn nach Amiens abgezogen. Die Cavallerie-Division etablirte sich nun mit ihren Hauptkräften bei Guiscard und weiter westlich in der Richtung nach Nesle. Detachements in Stärke von je 1 Compagnie, einigen Escadrons und 2 Geschützen standen in Ham und Roye und recognoscirten in den Richtungen nach St. Quentin, Peronne, Amiens und Breteuil. —

Das Oberkommando ging am 21. von Attichy nach Compiegne und nahm hier mit dem General-Commando des 8. Armee-Corps Quartier im Kaiserlichen Schloß. Zwischen Aisne und Oise, auf dem linken Ufer beider Flüsse breitet sich der meilenlange Wald von Compiegne aus, östlich begrenzt durch das Thal von Pierrefonds mit dem gleichnamigen Badeort und einem auf hoher Bergkante thronenden kaiserlichen Schloß, im mittelalterlichen Styl nach dem Plane eines zu Richelien's Zeiten zerstörten Schlosses wieder aufgebaut. Zwischen diesem landschaftlich überaus schönen Punkte und Compiegne herrscht tiefe Waldeinsamkeit in dunklen Laubhölzern; über eine mitten darin liegende Bergkuppe aber laufen breite Lichtungen, und überblickt man von hier westlich zu seinen Füßen das Kaiserliche Schloß Compiegne und darüber hinweg die jenseits der Oise sich ausbreitende pikardische Landschaft.

Mit dem Eintreffen bei Compiegne gelangte die I. Armee in unmittelbare Nähe des nördlichen Beobachtungsrayons der Maas-Armee. Seitens der letzteren waren in Attichy folgende Mittheilungen eingegangen: Der I. Armee zunächst stand die Sächsische Cavallerie-Division (Lippe) nebst 3 Bataillonen Infanterie und 2 Batterien bei Chantilly. Sie hielt von hier aus mit vorgeschobenen starken Detachements Creil, Mouy, Beauvais und Clermont besetzt und patrouillirte nach Breteuil und Montdidier. Andererseits hielt sie Verbindung mit der bei Gisors an der Epte stehenden Garde-Cavallerie-Brigade Prinz Albrecht Sohn, welche, gleichfalls durch 3 Bataillone, 2 Batterien verstärkt, ihre Front gegen Rouen hatte. Die letzten von Beauvais eingegangenen Meldungen sprachen von einem beabsichtigten Vorrücken der feindlichen Truppen von Rouen nach Osten. — In Erwiderung dieser Mittheilungen wurde dem Oberkommando der Maas-Armee Kenntniß von den nächsten Absichten gegeben, wie sie den vorher entwickelten Gesichtspunkten entsprachen. Zugleich wurde eine Cooporation der Detachements bei Beauvais und Clermont erbeten, um beim weiteren Vorgehen der I. Armee deren linke Flanke zu decken. —

Am 22. und 23. November fuhr man mit dem Aufmarsch an der Oise in der beabsichtigten Weise fort. Das 8. Armee-Corps dislozirte sich am 22. mit Ausnahme der Trains ganz auf dem linken Ufer à cheval der Straßen nach Montdidier und nach Clermont und nahm in letzterer Richtung Verbindung mit dem Detachement der Maas-Armee auf. Die 15. Division bildete den rechten, die 16. den linken Flügel. —

Vom 1. Armee-Corps befand sich seit dem 22. die 3. Brigade und Corpsartillerie auf beiden Oise-Ufern in und um Noyon. Am 23. trafen die beiden ersten Echelons der ersten Division (das Regiment Nr. 1, 1 Bataillon Regiments Nr. 43, 1 Escadron, 1 Batterie und 1 Sanitätsdetachement) von Laon her ein. — Die Corpsartillerie und das Bataillon Nr. 43 blieben auf dem linken Oise-Ufer; die übrigen Truppen wurden jetzt ganz auf dem rechten Ufer dislozirt: die 3. Brigade westlich, das Regiment Nr. 1 östlich der Straße von Noyon nach Guiscard. —

Unter den jetzt eingetretenen Verhältnissen übergab der Oberbefehlshaber die Führung des 1. Armee-Corps dem General Bentheim, welcher für seine Person am 22. in Laon eingetroffen war.

Von den detachirten Theilen der Armee gingen in Compiegne folgende Nachrichten ein:

General Zglinitzki meldete das am 23. erfolgte Eintreffen des Belagerungsparks und seine Absicht, am 25. früh mit dem Bombardement von la Fere zu beginnen. — General Zastrow telegraphirte am 22. den Beginn der Beschießung von Thionville aus 76 schweren Geschützen. Der Feind habe das Feuer Anfangs lebhaft, später nur noch schwach erwidert; seit 3 Uhr Nachmittags brenne die Stadt. — General Senden endlich meldete am 22. das Eintreffen seines Detachements vor Mezieres. —

Wir wissen, daß diese Detachirungen vorzugsweise dazu dienen sollten, die noch von feindlichen Festungen beherrschten Bahnlinien, insbesondere die wichtige Ardennenbahn für die Verpflegungszwecke der deutschen Armeen zu erschließen. In bereiter Unterordnung unter diesen höheren Zweck war das Oberkommando der I. Armee aber immer darauf bedacht, jene Detachirungen auf das unerläßlich nöthige Maaß von Zeit und Stärke zu beschränken. Denn die der I. Armee gestellte Hauptaufgabe ließ entscheidende Kämpfe voraussehen und hierzu war ein möglichstes Zusammenhalten der Streitkräfte geboten. Die sich hieraus ergebende Auffassung fand ihren Ausdruck in nachfolgendem Schreiben des Oberbefehlshabers an General Zastrow d. d. Compiegne 23. November:

„Aus der gestern mitgetheilten Uebersicht der bisherigen Operationen werden Ew..... die Absicht einer späteren Heranziehung der Division Senden zur Armee ersehen haben und ersuche ich Ew....., diese Eventualität auch Ihrerseits schon jetzt ins Auge zu fassen. Ich habe die genannte Division bis auf Weiteres vor Mezieres Position nehmen lassen und Ew..... Befehlen unterstellt, um nachtheilige Einwirkungen des feindlichen Festungsdreiecks Mezieres—Rocroy—Givet gegen unsere rechte Flanke so lange zu paralysiren, bis zur Belagerung der erstgenannten Festung übergegangen werden kann. Um in Anbetracht der geringen Stärke des Generals Senden an Infanterie dessen Aufgabe vor Mezieres zu vereinfachen, habe ich angeordnet, daß der gegen die Festung bestimmte Belagerungspark vorläufig nur von Verdun nach Clermont und erst dann nach Boulzicourt geschafft wird, wenn die zur eigentlichen Belagerung ausreichende Truppenzahl dort vorhanden ist und ihn decken kann. Ew.... wollen den Zeitpunkt zu letzterem Transport nach Ihrem Ermessen bestimmen und das Nöthige anordnen. Es wird voraussichtlich erst nach dem Fall von Thionville stattfinden können, wo eine Division des 7. Corps zur Belagerung von Mezieres disponibel wird, weil dann den Directiven vom 31. v. M. gemäß das Generalgouvernement Elsaß die Besetzung von Thionville zu übernehmen hat. Ebenso würde die eventuelle Besetzung von Montmedy dem Generalgouvernement von Lothringen zufallen. Die Besetzung von Metz ist zwar der I. Armee aufgegeben; doch stelle ich anheim, ob Ew.... nicht eine Mitwirkung des Generalgouvernements Elsaß hierbei durchsetzen können, was jedenfalls im Interesse der Armee liegen würde.

Da bei den bisherigen und bevorstehenden Operationen Detachirungen ohnehin unausbleiblich sind, so wollen Ew.... bei Ihren Dispositionen immer den Gesichtspunkt festhalten, daß ein allmähliges Nachschieben der rückwärtigen Truppen, insoweit es die Verhältnisse irgend gestatten, nur förderlich sein kann. Aus diesem Grunde wollen Ew.... insbesondere darauf Bedacht nehmen, mir die Division Senden sobald als möglich wieder zur Disposition zu stellen." —
gez. Manteuffel.

Dies war im Allgemeinen die Situation bei Beginn des Feldzuges in der Picardie.

Die Effectivstärke der I. Armee betrug nach den Rapporten vom 21. November:

	Infanterie.	Cavallerie.	Geschütze.
1. Armee-Corps (einschließlich der Truppen vor Mezieres und la Fere)	19,148	1,084	84
8. Armee-Corps	19,096	1,139	90
3. Cavallerie-Division (ohne die attachirten Theile)	—	2,210	6
Summa	38,244	4,433	180

Zweite Periode.

Die Operationen in der Picardie und Normandie bis zur Einnahme von Rouen.

(24. November bis 6. Dezember.)

Drittes Kapitel.

Der Vormarsch gegen Amiens. Recognoscirungsgefechte bei Quesnel und Mezieres. Avantgardengefecht an der Luce. Kapitulation von Thionville.

(24. bis 26. November.)

Die Grundlage für diese Operationsperiode war in den bereits mitgetheilten Directiven aus Versailles vom 18. November gegeben. Sie forderten die Besitznahme von Rouen und von Amiens durch die I. Armee. Dem selbständigen Ermessen des Oberkommandos aber blieb es überlassen, ob der Umweg über letztgenannten Ort mit den Hauptkräften eingeschlagen werden mußte, oder ob von vornherein eine bloße Detachirung zur Occupirung desselben ausreichte. Die Aufstellung an der Oise, wobei der linke Flügel sich südlich über die directe Straße Compiegne—Rouen ausdehnte, war noch auf beide Fälle berechnet. Der endgültige Entschluß sollte von den Meldungen der Cavallerie-Division abhängen, mit deren Gros General Groeben am 23. bis Roye vorrückte, während er ein gemischtes Detachement weiter nach Quesnel vorschob. Die am 22. vorgetriebenen Recognoscirungen hatten nämlich Folgendes ergeben: Man war, ohne auf Widerstand zu stoßen, einerseits bis St. Quentin, andererseits bis Breteuil gelangt, wobei sich nur die Anwesenheit von Franctireurtrupps herausstellte, welche in einigen Dörfern in der Gegend von Montdidier Feuer auf die Patrouillen gaben. Peronne sollte angeblich von 1000 bis 1500 Mann besetzt sein. — Eine auf der Straße nach Amiens vorgegangene Escadron des Ulanen-Regiments Nr. 14 gelangte bis Beaucourt (fast halbwegs zwischen Roye und Amiens) und ließ eine Patrouille weiter über Domart hinaus bis gegen den Wald von Gentelles (1½ Meilen von Amiens) vorgehen. Sie brachte nach übereinstimmenden Aussagen von Einwohnern die Nachricht mit, Amiens und Gegend sei von 17,000 Mann aller Waffen besetzt. Bourbaki selbst (über dessen Enthebung oder Nichtenthebung vom Kommando im Norden widersprechende Nachrichten im Umlauf waren) sei dort anwesend. Diese Angaben enthielten im Wesentlichen eine Bestätigung der früheren Mittheilungen über die Formirung ansehnlicher feindlicher Streitkräfte. Zusammengehalten mit dem Rückzuge des Feindes von Ham auf Amiens und mit der von der Maas-Armee mitgetheilten Nachricht von einem Ostwärtsschieben der Truppen von Rouen war es nicht unwahrscheinlich, daß dem Vorrücken der I. Armee gegenüber die drei feindlichen Hauptmassen bei Lille, Amiens und Rouen eine Conzentrirung nach der Mitte hin erstrebten. Hierzu stand dem Feinde die große Eisenbahnlinie zwischen den drei genannten Punkten zur Verfügung, auf deren Deckung, namentlich zwischen Rouen und Amiens, er immer bedacht gewesen war. Die mehrfach bemerkten feindlichen Streitkräfte bei Formerie*) dienten offenbar zu diesem Zweck. Schon diese rein militärischen Gründe sprachen für ein baldiges Vorrücken gegen Amiens, um die hier vermuthete feindliche Truppenconzentration in der Mitte zu sprengen. Hierzu traten noch politische Erwägungen, welche ja auf die Entschlüsse eines selbständig operirenden Feldherrn mehr oder minder mit

---

*) Vom Sächsischen Detachements-Commandeur in Clermont, General Krug, erging noch unterm 23. die Mittheilung, daß Marseille, Grandvillers und Formerie stärker, Gournay schwach vom Feinde besetzt, daß dagegen am 21. die Brigade Prinz Albrecht bis les Andelys und an den Andelle-Abschnitt vorgegangen sei, ohne auf namhafte Kräfte zu stoßen. — Weniger innere Wahrscheinlichkeit hatte das übereinstimmend vom General Groeben und vom Detachement in Clermont mitgetheilte Gerücht, der Feind wolle Amiens nicht ernstlich vertheidigen sondern nach Lille ausweichen. —

einwirken. Es kam namentlich der Umstand in Betracht, daß durch die nothwendig gewordene Räumung von Orleans das Französische Selbstbewußtsein entschieden gehoben war. Seitdem waren vierzehn Tage ohne einen entscheidenden Schlag von deutscher Seite verflossen. Nach den Aeußerungen in der Presse schien dies nicht ohne Einfluß auch auf die Stimmung der neutralen Mächte geblieben zu sein, für deren fernere Stellungnahme die Berichte Odo Russels von Bedeutung werden konnten, welcher sich zu dieser Zeit nach Versailles begab. —

Das Resultat aller dieser militärisch-politischen Betrachtungen führte am 23. Nachmittags zu dem Entschluß, gegen Amiens vorzurücken, ohne den Aufmarsch an der Oise abzuwarten. Freilich ging man hierbei noch von der Hoffnung aus, die fehlenden Theile des 1. Armeecorps während des Vormarsches allmählich nachziehen zu können, um sie bei der erwarteten Entscheidungsschlacht mit zur Stelle zu haben. Durch das Vorrücken der Armee sollte zugleich den weiter vorgreifenden Recognoscirungen der Cavallerie-Division der nöthige Rückhalt gegeben werden. —

Der Oberbefehlshaber erließ am 23. Abends folgenden Befehl:

„Die Armee setzt ihren Vormarsch fort und zwar: das 8. Armee-Corps so, daß es morgen die Linie Ressons—Leglentieres, am 25. aber mit den Hauptkräften Montdidier und Gegend erreicht. Ein an Cavallerie starkes Detachement ist über St. Just auf Breteuil zu dirigiren. Dasselbe patrouillirt auf Marseille und hält Verbindung mit den Detachements der Maas-Armee in Clermont und Beauvais, sowie mit der 3. Cavallerie-Division in Richtung auf Poix und Amiens. —

Das 1. Armee-Corps echelonirt sich am 25. mit den disponiblen Truppen zwischen Noyon und Roye. Letzterer Ort ist zu besetzen und bildet im Allgemeinen den rechten Flügel des Corps. Das Corps trifft seine Anordnungen derartig, daß die rückwärtigen Abtheilungen nach Maaßgabe ihres Eintreffens über Noyon folgen, wobei vorläufig noch mit der Cernirungs-Brigade von la Fere Verbindung zu halten ist.

Die 3. Cavallerie-Division behält zur Sicherung der rechten Flanke der Armee bis auf Weiteres Ham besetzt, von wo das Terrain nach St. Quentin und Peronne aufzuklären bleibt. Ferner läßt sie sofort die von Amiens ausgehenden Eisenbahnen unterbrechen, und zwar die nach Arras und event. auch nach Abbeville möglichst gründlich, die übrigen unter dem Gesichtspunkt, daß ihre Benutzung jetzt zwar dem Feinde verwehrt werden soll, später aber für unsere Zwecke ins Auge gefaßt ist. Mit ihren Hauptkräften rückt die Cavallerie-Division am 25. d. Mts. nach Moreuil vor, um fortgesetzt Nachrichten vom Feinde zu schaffen, Front und rechte Flanke der Armee zu sichern.

Ein angemessenes Zurückhalten der Trains bleibt den Corps anheim gestellt, die des 1. Corps möglichst hinter dessen linkem Flügel. Mein Hauptquartier geht am 25. nach Montdidier."

gez. Manteuffel.

Wir schicken eine kurze Bemerkung über die jetzt in Betracht kommenden Terrainverhältnisse voran, deren Einzelheiten sich natürlich erst beim weiteren Vorschreiten ergaben:

Das Land zwischen Oise und Meer einerseits, Somme und Epte andererseits: die alte Picardie ist ein nach allen Richtungen hin von guten Straßen durchzogenes hoch cultivirtes Hügelland mit zahlreichen Ortschaften und anderweitigem Anbau. Waldungen treten meist nur in kleineren Complexen auf; die zwischen den Abschnitten sich hinziehenden langgestreckten Terrainwellen gestalten sich vielfach zu breiten, weithin übersichtlichen Plateaus. Dies gilt besonders von dem Plateau von Sains und Dury zwischen dem Noye- und Celle-Abschnitt in unmittelbarer Nähe von Amiens; die am nördlichen Fuße dieses Plateaus liegende Stadt ist von demselben vollständig beherrscht. Andererseits wird das pikardische Land von zahlreichen Wasserläufen durchzogen, welche durch die Beschaffenheit ihrer Umgebungen den Character militärischer Abschnitte haben. Der bedeutendste derselben ist die aus der Gegend von St. Quentin kommende Somme. Meist von einer breiten sumpfigen Wiesenniederung umgeben, fließt sie durch Canalisirung in mehrfache Arme getheilt in einem südlichen Bogen über Ham nach Peronne, dann über Corbie und Amiens zum Meere. Von ähnlichem Character, aber meist steiler eingeschnitten und mit bewaldeten Uferrändern sind die von Süden her kommenden Nebenflüsse, welche in der Nähe von Amiens zusammenlaufen und eine fächerförmige Terrainbildung nach diesem Punkte hin erzeugen; nämlich die Arve, die Noye und die Celle. Der Arve fließt von Osten her über Rosieres die Luce zu. Diese Terrainbildung erschwert ein Zusammenwirken der von Süden gegen Amiens vorrückenden Marschcolonnen.

Während sich das Gros der Armee am 24. November in Bewegung setzte, um am 25. die vorgeschriebene Linie Roye—Breteuil zu erreichen, fanden bei der Cavallerie-Division, welche wir am 23. im Marsch nach Roye und Quesnel verließen, folgende Vorgänge statt: Das nach letzterem Ort vorgeschobene Detachement (Ulanen-Regiment Nr. 14., 1 Jägercompagnie und 2 Geschütze unter Oberst Lüderitz) stieß Nachmittags 1½ Uhr auf 2 feindliche Mobilgardencompagnien, welche Quesnel und eine nahe dabei liegende Waldremise besetzt hielten. Die Jäger engagirten ein Feuergefecht in der Front, während Major Strautz mit den Ulanen und der Artillerie in der rechten feindlichen Flanke vorging. In Folge unseres Artilleriefeuers wurde das Dorf nach ½ Stunde geräumt und von den Jägern besetzt. Die beiden andern Waffen übernahmen bis zum Eintritt der Dunkelheit die Verfolgung des Feindes, welcher sich unter Benutzung mehrerer Waldparcellen in nördlicher Richtung nach Caix abzog, zuletzt in wilder Unordnung unter Zurücklassung des Gepäcks. Oberst Lüderitz schob von Quesnel aus eine Avantgardenescadron und eine kleine Abtheilung Jäger in Richtung auf Amiens bis Hourges vor. Als diese Truppen am frühen Morgen des 24. November von etwa 1000 Mobilgarden angegriffen wurden, ging Oberst Lüderitz zur Unterstützung nach Mezieres vor. Die Jägercompagnie vertheidigte dies Dorf unter ansehnlichen Verlusten für den Feind, und räumte es erst, als 3 feindliche Bataillone zu umfassendem Angriff vorgingen. Da der Gegner fernere 3 Bataillone nordöstlich des Dorfs entwickelte, auch einige Escadrons mit 4 Geschützen südlich desselben auftraten, zog sich Oberst Lüderitz langsam fechtend über Quesnel nach Bouchoir zurück, wohin General Groeben ein Aufnahme-Detachement von Roye aus vorgesandt hatte. Der Feind brach indessen das eigentliche Gefecht schon in der Höhe von Beaucourt ab, in welcher Gegend er mit einzelnen Abtheilungen stehen blieb. General Groeben aber nahm am 24. Abends mit den bei Bouchoir versammelten Truppen dort Stellung. Der Verlust der Cavallerie-Division in diesen Gefechten betrug etwa 24 Mann. — Die Meldungen von diesen Vorgängen erhielt das Oberkommando am 24. Abends in Baugy. Ein unmittelbar darauf eingehendes Telegramm aus Berlin bezifferte die in und um Amiens jetzt versammelten feindlichen Streitkräfte auf 46,000 Mann (einschließlich 11,000 Mann Linientruppen und 42 Geschütze).

Andererseits meldete ein in der Nacht eingehendes Telegramm aus Metz die Kapitulation von Thionville. — Nach 54stündigem Bombardement, in welchem die Belagerungsartillerie ungefähr 8600 Schuß verfeuerte, und nach Eröffnung der ersten Trancheen zog die Festung am 24. Vormittags 11 Uhr die weiße Flagge auf. Um 12 $^1/_2$ Uhr Abends war die Kapitulation auf Grund der Bedingungen von Sedan abgeschlossen, welche außer dem sonstigen Kriegsmaterial etwa 200 Geschütze, 4000 Gefangene in unsere Hände gab. Der Verlust des Belagerungscorps hatte 24 Mann betragen.

Der 25. November.

An diesem Tage erreichte das Gros der Armee die laut Disposition vom 23. vorgeschriebene Linie Roye—Breteuil. Vom 1. Armee-Corps, wo inzwischen General Bentheim eingetroffen war, stand aber bei Roye nur die 3. Brigade mit 6 Bataillonen, 3 Escadrons und 2 Batterien. Die bis jetzt angelangten 4 Bataillone, 2 Escadrons und 2 Batterien der 1. Division und die Corpsartillerie waren noch rückwärts bis Noyon echelonnirt. Das zunächst zu erwartende 3. Transportechelon der 1. Division enthielt nur Specialwaffen und Trains; die drei letzten Echelons, welche wieder Infanterie brachten, konnten erst am 25., 26. und 27. an der Oise eintreffen. — Das 8. Armee-Corps stand am 25. mit den Hauptkräften in der Gegend von Montdidier und westlich. Die 15. Division schob ihre Avantgarde über die Avre in Richtung auf Moreuil vor; die auf dem linken Flügel befindliche 16. Division hatte ein starkes Detachement bei Breteuil. — Bei der Maas-Armee trat am 24. und 25. folgende Verschiebung ein: An Stelle der zu anderer Bestimmung abrückenden Cavallerie-Brigade Prinz Albrecht Sohn besetzte die Division Lippe die Epte-Linie und übernahm mit dem Stabsquartier Gisors die Sicherung gegen Rouen. An deren Stelle traf die Garde-Dragoner-Brigade (Brandenburg II) am 25. in Clermont ein, um am 26. mit den Hauptkräften nach Beauvais vorzurücken. Gleichzeitig mit dieser Mittheilung erfuhr man Bourbakis Ernennung zum Corpscommandeur bei der Loire-Armee und seine vorläufige Ersetzung im Norden durch den General Farre.

Dieß war die Sachlage, wie sie bis zum 25. Nachmittags dem Obercommando in Montdidier vorlag. Wie schon früher bemerkt, hatte man bisher gehofft, die Heranziehung der fehlenden Theile des 1. Armee-Corps mit dem Vormarsch gegen Amiens verbinden zu können. In diesem Sinne waren am Nachmittag die Anordnungen getroffen. Eine gegen Abend eingehende Meldung des General Groeben aus Quesnel über die heutigen Wahrnehmungen der Cavallerie-Division veränderte indessen die Sachlage. General Groeben hatte sich befohlenermaaßen*) am 25. Morgens von Bouchoir auf Moreuil in Marsch gesetzt, erfuhr aber schon bei Quesnel, daß Moreuil und der vorliegende Wald stark vom Feinde besetzt war. Auch seine in anderen Richtungen vorgehenden Patrouillen erhielten Feuer und constatirten theils aus Nachrichten, theils aus eigenem Augenschein die Anwesenheit feindlicher Truppenmassen auch Artillerie bei Boves, Gentelles, Cachy und Villers-Bretoneux 2c., also im Terrain zwischen Luce und Somme. Man erfuhr ferner, es seien von Lille, Arras und Boulogne zahlreiche Truppen nach Amiens gezogen; noch andere würden erwartet. General Groeben gewann nach einem Vorstoß, den er selbst mit der Avantgarde unternahm, die Ueberzeugung, er werde sich jenen Kräften gegenüber in dem coupirten Terrain von Moreuil kaum halten können und nahm deshalb Stellung mit dem Gros bei Quesnel, mit der Avantgarde auf der durch einen Höhenzug bezeichneten Linie Beaucourt—Fresnoy. Hinter seiner Front traf das Jäger-Bataillon Nr. 1 bei Bouchoir ein.

Aus diesen und den Tags zuvor eingegangenen Nachrichten war jetzt soviel ganz klar geworden, daß die Armee bei ihrem Vorrücken auf Amiens nicht nur keinen Luftstoß thun werde; daß es sogar fraglich war, ob ihre Kräfte zur Ueberwältigung des Feindes ausreichten. Um so wünschenswerther schien also einerseits die vorherige Versamlung des 1. Armee-Corps, unter Umständen sogar eine Heranziehung der Truppen von la Fere. Andererseits kam aber jeder Zeitverlust wieder dem Feinde zu Gute. Ließ man ihm Muße zur Concentrirung seiner Massen bei Amiens so konnte er sich mittelst der von ihm noch beherrschten Eisenbahnen, vielleicht in weit größerem Maaße verstärken, als die I. Ar-

---

*) Vergl. Armee-Befehl vom 23.

mee, deren Streitkräfte begrenzt waren. Endlich ging dann auch jede Ueberraschung*), vielleicht sogar die Initiative für uns verloren, deren Vortheile der erste Theil des großen Feldzuges wieder so schlagend dargethan hatte. Die Konsequenz des Gedankens, in welchem man die Oise-Linie vor beendetem Aufmarsch verlassen hatte wies darauf hin, sich über jenes theoretisch richtige militairische Bedenken auch jetzt hinwegzusetzen.

In so ernsten Entscheidungskrisen pflegte General Manteuffel die dazu berufenen Personen seines Vertrauens über ihre Ansichten zu hören. Der in Montdidier anwesende kommandirende General des 8. Armeecorps, General Goeben, und der stellvertretende Armee-Stabs-Chef sprachen sich aus vorstehenden Gründen ebenfalls einstimmig für sofortiges Vorrücken gegen Amiens aus; der Oberbefehlshaber befahl daher am 25. Abends 8½ Uhr Folgendes:

„Das 8. Armee-Corps rückt morgen früh 8 Uhr mit der 15. Division auf Ailly, das linke Flügel-Detachement von Breteuil in Richtung auf den Straßenknoten von Essertaur vor. —

Vom 1. Armee-Corps rückt gleichzeitig morgen früh die 3. Brigade mit der Divisions-Artillerie und dem Dragoner-Regiment Nr. 10 nach Quesnel, die Corps-Artillerie, bedeckt durch Abtheilungen der 1. Division nach Bouchoir. Im Uebrigen concentrirt sich die 1. Division mit ihren disponiblen Truppen morgen in und vorwärts Roye. Bis zum Eintreffen des General Bentheim bei Quesnel führt General Groeben das Kommando auf dem rechten Flügel der Armee; von da ab tritt die 3. Cavallerie-Division unter den Befehl des General Bentheim. Die Cavallerie-Division hat von jetzt an die Aufgabe, den Feind festzuhalten, ohne ihn zu drängen; die früher befohlenen Eisenbahnzerstörungen in Flanke und Rücken des Feindes aber in Ausfüh-

---

*) Noch zur Zeit der Schlacht bei Amiens haben uns französische Blätter vorgelegen, wonach die I. Armee angeblich ein verschanztes Lager bei Laon bezogen haben sollte; ebenso deutsche Blätter, welche über das „zögernde und langsame Vorrücken des General Manteuffel" klagten. Man durfte sich über diese, durch die Thatsachen bereits widerlegten Stimmen freuen, weil man daraus ersah, daß die Bewegungen der I. Armee nicht vorzeitig ausgeplaudert waren und das Element der Ueberraschung uns damals wirklich noch einigermaßen zur Seite stand.

rung zu bringen. Ihr rechtes Seiten-Detachement geht morgen nach Ham*), klärt das Terrain nach Peronne und St. Quentin auf und hält Verbindung mit dem Belagerungscorps vor la Fère."

Der 26. November.

Beim Vorrücken der Armee am 26. zeigte es sich, daß der Feind den Vortruppen des 8. Armee-Corps gegenüber anscheinend schon Abends vorher Moreuil und das Terrain südlich der Luce geräumt hatte. Das Gros des 8. Armee-Corps erreichte daher die vorgeschriebene Aufstellung ohne Widerstand. Die 16. Division stand bei Ailly und mit einem Detaschement von 3 Bataillonen, 3 Escadrons bei Essertaux. Von der 15. Division ging eine Brigade nach Moreuil und Gegend; die nach der Luce vorpoussirte 30. Brigade besetzte Hailles, Thennes und Domart. Beim weiteren Vorschieben der Vorposten über diesen Abschnitt hinaus traf man nördlich Thezy auf Widerstand feindlicher Jäger und Franktireurs; später ging der Feind mit 3 Bataillonen von Gentelles zum Angriff gegen Domart vor. Auf beiden Flügeln wurde der Feind unter ansehnlichen Verlusten zurückgeworfen und die Vorposten-Linie nördlich der Luce eingenommen. Unser Verlust betrug 60 Mann. Das Generalkommando des 8. Armee-Cops ging nach Moreuil, das Oberkommando nach Plessier. — Vom 1. Armee-Corps erreichten die 3. Brigade, das Regiment Nr. 1 und Corps-Artillerie die Gegend von Quesnel und Arvillers, wohin General Bentheim sein Hauptquartier verlegte. Es waren im Ganzen 9 Bataillone, 5 Ecsadrons, 11 Batterien. — 3 Bataillone, 1 Escadron, 1 Batterie unter Oberstlieutenant Hüllessem gelangten heute nach Roye; die folgenden Echelons der 1. Division standen mit der Tete bei Noyon. Die nach der Luce vorgehenden Patrouillen fanden in der Mittagsstunde Demuin und Ignancourt unbesetzt. In Folge der beim Oberkommando in Plessier eingehenden Meldung von Besetzung der Luce Seitens der 15. Division wurde das 1. Armee-Corps angewiesen, auch

---

*) Dies Detachement hatte sich in den vorhergehenden Tagen mit wechselndem Cantonnement, wie es den Directiven entsprach, in der Gegend von Ham, Nesle und Chaulnes bewegt, um den Vormarsch der Cavallerie-Division über Roye zu sekundiren und das Terrain nach der Somme hin aufzuklären.

seine Vortruppen noch heute bis an diesen Abschnitt vorzuschieben. Das Gros der Cavallerie-Division zog sich am Nachmittag auf den rechten Flügel des 1. Armee-Corps nach Rosieres. Sie erhielt Befehl, gleichfalls noch heute gegen Bray und Corbie zu recognosciren und über die vom Rechten Seitendetachement bei Chaulnes, sowie sonst noch gemeldeten Zerstörungen der Somme-Uebergänge Seitens des Feindes etwas Näheres festzustellen. Es war nämlich am 24. eine stärkere Offizier-Patrouille nach der Gegend von Harbonnières und am 25. weiter nach Sailly an der Somme vorgegangen mit dem Auftrage, die Eisenbahn zwischen Corbie und Albert zu zerstören. Sie fand die Brücken bei Sailly bis auf einige stehen gebliebene Stege zerstört, überschritt sie zu Einem und ritt noch etwas weiter in Richtung auf Treux vor, kehrte dann aber um, weil die Dörfer nördlich der Somme von feindlichen Truppen belegt waren, welche ihr den Rückzug zu verlegen drohten. Diese Unternehmung gegen die feindliche Eisenbahn-Verbindung zwischen Amiens und Arras war also mißglückt. Der Rückzug der feindlichen Vortruppen über die Luce und die Brückensprengungen an der Somme ließen vermuthen, der Feind habe seine Hauptstellung hinter der Somme und werde sich diesseits derselben auf eine unmittelbare Vertheidigung von Amiens beschränken. Es lag deshalb in der Absicht, die I. Armee in ihrer jetzigen Formation am 27. derartig nach vorwärts und nach links hin zu conzentriren, daß nur noch der vereinigte Lauf der Avre und Noye als trennender Abschnitt zwischen beiden Flügeln blieb, um dann am 28. den eigentlichen Hauptangriff gegen Amiens zu führen. In diesem Sinne wurde am 26. Nachmittags 5 Uhr Folgendes befohlen:

„Das 8. Armee-Corps schiebt sich morgen in das Terrain zwischen dem Noye- und Celle-Abschnitt, und zwar mit den Avantgarden auf die Linie Hebecourt—Sains—Fouencamps. Gegen Amiens sind Patrouillen vorzutreiben und bleibt die Gegend in Richtung auf Poix und Marseille zu beachten.

Das 1. Armee-Corps rückt im Anschluß an das 8. morgen mit seinen Hauptkräften an den Luce-Abschnitt, etwa auf die Linie Thezy—Demuin. Die Cavallerie-Division, welche bis auf Weiteres noch unter Befehl des General Bentheim bleibt, ist im Terrain zwischen Luce und Somme gegen Amiens vorzupoussiren. Insbesondere hat sie die ganze Somme-Linie mit Bezug auf die Uebergänge zu recognosciren und Nachrichten über die hinter derselben stehenden feindlichen Streitkräfte einzuziehen.

Es sind ferner die Noye und Avre und zwar erstere vom 8., und letztere vom 1. Armee-Corps in Bezug auf deren Uebergänge zu recognosciren; und auf Herstellung solcher zur Verbindung beider Armee-Corps Bedacht zu nehmen." gez. Manteuffel.

Da inzwischen der Feind seine sämmtlichen Streitkräfte auf das südliche Somme-Ufer vorzog und im Terrain zwischen Somme und Luce sogar offensiv gegen letzteren Abschnitt vorging, so entwickelte sich aus vorstehenden Anordnungen des Preußischen Oberkommandos und aus dem gleichzeitigen Vorgehen des Feindes die Schlacht bei Amiens, welche die eigentlich erst am 28. von uns erhoffte Entscheidung schon am 27. herbeiführte.*)

---

*) Wir resumiren hier in Kürze nach General Faidherbes Angaben die damaligen Verhältnisse beim Feinde. Am 19. November war das Kommando des noch in der Organisation begriffenen XXII. Corps vom General Bourbaki interimistisch auf den General Farre übergegangen. Die damals disponiblen Streitkräfte: die Brigaden Lecointe, Derroja und Bessol und die noch nicht völlig formirte Brigade Ritter mit 4 Eskadrons und 7 Batterien (angeblich 17,500 Mann) wurden in Folge der Nachrichten von General Manteuffels Vorrücken in aller Eile am 24. bei Amiens versammelt. Hierzu traten die 8000 Mann starke Garnison von Amiens unter General Paulze d'Ivoy mit 12 schweren Geschützen; ferner 3 Bataillone, welche von Lille und Arras her zur Besetzung der Somme herangezogen wurden. Unmittelbar vor und während der Schlacht trafen noch 2 schwere Batterien aus Douai und Brest ein. Da bei einer rein defensiven Verwendung des XXII. Corps auf dem rechten Somme-Ufer die Behauptung von Amiens aussichtslos erschien, beschloß General Farre, sich auf den Höhen zwischen Avre und Somme zu etabliren. Die vordere Vertheidigungslinie lehnte sich rechts an die Avre und lief über Gentelles, Cachy nach dem dominirenden Punkt von Villers-Bretonneur. Am 26. stand die Brigade Bessol bei Villers-Bretonneur, die Brigade Derroja bei Boves; im zwischenliegenden Terrain die Brigade Lecointe. Auf dem äußersten rechten Flügel wurde General Paulze d'Ivoy am 27. Morgens über die Verschanzungen von Dury hinaus vorgeschoben und durch die neu eintreffenden Batterien verstärkt. —

Viertes Kapitel.
Die Schlacht bei Amiens am 27. November.

Am 27. November Morgens 9 Uhr setzte sich General Bentheim mit seinen bei Quesnel und Bouchoir versammelten Truppen auf der Straße nach Amiens in Marsch, um in die ihm vorgeschriebene Linie Thezy—Demuin einzurücken. Oberstlieutenant Hüllessem war von Roye aus um 8 Uhr angetreten. Um 11 Uhr kam von der Avantgarde die Meldung, der Feind stehe in Gentelles, Cachy und Marcelcave und halte südlich davon das Bois de Domart und das Bois de Hangard besetzt. In der rechten Flanke hörte man aus der Richtung von Aubercourt bereits Gewehrfeuer, während auf beiden Seiten der Straße Domart—Amiens nichts vom Feinde zu sehen war. Diese Verhältnisse führten zu einer Abweichung von der ursprünglichen Marschrichtung des 1. Armee-Corps, welches sich mit dem ihm nördlich gegenüberstehenden Theile der feindlichen Armee in Richtung auf Cachy und Marcelcave bald ernstlich engagirt sah. Hierbei wurde General Bentheim in seiner rechten Flanke durch die ihm für diesen Tag mit unterstellte Cavallerie-Division secundirt. Auf dem linken Flügel entwickelte sich die Schlacht durch das Vorgehen des 8. Armee-Corps zwischen Roye und Celle. Es entstand hierdurch eine Art von Lücke im Centrum in der Gegend von Thennes, wohin der Oberbefehlshaber mit seinem Stabe am Morgen vorgeritten war. Da die hier erwarteten Truppen des 1. Armee-Corps nicht eintrafen, so verfügte man an dieser Stelle nur über die Bedeckungs-Abtheilungen des Hauptquartiers, nämlich das Bataillon Koppelow vom Regiment Nr. 28 und die Escadron Rudolphi vom Husaren-Regiment Nr. 7, welche dem Oberbefehlshaber von Plessier aus gefolgt waren.

Diese hier kurz vorausbemerkten Umstände und das sumpfige Thal der Avre schlossen eine gegenseitige Unterstützung der beiden Flügel während der Schlacht im Allgemeinen aus. Der Verlauf der letzteren wird deshalb am übersichtlichsten dargestellt, indem man die Gefechte der einzelnen Theile hintereinander verfolgt.

1. Die Schlacht auf dem rechten Flügel.

Die Avantgarde des 1. Armee-Corps (6 Bataillone der 3. Brigade, 3 Escadrons und 2 Batterien) unter General Pritzelwitz, welche bereits Abends vorher die Luce-Uebergänge besetzt hatte, war um 11¹/₂ Uhr Vormittags an diesen Abschnitt herangekommen und hatte Vortruppen über Domart und Hangard hinaus vorgeschoben.

Die Avantgarde ging jetzt nach folgender Disposition vor: Regiment Nr. 4 auf dem linken, Regiment Nr. 44 auf dem rechten Flügel, Cavallerie und Artillerie getheilt. Das 1. und Füsilier-Bataillon Nr. 4 (äußerster linker Flügel) soll unter Festhaltung der Chaussee gegen das Bois de Domart, das 2. Bataillon gegen den westlichen Complex des aus 2 gesonderten Theilen bestehenden Bois de Hangard vorgehen. Das Regiment Nr. 44 soll zunächst diesem Bataillon folgen und sich dann in den östlichen Complex des Bois de Hangard dirigiren."

Das Gros (Regiment Nr. 1, 2 Escadrons, 8 Batterien) erhielt vom kommandirenden General Befehl, die Luce-Uebergänge von Hourges bis Ignancourt zu besetzen, seine Artillerie aber am Schnittpunkte der Straßen Domart—Roye und Demuin—Moreuil aufzustellen.

Diese Anordnungen kamen im Allgemeinen zur Ausführung. Auf dem linken Flügel wurde das Bois de Domart schnell gesäubert. Die Infanterie wandte sich nun gegen Gentelles und ging mit solcher Schnelligkeit vor, daß General Bentheim sich mit Rücksicht auf die Terrainverhältnisse veranlaßt sah, sie halten zu lassen, um zunächst die Wirkung der Divisions-Artillerie zu erwarten. Es entsprach dies auch den vom Avantgarden-Commandeur gegebenen Directiven, wonach der linke Flügel sich etwas zu verhalten und das Vorgehen des rechten abzuwarten hatte. —

Durch dies Halten entwickelte sich ein stehendes Feuergefecht, welches unter Mitwirkung der Artillerie zur Folge hatte, daß die feindlichen Abtheilungen bei Gentelles nur einen Theil des Dorfes schwach besetzt hielten und sich übrigens in östlicher Richtung auf die bei Cachy stehenden Massen abzogen. Diese letzteren gingen sehr bald mit starken sich folgenden Schützenlinien auf das Bois de Hangard vor. Dasselbe war aber nach Delogirung der darin befindlichen Abtheilungen des Feindes, durch das 2. Bataillon Nr. 4 besetzt worden, und es gelang dem Bataillon, welches namentlich die beiden nördlich vorspringenden Winkel des westlichen Complexes inne hatte, den feindlichen Angriff abzuweisen. —

Inzwischen war das Regiment Nr. 44 (Major Dallmer) in den östlichen Complex des Bois de Hangard eingedrungen. Unter Zurücklassung eines Bataillons daselbst wandte sich Major Dall-

mer mit den beiden andern Bataillonen gegen eine feindliche Schanze
zwischen Villers-Brettonneux und Marcelcave, welche nebst einigen
zum Schutz der Eisenbahn angelegten Fortificirungen mit feindlicher
Infanterie stark besetzt war. Das Regiment Nr. 44 nahm die
Schanze, besetzte und hielt sie. — Dies muthige Vorgehen war
entschieden von großem Einfluß auf das Resultat des Tages. Es
wurde aber zunächst auch Veranlassung, daß die breite Ausdehnung des Armee-Corps, wie sie die Verhältnisse zu Anfang des
Gefechtes herbeigeführt hatten, nun auch beibehalten werden mußte.
Um diese Ausdehnung wenigstens etwas zu verkürzen, befahl General Bentheim ein Heranziehen des linken Flügels in Richtung
auf Cachy. .Die Beobachtung der Straße Amiens—Domart, auf
welcher nach wie vor nichts vom Feinde zu bemerken war, blieb
den Dragonern übertragen.

So stand eine Zeit lang das Gefecht: Auf dem linken Flügel
Dragoner zu beiden Seiten der Chaussee; 2 Bataillone des Regiments Nr. 4 im Schützengefecht gegen Cachy; 1 Bataillon im
westlichen Bois de Hangard fortwährend heftig engagirt. Das
Regiment Nr. 44 mit 1 Bataillon zwischen dem westlichen und
östlichen Theil dieses Holzes, mit 2 Bataillonen in den Verschanzungen bei Villers, wiederholte Versuche des Feindes zu deren
Wiedergewinnung zurückschlagend. Die Artillerie auf beiden Flügeln
im Feuergefecht. Das Gros (3 Bataillone und Corpsartillerie) in
seiner Position südlich der Luce. — Nach Mittag, als der erste
Angriff des Feindes von Cachy auf das Bois de Hangard bereits
seit einiger Zeit abgeschlagen war, gewann es fast den Anschein,
als ob das Gefecht zu Ende gehe; dies war aber nicht der Fall.
Der Feind erneuerte vielmehr von Cachy aus seinen Angriff mit
größerer Vehemenz und brachte plötzlich zwischen Cachy und Villers-
Brettonneux mehrere Batterien (angeblich 36 Geschütze) vor, welche
eben erst auf dem Schlachtfelde eingetroffen zu sein schienen und
ihr Feuer, besonders gegen das Bois de Hangard und über dasselbe hinaus fast bis an den Uebergang bei Demuin spielen ließen.
General Bentheim zog jetzt die Corps-Artillerie ganz vor; 4 Batterien östlich des Bois de Hangard, die beiden reitenden nördlich
Domart. Es war das von gutem Erfolg. Die 4 Batterien östlich
des Bois de Hangard nebst 2 daran sich anschließenden Batterien
der 1. Division, brachten den Angriff der feindlichen Infanterie,
welche schon Terrain gewonnen hatte, zum Stehen und nahmen

dann, größtentheils noch im feindlichen Gewehrfeuer einen Geschützkampf mit der feindlichen Artillerie auf, welcher längere Zeit auch
vom Feinde mit Zähigkeit geführt wurde. Die Munition für
beide Waffen mußte während des Gefechts ersetzt werden, das im
Walde zurückgebliebene Bataillon Nr. 44 in das Gefecht mit eingreifen. Auch die Entsendung der beiden reitenden Batterien nach
dem linken Flügel war von guter Wirkung. Dort waren nämlich,
nachdem die beiden Bataillone des Regiments Nr. 4 sich etwas
rechts gezogen hatten, feindliche Infanterie-Abtheilungen wieder
nach Gentelles vorgegangen und versuchten von hier aus in Verbindung mit neuen aus Amiens herangekommenen Abtheilungen
den linken Flügel des 1. Armee-Corps zu drängen. In Folge
dessen wurden die beiden Bataillone wieder näher an die Chaussee
herangezogen und kamen die reitenden Batterien gerade zu rechter
Zeit, um in Verbindung mit ihnen dem Vordringen des Feindes
auch hier ein Ziel zu setzen. So stand das Gefecht wieder eine Weile.

Auf dem linken Flügel 2 Bataillone, 4 Batterien im Gefecht
gegen Gentelles und den von Amiens neu angerückten Feind; 2
Bataillone in heftigem Feuergefecht am Bois de Hangard; rechts
davon 6 Batterien im Geschützkampf. In der Schanze die 2 Bataillone Regiments Nr. 44, die Cavallerie auf den Flügeln zurückgezogen. Das Regiment Nr. 1 am Luce-Abschnitt. Nachmittags
gegen $3^1/_2$ Uhr erschien Oberstlieutenant Hüllessem und meldete
das bevorstehende Eintreffen seines Echelons von 3 Bataillonen,
1 Batterie und 1 Escadron. Er wurde vom General Bentheim
angewiesen, Domart und Thennes zu besetzen. Dagegen erhielt
jetzt das Regiment Nr. 1 Befehl, nur 1 Bataillon am Luce-Abschnitt zu lassen, mit 2 Bataillonen aber östlich des Bois de
Hangard vorzugehen, um der durch die feindliche Infanterie noch
immer belästigten Corpsartillerie zur Unterstützung zu dienen.
Das noch im Bois de Hangard stehende Bataillon Nr. 44 schloß
sich dieser Vorwärtsbewegung an. — Dies brachte die Entscheidung. Der Feind wich; ihm folgten die 3 Preußischen Bataillone
im Sturmmarsch; begleitet von den Batterien des rechten Flügels
und der Cavallerie. Auf der ganzen Linie ertönte das Preußische
Hurrah.

In der Nähe von Villers-Brettonneur nahmen 4 Batterien
der Corpsartillerie eine Aufstellung, aus welcher sie den abziehenden
Feind mit Granaten bewarfen. Infanterie, Cavallerie und Divi-

sions-Artillerie blieben im Avanciren. Villers-Brettonneux wurde mit Sturm genommen. 9 Offiziere, 320 Mann fielen unverwundet in unsere Hände, außerdem 2 Fahnen und etwa 800 Verwundete, vorwiegend Marine-Infanterie, Fußjäger, Mannschaften vom 43. Linien-Regiment, einige Mobilgarden und Genie-Truppen. Inzwischen war es Nacht geworden, die Uebersicht fehlte; der Feind nahm seinen Rückzug theils nach Amiens, gedeckt durch das von ihm besetzt bleibende Dorf Cachy; theils über die Somme, wo er Corby besetzt hielt. —

Während dieser Vorgänge beim 1. Armee-Corps war das Gros der Cavallerie-Division schon Morgens 8 Uhr von Rosières nach Bayonvillers vorgerückt; ihre gestern bei Fresnoy und Beaucourt verbliebene Avantgarde dirigirte sich weiter links nach Lamotte. Zwei Escadrons waren mit Recognoscirungen der Somme-Uebergänge von Corbie bis Bray beauftragt, Patrouillen streiften gegen Marcelcave, Villers-Brettonneux und Corbie. Die eingehenden Meldungen ließen auf Vorhandensein starker feindlicher Abtheilungen bei Villers-Brettonneux schließen und constatirten die Besetzung der Somme-Linie Seitens des Feindes auf beiden Ufern. Nur bei Cerisy gelang es einer Patrouille, die Somme-Brücke zu überschreiten.

Eine andere Meldung, daß bei Morcourt sich feindliche Infanterie gezeigt habe, sowie das Auftreten stärkerer Abtheilungen bei Abancourt gab Veranlassung, die Front nach Norden zu nehmen. Die Avantgarde blieb bei Lamotte, das Gros wurde nach Marcelcave in Bewegung gesetzt. Auf diesem Marsch, etwa um 1 Uhr Mittags, wurde starkes Geschützfeuer aus der Richtung von Cachy hörbar. General Groeben ließ nun Verbindung mit den dort fechtenden Truppen aufnehmen, besetzte um $^1/_2 3$ Uhr mit 7 Jägercompagnien Marcelcave und ging mit 10 Geschützen, 12 Escadrons nördlich der Eisenbahn gegen Villers-Brettonneux vor. Es wurde hier ein wirksames fast einstündiges Geschützfeuer auf die in der linken feindlichen Flanke befindlichen Batterien, sowie gegen die in unserer rechten Flanke vorgehenden Schützenschwärme unterhalten, mit anscheinend großem Erfolg. Demnächst nahm die Cavallerie-Division auf General Bentheims Befehl Anschluß an den rechten Flügel der 3. Brigade, welche jetzt südlich der Eisenbahn gegen Villers-Brettonneux vorrückte. General Groeben folgte dieser Bewegung bis an den Mont du Bois l'Abbé und rückte nach vollständigem Erlöschen des Kampfes in Allarmquartiere nach Marcelcave, Wiencourt und Guillaucourt. Die beiden Jäger-Bataillone, welche nicht zur Action gekommen waren, wurden kurz vor Beendigung des Gefechts nach der vom Regiment Nr. 44 genommenen Schanze bei Villers gezogen. —

2. Die Schlacht auf dem linken Flügel.

Das 8. Armee-Corps stand bekanntlich am 26. Abends wie folgt:

Von der 15. Division (Kummer) die 30. Brigade (Strubberg) an der Luce, die 29. (Bock)*) bei Moreuil; die 16. Division (Barnekow) bei Ailly und deren linkes Seitendetachement bei Essertaur. In Folge Armee-Befehls vom 26. hatte General Goeben für den 27. folgende Anordnungen getroffen:

Es sollte die 15. Division mit einer Brigade bis Fouencamps, mit der andern bis Sains marschiren, die 16. Division mit ihrem Gros bis Hebecourt vorgehen und ihr linkes Flügel-Detachement nach Plachy-Baconel schieben, um die Eisenbahn nach Rouen zu zerstören. Avantgarden sollten nach St. Fuscien und Dury vorgehen, und von letzterem Orte aus die angeblich in dortiger Gegend vom Feinde errichteten Verschanzungen recognosciren.

Bei Ausführung dieser Bewegungen stieß die 30. Brigade um 10½ Uhr Vormittags auf den Feind, welcher die Holzungen auf dem linken Thalrand der Noye bei Fouencamps und le Paraclet stark besetzt hatte. Er wurde durch eine zwischen Dommartin und Fouencamps auffahrende Batterie beschossen und dann kräftig angegriffen. In der Mittagsstunde war Paraclet genommen, der Feind in der Richtung auf Boves zurückgeworfen.

Inzwischen hatte die 29. Brigade Sains erreicht. Während ihre Avantgarde St. Fuscien besetzte, erhielt sie Befehl, ein starkes Detachement auf Boves zu dirigiren, um in das, nach dem lebhaften Kanonendonner zu urtheilen, ernste Gefecht der 30. Brigade

---

*) Oberst von Bock, bisher im Stabe des General von Obernitz bei der Würtembergischen Division, hatte das ihm übertragene Commando der 29. Brigade in Reims übernommen. Er führte sie mit großer Auszeichnung während des ganzen Nordfeldzuges, starb aber im Frühjahr 1871 unmittelbar nach seiner Rückkehr in die Heimath.

einzugreifen. Oberst Bock führte in Folge dessen 14 Compagnien und 2 Batterien theils über le Cambos Ferme, theils in der weiter rechts gelegenen Terrainsenkung vor. Die Wirkung war groß. Die Infanterie beider Brigaden erstürmte den Ruinenberg von Boves und den Ort Boves selbst. Die Brigade Strubberg nahm dann auch St. Nicolas mit Sturm. Starke feindliche Infanterie-Colonnen nebst 2 Batterien, zum Theil von Gentelles herkommend, versuchten zwar das Gefecht herzustellen, zogen aber bald, von unserer Artillerie wirksam beschossen, eiligst auf Amiens ab. Eisenbahnzüge, welche unzweifelhaft mit Infanterie beladen von Amiens her vorzufahren suchten, wurden gleichfalls durch Geschützfeuer zur Umkehr gezwungen, während eine auffahrende feindliche schwere Batterie unsere Truppen erfolglos beschoß.

Das Feuergefecht wurde jetzt nur noch gegen den vom Feinde stark besetzten Wald von Gentelles unterhalten; und auch dieses erstarb bei einbrechender Dämmerung. Die 15. Division etablirte sich für die Nacht in den eroberten Localitäten; sie hatte dem Feinde große Verluste beigebracht und gegen 400 Gefangene abgenommen.

Der Tagesverlauf bei der 16. Division, also auf dem äußersten linken Flügel der Armee, war folgender gewesen:

Man traf beim Vorrücken schon in Sauslieu feindliche Vortruppen, welche sich indessen eiligst auf Hebecourt abzogen. Dort aber entspann sich ein hartnäckiger Kampf. Mehrere französische Chasseur-Bataillone hatten sich in und neben dem Dorf etablirt; ein rückwärts gelegenes Gehölz war stark besetzt; auch die Einwohner betheiligten sich am Kampfe. Die 32. Brigade (Beyer von Karger) vom Feuer der Batterien unterstützt, griff den Feind kräftig an; Dorf und Wald wurden unter großem Blutvergießen genommen, da unter diesen Umständen wenig Pardon gegeben ward. 2 Escadrons des Husaren-Regiments Nr. 9 fanden Gelegenheit, einige Chasseur-Compagnien zu attakiren und zusammen zu hauen.

Die Division ging jetzt weiter über Dury zur Recognoscirung vor und fand sich jenseits dieses Dorfs einer stark verschanzten Linie gegenüber, welche aus sorgfältig gearbeiteten Artillerie-Emplacements mit zwischenliegenden Schützengräben bestand. Lebhaftes Infanterie-Feuer empfing die vorgehenden Truppen, nach kurzer Zeit auch Geschützfeuer. Die Divisions-Batterien fuhren den Verschanzungen gegenüber auf; ihnen führte Oberstlieutenant Borkenhagen noch 2 reitende Batterien aus der Corps-Artillerie zu, mit welcher er bis ins wirksamste Infanteriefeuer hinein vorging. 2 Compagnien des Regiments Nr. 70 aber nahmen mit dem Bajonett einen nur 300 Schritt von den Schanzen entfernten Kirchhof und verschanzten sich ihrerseits in demselben. — Das Artilleriefeuer aus den feindlichen Verschanzungen wurde indessen nicht zum Schweigen gebracht. Angesichts derselben etablirte sich die Division für die Nacht, Dury und den vorliegenden Kirchhof besetzt haltend.

3. Die Vorgänge im Centrum.

Als der Oberbefehlshaber in den Vormittagsstunden mit seinem Stabe über Thennes hinaus vorritt, konnte man nach links hin das siegreich vorschreitende Gefecht des 8. Armee-Corps deutlich wahrnehmen; weniger übersichtlich war der Stand der Dinge auf dem rechten Flügel. Es wurden nach beiden Seiten hin Offiziere des Stabes entsendet, um Aufklärung zu erhalten und eine vielleicht nöthige Unterstützung der beiden Flügel unter einander vermitteln zu können. Eine solche schien besonders nach dem rechten Flügel hin wünschenswerth. Der Oberbefehlshaber richtete deshalb in der ersten Nachmittagsstunde die Aufforderung an General Goeben, womöglich über Fouencamps in der Richtung nach Gentelles einzugreifen. Da indessen die Meldung zurückkam, das 8. Armee-Corps sei auch seinerseits vollständig engagirt und zu einer Detachirung augenblicklich nicht fähig, so ergab sich hieraus die Nothwendigkeit, die Kämpfe auf beiden Flügeln der Armee ihren isolirten Fortgang nehmen zu lassen. Der Mangel an Truppen im Centrum legte indessen den Gedanken nahe, der Feind könne unter Benutzung dieses Umstandes aus dem Walde von Gentelles vorbrechen, sich des Luce-Ueberganges bei Thennes bemächtigen und dadurch die Verbindung der beiden Armeetheile wenigstens vorübergehend unterbrechen. Um dem Feinde dies Verhältniß möglichst zu verschleiern, erschien es zweckmäßig, auch hier wenigstens Truppen zu zeigen. Der Oberbefehlshaber begab sich deshalb, umgeben von den Offizieren seines Stabes und von den nach allen Seiten ausschwärmenden Husarenpatrouillen, auf das Plateau nördlich der Luce. Er hielt hier seit der Mittagsstunde auf den weithin sichtbaren Höhen zwischen den beiden großen Straßen nach Amiens, dem Walde von Gentelles gegenüber. Um die Schwäche des Centrums noch mehr zu verdecken, wurde dann auch das Bataillon

Nr. 28 in einer Terrainsenkung vorgezogen. Es entwickelte sich ein hinhaltendes Tirailleurgefecht gegen den im Walde von Gentelles befindlichen Feind, welcher Anfangs nur schwach, dann aber mit lebhaftem Gewehrfeuer antwortete, welches auch in den Stab des Oberkommandos einschlug. Major Koppelow wurde verwundet. Als aber in später Nachmittagsstunde der Feind von Gentelles her den linken Flügel der 3. Brigade zu drängen begann, gerieth man in einige Gefahr, vom Uebergange bei Thennes abgeschnitten und gegen die fast unpassirbare Avre gedrängt zu werden. Der Oberbefehlshaber begab sich deshalb kurz vor Anbruch der Dämmerung auf die Windmühlenhöhe südlich bei Thennes, gefolgt von den Bedeckungstruppen, deren Infanterie den Luce-Uebergang besetzte, während die Husaren, mehrfach vom Feinde gedrängt, sich eine Zeit lang noch jenseits desselben hielten.

Vom linken Flügel wußte man, daß Fouencamps und Boves genommen waren. Der Ausgang der Schlacht auf dem rechten Flügel war aber noch unbekannt. Deshalb erging von der erwähnten Höhe bei Thennes aus, Nachmittags 5 Uhr, eine Weisung des Oberbefehlshabers an das 1. Armee-Corps, wonach dasselbe je nach dem Ermessen seines kommandirenden Generals heute oder morgen die früher vorgeschriebene Stellung an der Luce im Anschluß an das 8. Armee-Corps einzunehmen habe. Auch blieb dem General Bentheim freie Verfügung über die Cavallerie-Division. Da ferner der Punkt von Moreuil unter Umständen wichtig werden konnte, um die Verbindung zwischen beiden Armeetheilen zu erhalten, so wurde dem 8. Armee-Corps anempfohlen, auf eine Besetzung desselben Bedacht zu nehmen. Grade bei Expedirung obiger Befehle ging eine Meldung vom General Zglinitzki über die heute erfolgte Kapitulation von la Fere ein.*) Dieser General wurde nun telegraphisch angewiesen, sofort mit mindestens 3 Bataillonen, 1 Escadron, 1 Batterie nach Noyon abzurücken. Als am Abend auf allen Seiten das Geschütz- und Gewehrfeuer erstarb, begab sich der Oberbefehlshaber nach Moreuil, und nahm hier sein Hauptquartier im Schlosse der Legitimisten-

---

*) Das betreffende Telegramm und die sonstigen Meldungen konnten nur mühsam beim Licht von Streichhölzern entziffert werden, welche an dem etwas naßkalten und nicht windstillen Abend unter dem Schutz der erwähnten Mühle entzündet wurden.

Familie, Grafen du Plessis, einem weitläuftigen und vornehm eingerichteten alten Backsteingebäude. — Hier gingen im Laufe der Nacht weitere Meldungen über den siegreichen Ausgang der Schlacht ein, welcher aber erst am folgenden Tage in seinem ganzen Umfange hervortrat. Hinsichtlich des 8. Armee-Corps herrschte darüber von Anfang an kein Zweifel, indessen fand der Feind hier an seinen Verschanzungen nördlich Dury einen Rückhalt. Dagegen war die zeitweis kritische Lage des schwachen 1. Armee-Corps gegen Abends in das Gegentheil umgeschlagen und hatte mit gänzlicher Niederlage und fluchtartigem Rückzuge des Feindes geendet, welcher nur unter dem Schutz der Dunkelheit seiner vollständigen Auflösung entging.

Die Verluste der I. Armee in der Schlacht bei Amiens betrugen an Todten und Verwundeten:

> beim 8. Armee-Corps: 24 Offiziere,   430 Mann
> "   1.   "   "   42   "   739   "
> bei der Cavallerie-Division: —   "   15   "
>
> im Ganzen: 66 Offiziere, 1184 Mann,

außerdem 20 Mann Vermißte, welche im Dorfe Gentelles gefangen, bei Kapitulation der Citadelle von Amiens wieder in unsere Hände kamen. —

Schließen wir hieran eine kurze Bemerkung in Bezug auf das Fehlen einer eigentlichen Reserve in der Hand des Oberbefehlshabers während der Schlacht. Die Ursache lag darin, daß es sich bei den getrennten Anmarschrichtungen und bei der ohnehin geringen Stärke der Armee nicht empfahl, die Corpsverbände schon in den Tagen vor der Schlacht durch dauernde Abzweigung einer Reserve zu zerreißen und zu schwächen, daß sich dann aber die Schlacht aus einem am 27. noch nicht erwarteten allgemeinen Rencontre entwickelte. Wir haben gesehen, wie man sich mit den

---

*) Anmerkung. Unter den Todten befand sich der als Militairschriftsteller bekannte Hauptmann May vom Regiment Nr. 44 und der Lieutenant Prinz Hatzfeld vom Husaren-Regiment Nr. 9; unter den Verwundeten der Führer des Regiments Nr. 44 Major Dallmer und der Oberstlieutenant Borkenhagen von der Artillerie des 8. Armee-Corps, welcher letztere bald darauf seinen Wunden erlag. — General Faidherbe giebt den Verlust der Französischen Nord-Armee in der Schlacht bei Amiens, wie folgt, an: 266 Todte, 1117 Verwundete, 1000 Vermißte und viele sich auflösende Mobilgarden.

Bedeckungstruppen zu helfen suchte und wie diese auch dazu ausreichten, um die Lücke im Centrum auszufüllen und das dortige Terrain defensiv festzuhalten. Ob und welche Erfolge eine hier verfügbare wirkliche Reserve hätte erzielen können, bleibt dahin gestellt. Ohne allgemeine Folgerungen daraus ableiten zu wollen, glauben wir aber, daß im vorliegenden Fall die Truppen besser und wirksamer auf den Flügeln disponirt waren. Die Abzweigung einer Reserve vom rechten Flügel hätte sogar offenbar das dortige Resultat in Frage gestellt, wie aus der Darstellung des Tagesverlaufs hervorgeht. —

Fünftes Kapitel.

Kapitulation von la Fère. — Besetzung von Amiens, Kapitulation der Citadelle. — Formirung der I. Armee zum Marsch gegen Rouen. — Einsetzung einer deutschen Verwaltung im Somme-Departement. — Verhältnisse beim 7. Armee-Corps.

(27. bis 30. November.)

Wir wenden uns zunächst nach la Fère, dessen Fall am 27. Nachmittags auf dem Schlachtfelde von Amiens bekannt wurde. Nach Eintreffen des Belagerungsparks war der Batteriebau in der Nacht vom 24. zum 25. ungestört bewerkstelligt worden. Am 25. früh hatte dann das Bombardement aus 7 Batterien begonnen, welche zu beiden Seiten des Dorfes Danizy placirt waren. Schon im Laufe dieses Tages wurden Brände in der Stadt sichtbar. Der Anfangs wohl überraschte Feind erwiderte das Feuer auf allen Fronten; aber schon um Mittag schienen einzelne Festungsgeschütze auf der Nordostfront demontirt; auch schien man der Brände in der Stadt nicht Herr zu werden. Am 26. war des Nebels wegen die feindliche Artillerie nicht erkennbar; es konnte nur das Bombardement fortgesetzt werden; dennoch erschien schon Mittags 12 Uhr ein Parlamentär. Die nun beginnenden Verhandlungen kamen am folgenden Morgen — im Wesentlichen auf Grund der Kapitulationsbedingungen von Sedan und Metz —

zum Abschluß, worauf in der Mittagsstunde die Uebergabe der Festung erfolgte. Mangel an Kellern und bombensicheren Räumen hatte die so schnelle Entscheidung herbeigeführt. Die kriegsgefangene Besatzung — es waren 78 Offiziere, 2234 Mann — wurde nach Laon abgeführt. Die übrigen Trophäen bestanden in 113 Geschützen, 5000 Gewehren und zahlreichem Kriegsmaterial. Dagegen hatte die 4. Brigade während der ganzen Cernirungs- und Belagerungsperiode nur 7 Mann an Todten und Verwundeten. In Folge des vom Schlachtfelde bei Amiens expedirten Befehls setzte General Zglinitzki seine Truppen am 28. November nach Noyon in Marsch und stand hier am 29. mit 5 Bataillonen, 1 Escadron, 1 Batterie. Ein Bataillon blieb vorläufig mit den Artillerie-Compagnien in der Festung zurück. Da das Generalgouvernement Reims deren Besetzung ablehnte, so wurde General Senden angewiesen, sie mit 1 Bataillon seines Detachements zu bewirken. Das hierzu bestimmte Bataillon Mackeldey des Regiments Nr. 81 löste am 30. November das Bataillon der 4. Brigade in la Fere ab, welches nun der Armee nachrückte. Major Mackeldey fungirte als Kommandant von la Fere. Der ursprünglich dazu designirte Kommandeur der Belagerungsartillerie, Oberst Bartsch wurde nämlich mit seinem Belagerungspark und dem größeren Theil der Festungs-Compagnien, auf höheren Befehl aus Versailles vom 6. Dezember zur Belagerung von Paris herangezogen.

Der 28. November.

Der Ausgang des Tages von Amiens in seiner ganzen Ausdehnung, insbesondere die in Folge der verlorenen Schlacht eingetretene Verfassung des Feindes war, wie bereits bemerkt wurde, am Abend des 27. bei Weitem noch nicht zu übersehen. Dem rechten Flügel gegenüber war der Rückzug des Feindes aus dem Terrain zwischen Luce und Somme noch nicht constatirt. Zu einer Rücksprache über die Verhältnisse auf dem linken Flügel war General Goeben, einer Aufforderung des Oberbefehlshabers folgend, nach Moreuil gekommen. Er hielt einen Frontalangriff gegen die Schanzen auf dem Plateau von Dury nur unter großen Opfern für ausführbar, den Erfolg für ungewiß. Ein kopfloses Gegenrennen der Armee gegen jene Befestigungen und gegen die schwer passirbare Somme war also nicht zu verantworten. Dieser

Auffassung entsprach der am 27 Abends 11½ Uhr aus Moreuil erlassene Armee-Befehl.

Der Oberbefehlshaber dankte zunächst den Truppen für ihre in der Schlacht bewiesene Tapferkeit und traf folgende vorläufige Anordnungen für den 28.: „Das 1. Armee-Corps solle, das von ihm eroberte Terrain festhaltend, die Cavallerie-Division zwischen Luce und Somme, sowie gegen Amiens recognosciren lassen, übrigens aber dem früheren Befehl gemäß den Luce-Abschnitt besetzen. Das 8. Armee-Corps solle sich in dem von ihm gewonnenen Terrain, Front gegen Amiens, etabliren und mit einer Division zur Unterstützung des 1. Armee-Corps bereit stehen, falls dies letztere zwischen Avre und Somme noch mit dem Feinde engagirt würde. Eine analoge Bereitschaft wurde dem 1. Armee-Corps zur Unterstützung des 8. anempfohlen." — Aus dieser Aufstellung wollte man sich nach Heranziehung der noch fehlenden Theile des 1. Armee-Corps in der Richtung weiter vorschieben, wo die völlige Delogirung des Feindes am leichtesten zu bewirken schien. In späterer Nachtstunde aber überbrachte der Chef des Generalstabes 1. Armee-Corps, Oberstlieutenant Burg, die Meldung vom entscheidenden Siege auf dem rechten Flügel, wonach sich erwarten ließ, daß hier die Delogirung des Feindes schon in unmittelbarer Folge der Schlacht eingetreten war.

Am Morgen des 28. besetzte das 1. Armee-Corps die vorgeschriebene Stellung an der Luce und etablirte sich mit der Avantgarde nördlich, mit dem Gros südlich des Abschnitts. Das General-Kommando ging nach Mezieres. Die von Noyon aus nachrückenden Theile der 1. Division wurden allmählich herangezogen. Die Cavallerie-Division ging nach Villers-Brettonneux und Gegend.

Schon beim Vorgehen der ersten Patrouillen zeigte es sich, daß Cachy und Gentelles vom Feinde geräumt waren; alle Dörfer der Umgegend lagen voll von französischen Verwundeten, Waffen und Gepäckstücken. Andere Patrouillen, welche die Somme recognoscirten, fanden an mehreren Punkten die Brücken zerstört (in der Nacht waren die von den Sprengungen verursachten Detonationen gehört worden); man sah über Sailly hinaus stärkere Abtheilungen in Rückzug nach Norden; auch Corbie sollte bereits geräumt sein. In Folge dieser am Vormittag eingehenden Nachrichten befahl der Oberbefehlshaber das sofortige Vorgehen der

Cavallerie-Division zur Verfolgung des Feindes und wurde ihr hierzu das Brückenmaterial des 1. Armee-Corps zur Verfügung gestellt.

Eine wichtigere und entscheidendere Ausbeutung des Sieges fand auf dem linken Flügel statt. Die über die Celle vorgeschobenen Posten der 16. Division hatten die Eisenbahn- und Telegraphenlinie nach Rouen unterbrochen. Der bei Tagesanbruch erwartete Wiederbeginn des feindlichen Feuers aus den Schanzen vor Amiens war ausgeblieben. Vielmehr fanden die über Dury vorgehenden Patrouillen diese Verschanzungen unter Zurücklassung von Geschützen und Munitionswagen vom Feinde geräumt. Sie wurden sogleich vom Regiment Nr. 40 besetzt, welches nun seine Vorposten, ohne Feuer zu erhalten, bis in die Häuser von Amiens vorschob. In Folge dieser Meldungen ließ General Goeben die 16. Division gegen Amiens vorrücken und zog Mittags 12 Uhr an der Spitze des Regiments Nr. 40 und zweier Batterien in die alte Pikardische Hauptstadt ein. Sie liegt am Nord-Fuß des mehrfach erwähnten Plateaus zwischen Avre und Celle, also auf dem südlichen Somme-Ufer, enthält ansehnliche schöne Straßen und Plätze und zählt ungefähr 70,000 Einwohner. Am Nordufer des Flusses, noch in unmittelbarer Nähe der Häuser liegt die Citadelle, ein weitläufiges altes Fort im bastionirten System, das freie Terrain auf dem rechten Somme-Ufer weithin beherrschend. Ungeachtet der etwas vernachlässigten Grabenböschungen auf der Nordseite war die Citadelle vollkommen sturmfrei und mit schwerem Geschütz hinreichend armirt. Beim Einrücken unserer Truppen in Amiens erfuhr man den vollständigen Rückzug der feindlichen Armee in nördlicher Richtung. Er war in einem Nachts 1 Uhr in Amiens abgehaltenem Kriegsrath beschlossen und sofort ausgeführt worden. In Folge dessen hatten sich die zur Festhaltung der Verschanzungen bei Dury beorderten Nationalgarden geweigert, dieser Aufgabe nachzukommen und sogar, wie man erzählte, ihre Gewehre zerbrochen. Dagegen waren in der Citadelle einige Hundert Mann unter einem energischen Kommandanten zurückgeblieben, welcher ohne zunächst feindselig aufzutreten, die von ihm geforderte Uebergabe verweigerte. Es wurde ihm eine Bedenkzeit bis zum folgenden Morgen gegeben.

Die 15. Division verblieb heute in ihrer Aufstellung bei Boves, Fouencamps, St. Fuscien und Sains.

Meldung von diesen Vorgängen gelangte in der Mittagstunde nach Moreuil. Die Situation war hierdurch vollständig geklärt. In der Nacht wußte man nur, daß man gesiegt hatte; die widerstandslose Räumung der wichtigen Stadt und der starken Position zeigte aber, in welchem Grade auch das moralische Element beim Feinde durch die Schlacht gedrückt sein mußte. Den Impuls zur Verfolgung hatte das Oberkommando, wie wir sahen, auf die erste Meldung vom Rückzuge des Feindes bereits gegeben. Es handelte sich jetzt um die strategische Nutzbarmachung des Sieges, d. h. um Beschluß über die weiteren Operationen. Dieser wurde noch am 28. Mittags gefaßt. Folgende Erwägungen lagen ihm zu Grunde:

Die in den Versailler Directiven vom 18. November vorgeschriebene Besetzung von Amiens war mit Ausschluß der Citadelle jetzt erfolgt; das angewiesene Hauptziel sser Operationen aber blieb Rouen mit der dortigen Armee des General Briand. Diese höhere Vorschrift entsprach auch vollkommen der Kriegslage. Denn es war damals noch keineswegs festgestellt, in welcher der beiden feindlichen Massen der Schwerpunkt der feindlichen Widerstandskraft lag: ob in der des General Farre (später Faidherbe) bei Amiens oder in der des General Briand bei Rouen. Nach den bisherigen Nachrichten schien bei Rouen sogar die größere Gefahr für die Cernirung von Paris zu liegen, eine Auffassung, welche in folgenden Tagen dadurch bestätigt wurde, daß es von dortiger Seite her selbst zu offensiven Kundgebungen kam. So wurde ein Detachement aller Waffen der Cavallerie-Division Lippe in der Nacht vom 29. zum 30. November in Etrepagny (kaum 2 Meilen westlich Gisors) überfallen. Eine Fortsetzung der Operationen nach Norden hätte also die I. Armee zunächst außer Stand gesetzt, die Cernirung von Paris gegen Unternehmungen von Rouen zu sichern. Man wäre dann sehr bald vor dem feindlichen Festungsgürtel zum Stillstand gekommen, wo die bei Amiens geschlagene Nordarmee ihren gesicherten Rückhalt fand. Denn die I. Armee verfügte über kein Belagerungsmaterial und konnte sich nach den schon nöthig gewordenen Detachirungen nicht auch vor Arras, Lille, Cambrai, Valenciennes oder Douai u. s. w. legen, ohne ihre Operationsfähigkeit im freien Felde aufzugeben.

Der Hauptgedanke, welcher zur Operation gegen Amiens geführt hatte, war der einer Zersprengung der feindlichen Armeeformationen. Die Festhaltung dieses Gedankens forderte übereinstimmend mit den Directiven vom 18. November und mit der eben geschilderten Kriegslage, daß man sich nicht in jenen nördlichen Festungsrayon hinein nachziehen ließ und dadurch dem Feinde in der Normandie freie Hand gab, sondern daß man sich jetzt gegen diesen letztern wandte. Der Marsch nach Rouen wurde beschlossen. In der kurzen Zwischenzeit, deren die Armee zur Formirung für ihre neuen Bewegungen bedurfte, wollte man zwar nach Kräften aus der bei Amiens eingetretenen Situation Nutzen ziehn; letzteres wurde aber Nebenzweck von dem Augenblick an, wo man sich in der Hauptfrage für den Marsch nach Rouen entschied. Abgesehen von der bereits angeordneten Verfolgung stellten sich als solche Nebenaufgaben heraus: größere Truppenentfaltung in Amiens wegen des bei unsern Gegnern immer gut angebrachten moralischen Eindrucks; ferner wo möglich dauernde Festsetzung daselbst durch Wegnahme der Citadelle; im Uebrigen nur defensive und beobachtende Sicherung der Sommelinie, um einer erneuerten Offensive des nach Norden zurückgeworfenen Feindes rechtzeitig zu begegnen.

Diese Erwägungen und Entschlüsse führten zu den jetzt folgenden Anordnungen und Vorgängen. Zunächst wurde am 28. Nachmittags folgender Befehl gegeben:

„Die 3. Brigade mit 2 Fuß-Batterien rückt morgen nach Amiens und besetzt die Stadt. Der Brigade-Kommandeur (damals Oberst Busse) übernimmt vorläufig die Kommandantur-Geschäfte. Das 1. Armee-Corps setzt sich im Uebrigen auf die Straße Moreuil—Ailly—Conty zu weiterem Vormarsch in der Richtung auf Rouen, so daß es morgen mit seiner Tete bei Essertaux steht. Die von la Fere nachrückende Brigade Zglinitzky ist über Montdidier heranzuziehen.

Das 8. Armee-Corps echelonirt sich auf der Straße Amiens—Poix—Forges und südlich derselben so, daß die Tete morgen in die Höhe von Creuse gelangt. Es hat seinen Vormarsch so einzurichten, daß die Straße Moreuil—Essertaux um 10 Uhr Morgens für das 1. Armee-Corps frei ist.

Die 3. Cavallerie-Division sendet die beiden Jägerbataillone und die reitende Batterie des 8. Armee-Corps zu ihren Corps zurück und giebt bis auf Weiteres an jedes Corps ein Cavallerie-Regiment ab. Die beiden noch verbleibenden Cavallerie-

Regimenter und eine reitende Batterie bilden mit der 3. Brigade und den beiden Fuß=Batterien ein gemischtes Detachement unter General Groeben, mit der Aufgabe, Amiens zu besetzen, Rücken und Flanke der auf Rouen operirenden Armee gegen die im Norden befindlichen feindlichen Streitkräfte zu decken, speciell auch die Eisenbahn=Linie Amiens—la Fere—Laon gegen feindliche Unternehmungen zu sichern.

Das Armee=Hauptquartier geht morgen nach Amiens. (Folgt Bestimmung der Rayongränzen.) gez. Manteuffel.

Es war also nicht eine Linksschwenkung der Armee, sondern eine Linkswendung beider Corps in sich, wobei das am weitesten nach Norden vorgeschobene 8. Armee=Corps fortan den rechten Flügel der Armee bildete. Es ersparte das unnöthige Märsche; insbesondere wurde damit ein schnelleres Heranziehen der Brigade Zglinitzky erzielt, welche sich in der schrägen Richtung über Montdidier ihrem Corpsverband wieder anschließen konnte.

Der 29. und 30. November.

Während sich die Armee in obiger Art formirte, beim 1. Armee=Corps aber die vollständige Versammlung der 1. Division bewirkt wurde, verlegte General Manteuffel am 29. Vormittags sein Hauptquartier nach Amiens. Als man sich der Stadt näherte, wurde aus derselben Gewehr= und Geschützfeuer hörbar. Die Citadelle verweigerte nämlich bei Ablauf der ihr gestellten Frist nach wie vor die Uebergabe. In Folge dessen hatte sich ein Feuergefecht zwischen ihr und den in den nächstliegenden Häusern der Stadt befindlichen Mannschaften der 16. Division entwickelt, welche die auf den Wällen erscheinenden Franzosen beschossen*). Das Gefecht wurde, da auch der Feind die Stadt möglichst zu schonen suchte, bald abgebrochen, anscheinend auf beiden Seiten ohne Resultat. Dem war jedoch nicht so: Der tapfere Kommandant, Kapitain Vogel, büßte in diesem Gefecht sein Leben ein. Dies wurde uns aber erst am folgenden Morgen bekannt.

---

*) Besonders kühne Leute sollen hierbei sogar eine Leiterersteigung versucht haben, welche aber an den hohen gemauerten Profilen des Hauptwalles natürlich scheitern mußte.

Die Wichtigkeit der Citadelle für einen gesicherten Besitz von Amiens war zu einleuchtend, um nicht den Versuch eines gewaltsamen Angriffs zu rechtfertigen. General Manteuffel hatte deshalb schon am 28. Abends eine von sämmtlichen schweren Feld-Batterien auf dem nördlichen Somme-Ufer zu nehmende Aufstellung angeordnet, unter angemessener Bedeckung der beiden anderen Waffen. In Ermangelung von Belagerungsgeschütz hoffte man durch die überlegene Zahl von Feldgeschützen gegen die Citadelle zum Ziel zu gelangen. Die Operationen nach der Normandie erlitten dadurch keinen Aufschub; nöthigenfalls sollten die Batterien mit stärkeren Märschen ihre Truppenverbände wieder erreichen. Eine gewisse Schwierigkeit lag zunächst in der nöthigen Ueberführung der Batterien auf das nördliche Somme-Ufer. Nach den bisherigen Meldungen vom rechten Flügel schienen nämlich alle Uebergänge vom Feinde zerstört zu sein, während die Stadtbrücke in Amiens von der Citadelle beherrscht wurde. Eine specielle Recognoscirung des Major Fahland vom Ingenieurcorps am 29. ergab zwar, daß nur die Brücken bei Sailly, Corbie und Daours unpraktikabel, die bei Bray und bei la Motte-Brebiere (zwischen Daours und Amiens) unversehrt geblieben waren. Mit Hülfe der Pontontrains gelang indessen in der Nacht vom 29. zum 30. eine Herstellung von Uebergängen unterhalb Amiens bei Longpre; hier gingen die Batterien über den Fluß und standen nun am 30. bei Tagesanbruch 66 Geschütze im Halbkreis um die Citadelle zum Feuern bereit. Der Artilleriegeneral Schwartz war mit der Leitung des artilleristischen Angriffs beauftragt. Die Vertheidigung aber war nach dem Tode des Komandanten erlahmt. Angesichts der in Position stehenden Preußischen Batterien wurde die weiße Fahne aufgezogen. Um 8 Uhr Morgens erfolgte die Kapitulation auf Sedaner Bedingungen; im Laufe des Vormittags die Uebergabe und Besetzung durch Preußische Truppen. Ueber 30 Geschütze, 11 Offiziere und 400 Mann*) fielen in unsere Hände. Die Gesammttrophäen in Folge der Schlacht von Amiens beliefen sich danach auf 2 Fahnen, einige 40 Geschütze und über 2000 Gefangene (einschließlich 800 Ver-

---

*) Diese letzteren, meist Einwohnersöhne aus Amiens, wurden demnächst mit Genehmigung Sr. Majestät des Königs gegen eine von der Stadt zu erlegende Geldcaution entlassen.

wundete). Außerdem wurde in Amiens zahlreiches Kriegsmaterial, 7 Locomotiven und 100 Eisenbahnwagen genommen, welche später nicht ohne Nutzen waren.

Es liegt hier vielleicht noch die Frage nahe, warum eine weitere Ausbeutung des Sieges bei Amiens unterblieb, wie sie das Oberkommando bei seinen wiederholten Weisungen vor und nach der Schlacht im Auge gehabt hatte. Man muß sich dabei die Umstände wieder vergegenwärtigen, welche den feindlichen Rückzug ganz besonders begünstigten, nämlich die nur unvollkommene Uebersicht der Sachlage am Schlacht=Abend und die Beschaffenheit der Somme. Erstere hinderte die fechtenden Theile an einer unmittelbaren Verfolgung in die Nacht hinein*); der andere Umstand ließ die Recognoscirungen der Cavallerie immer nur bis an die Somme gelangen und an den vom Feinde zerstörten Uebergängen umkehren. — Offizierpatrouillen, welche jetzt von Amiens aus in den Richtungen nach Albert, Doullens, Abbeville und auf den zwischenliegenden Straßen vorgingen, stießen nicht mehr auf den Feind. Man erfuhr nur, daß er in allen diesen Richtungen theils in geschlossenen Abtheilungen, theils in aufgelöster Ordnung und ohne Waffen zurückgegangen war. Nach gleichzeitigen Berichten von Norden her war der Rückzug der feindlichen Armee „en déroute complète" in der Hauptrichtung nach Arras vor sich gegangen.

Vor seinem Aufbruch nach Rouen ertheilte der Oberbefehlshaber dem General Groeben Instructionen über die Aufgaben des ihm unterstellten Truppencorps, bestehend aus:

der 3. Infanterie=Brigade (Regimenter Nr. 4 und 44: Oberst Busse, später General Memerty);

---

*) Der für uns siegreiche Ausgang der Schlachten im Französischen Feldzug ließ doch selten eine unmittelbare Verfolgung zu, weil der Feind in der Regel seine letzten Defensivstellungen mit großer Zähigkeit bis zum Eintritt der Dunkelheit festzuhalten vermochte. Im zweiten Theil des Feldzuges kam ihm dabei noch besonders das kurze Tageslicht zu statten. Unter dem Schutz der langen Nächte und unter Mitbenutzung der Eisenbahnen wurden dann die Rückzugsbewegungen eingeleitet, um bis Tagesanbruch den nöthigen Vorsprung zu gewinnen.

der Cavallerie-Brigade Mirus (Ulanen-Regimenter Nr. 7 und 14);

2 Fuß-Batterien des 1., einer reitenden Batterie des 7. Armee-Corps;

im Ganzen also 6 Bataillone, 8 Escadrons, 18 Geschütze; außerdem 1 Pionier-Kompagnie des 1. Armee-Corps und 1 zur Besetzung der Citadelle aus la Fere herangezogenen Festungs-Artillerie-Kompagnie.

Der Inhalt dieser Instructionen war folgender:

"Während die Armee den Vormarsch gegen Rouen antritt, erhält General Groeben den Auftrag:

1. den Vormarsch der Armee zu sichern;
2. die Position von Amiens zu besetzen und gegen feindliche Angriffe zu behaupten;
3. die Eisenbahn-Linie von Amiens nach la Fere zu decken;
4. den nach der Schlacht von Amiens abgezogenen Feind im Unklaren über die eigene Stärke und Bewegungen zu erhalten.

Die Maaßregeln zur Ausführung dieser Aufgaben fallen im Wesentlichen zusammen. Die Stadt Amiens ist zwar mit einer stehenden Besatzung zu versehen; im Uebrigen aber ist die Sicherung auch dieses Punktes in weit vorpoussirten Detachements zu suchen. Ich bestimme deshalb, daß General Groeben alle Stabilität in Verwendung seiner Truppen vermeidet und Concentrirung derselben nur dann eintreten läßt, wenn Operationen des Feindes es nöthig machen.

Der bei Amiens geschlagene Feind ist in Eile und Unordnung zurückgegangen und wird mindestens einige Zeit zur Retablirung gebrauchen, bevor er wieder zu größeren Unternehmungen fähig ist. Diese Zwischenzeit wird die Armee zur Operation gegen Rouen ausnutzen; General Groeben aber hat sie zu verwenden, um neue Ansammlungen des Feindes hinter der Somme in jeder Weise zu erschweren. Deshalb müssen die von Amiens nach Arras und von la Fere nach Cambrai führenden Eisenbahnen und Telegraphen zerstört werden, und zwar mindestens auf Entfernung zweier Tagemärsche von den Ausgangspunkten, also jenseits Albert und St. Quentin. Diese beiden letztgenannten und andere bedeutende Ortschaften sind wechselnd und vorübergehend mit mobilen Colonnen zu besetzen. Aehnlich ist hinsichtlich der Eisenbahn nach Abbeville zu verfahren. Peronne ist im Auge zu behalten, und erwarte ich Bericht, ob und mit welchen Mitteln dieser befestigte Platz etwa in unseren Besitz gebracht werden kann*). Die Aufgabe des General Groeben ist also ihrem Gesammtzweck nach defensiver Natur; ihre Lösung verlangt aber einen hohen Grad von Activität und Initiative. Es ist wegen gesicherter Operationen der Armee von größter Wichtigkeit und muß ich verlangen, daß jeder Truppenführer nie diesen Gesichtspunkt aus den Augen verliert und jederzeit darauf bedacht ist, Schwierigkeiten zu überwinden, um dem Gesammtzweck zu dienen. Die Besatzung der Citadelle als fester Stützpunkt wird das Detachement in Stand setzen, den größten Theil seiner Kräfte nach vorwärts zu verwenden, da derselbe allein genügt, die Stadt unter Umständen im Zaum zu halten."

Der von Gambetta eingesetzte Präfect des Somme-Departements war beim Abzug der französischen Truppen aus Amiens entflohen. Auf Mitwirken des Generalgouvernements Reims bei Verwaltung der Länder östlich der Oise aber war nicht zu rechnen, weil dasselbe unter Zustimmung der obersten Heeresleitung schon die Besetzung von la Fere abgelehnt hatte. Die Regelung aller Verhältnisse, insbesondere auch der Civilverwaltung im neu eroberten Terrain fiel also vorläufig dem Oberkommando der I. Armee zu, wobei sich jetzt der Mangel an Etappentruppen sehr fühlbar machte. Die General-Etappen-Inspection mit ihrer geringen Bedeckungs-Abtheilung war inzwischen der Armee von Reims nach Compiegne gefolgt; es wurde jetzt ihre Heranziehung nach Amiens angeordnet, wo sie am 3. Dezember eintraf. — Zum

---

*) Während des Marsches nach Rouen am 3. Dezember ging eine Meldung des General Groeben ein: Major Heinichen mit 2 Escadrons des Ulanen-Regiments Nr. 7 (des nun wieder herangezogenen früheren Seitendetachements in Ham) habe am 30. November Peronne recognoscirt und den von etwa 3000 Mobilgarden besetzten Platz vergeblich zur Uebergabe aufgefordert. Major Heinichen hatte dabei den Eindruck gewonnen, der von der Südostseite bei Doingt völlig eingesehene Platz werde eine ernste Beschießung nicht aushalten. — Es wurde in Folge dessen dem General Groeben anheimgestellt, einen leichten Versuch gegen Peronne zu machen, welcher aber nicht zu einer Belagerung verpflichten dürfe.

intermistischen Präfecten des Somme-Departements aber ernannte der Oberbefehlshaber mittelst Proklamation an die Einwohnerschaft, den Armee-Intendanten Sulzer mit dem Sitz in Amiens. Das Ressortverhältniß zwischen dieser Präfectur, dem Groebenschen Truppenkommando und der General-Etappen-Inspection wurde unterm 5. Dezember durch eine gleichlautende Instruction an diese drei Behörden geregelt.

Sie lautete:

„Während die Armee ihre Operationen gegen die Seine fortsetzt, ist im Somme-Departement eine geregelte Verwaltung zwar wieder ins Leben getreten; es fällt aber auch dieses Departement, weil es einer Sicherung gegen den Feind bedarf, noch in den Bereich der militairischen Operationen. Während der Dauer dieses exceptionellen Zustandes bestimme ich zur Regelung der Ressortverhältnisse Folgendes:

General Groeben mit dem Hauptquartier Amiens fungirt in meiner Stellvertretung, wo ein Einholen meiner Befehle zu zeitraubend ist, als General-Gouverneur der westlich des Gouvernements Reims gelegenen, von der I. Armee beherrschten Landestheile. Entsprechend der ihm ertheilten Instruction, wonach ihm die Sicherung dieser Landestheile gegen Norden zufällt, übernimmt er insbesondere auch die Deckung der Eisenbahnen la Fere—Amiens und die Besetzung des wichtigen Punktes von Noyon zur Deckung des dortigen Lazareths, Eisenbahn 2c.

Die General-Etappen-Inspection übernimmt mit den ihr noch zu Gebote stehenden 6 Kompagnien, 1 Escadron die Aufrechthaltung der Verbindung zwischen Amiens und der Armee, insbesondere die Besetzung und Sicherung der Eisenbahn-Linie Amiens—Rouen.

Es ist Seitens der Präfectur der Somme auf baldige Inbetriebsetzung dieser Linie, sowie auch der Linie Amiens—la Fere hinzuwirken und dazu die Feld-Eisenbahn-Abtheilung Nr. 3 in Laon zu requiriren. Es wird dabei bemerkt, daß, wenngleich die Brückenherstellung bei la Fere eine directe Eisenbahnverbindung nach rückwärts noch verzögert, doch in der Zwischenzeit das in Amiens vorgefundene Material dazu dienen kann, um die Bahnstrecken von Amiens in Richtung nach Rouen und von Amiens zur vorläufigen Verbindung mit Compiegne über Noyon zu befahren und für allerlei Zwecke (wie z. B. Post, Gefangen- und Kranken-Evacuation 2c.) nutzbar zu machen*).

Auf Grund dieses Schreibens wollen die drei Behörden in Verbindung treten, um die Ausführungsmaaßregeln zu vereinbaren."

gez. Manteuffel.

Es ist noch ein kurzer Rückblick auf die inzwischen eingetretenen Verhältnisse bei der Armee-Abtheilung des General Zastrow zu werfen.

Das Senden'sche Truppencorps vor Mezieres stand nach wie vor ohne wesentliche Belästigung von Seiten des Feindes in seiner beobachtenden Aufstellung gegen das dortige Festungsdreieck und streifte mit mobilen Colonnen nach der Gegend von Rocroy und anderen Richtungen, wobei mehrere kleine glückliche Rencontres bei Rimogne, am 1. Dezember bei Harci 2c. stattfanden. Dem General Senden wurde jetzt besondere Aufmerksamkeit nach Westen empfohlen, weil kleinere Vorstöße der über Arras zurückgegangenen Nordarmee gegen das Beobachtungscorps nicht ausgeschlossen waren. — Nach dem Fall von Thionville hatte General Zastrow eine allmählige Verstärkung des General Senden beabsichtigt und wollte er sich Anfang Dezember für seine Person nach Stenay in die Nähe der nun bevorstehenden Belagerung von Montmedy begeben. Am 27. November aber ging in Metz ein telegraphischer Befehl aus Versailles ein, welcher den sofortigen Aufbruch der 13. Division und der Corpsartillerie (also des größeren Theils des 7. Armee-Corps) nach Chatillon sur Seine anordnete. Diese Maaßregel bezweckte bekanntlich eine Sicherung des weitläuftigen Landesstrichs zwischen dem Operations-Terrain der II. Armee und des General Werder. Die dorthin abrückenden Theile des 7. Armee-Corps schieden aus dem Verbande der I. Ar-

---

*) Es ist erläuternd zu bemerken, daß die oberste Heeresleitung in Versailles schon früher auf allmählige Herstellung der hier genannten Bahnlinien hingewiesen hatte, um sie für die Zwecke der Armee nutzbar zu machen. Allerdings war insbesondere die Lage der Strecke von la Fere bis Amiens eine sehr exponirte, damals aber die allein zu benutzende, weil die vom Feinde gesprengte Oise-Brücke bei Creil noch nicht wieder hergestellt war. Als später eine provisorische Brücke hier fahrbar wurde, konnte die I. Armee ihre rückwärtigen Verbindungen in eine mehr gesicherte Richtung, nämlich auf die Eisenbahnlinie Rouen—Amiens—Creil 2c. verlegen.

mee; die 14. Division und das Detachement Senden verblieben in demselben. Die Besetzung von Metz und Thionville, sowie die Beobachtung von Longwy fiel jetzt dem General Loewenfeld zu, welcher hierzu über das Regiment Nr. 72, ferner 12 Landwehr-Bataillone, das 1. Reserve-Dragoner-Regiment und 3 Batterien der ehemaligen Division Kummer verfügte und direct unter das große Hauptquartier in Versailles gestellt wurde. — Die Leitung der Belagerungen an der Ardennenbahn ging auf den General Kameke über, welcher bereits mit Ueberführung des Belagerungsparks von Thionville nach Montmedy begonnen hatte. Die 14. Division aber mußte sich nun ganz vor letztere Festung legen, weil die bisher dortgestandenen Abtheilungen der 13. zurückgezogen wurden. Da hiernach die beabsichtigte Verstärkung des Sendenschen Beobachtungscorps nicht eintreten konnte, so war ein **gleichzeitiges** Vorgehen gegen Montmedy und Mezieres — den Absichten der obersten Heeresleitung gemäß bisher ins Auge gefaßt — jetzt nicht mehr möglich. Denn General Manteuffel hielt an seinen in Jouy und in Reims gegebenen Directiven fest, wonach eine wirkliche Belagerung nur mit Erfolg sichernden Mitteln unternommen werden sollte. — Das Sendensche Truppencorps wurde jetzt unter General Kameke's Befehl gestellt.

Dies war die allgemeine Kriegslage im Norden bei Beginn der Operationen nach der Normandie.

Sechstes Kapitel.

Vormarsch nach der Normandie. — Gefechte bei Buchy. — Einrücken der I. Armee in Rouen.

(1. bis 6. Dezember.)

Bei den jetzt beginnenden Operationen verfügte man über das 8. Armee-Corps, verstärkt durch das Kürassier-Regiment Nr. 8 aus der Cavallerie-Division; ferner über das 1. Armee-Corps mit Ausschluß der in Amiens verbliebenen 3. Brigade, aber einschließlich der von la Fere über Montdidier anrückenden 5 Bataillone der 4. Brigade und des von der Cavallerie-Division überwiesenen Ulanen-Regiments Nr. 5. Außerdem stellte ein Telegramm aus Versailles jetzt die Garde-Dragoner-Brigade bei Beauvais*) für die Operationen nach der Seine zur Verfügung, bis zu deren Abschluß auch die Sächsische Pontoncolonne im Armeeverband verbleiben sollte. Es waren das im Ganzen 43 Bataillone (nach damaliger Stärke kaum 30,000 Mann) 31 Escadrons, 168 Geschütze. Eine Mitwirkung der bei Gisors stehenden Sächsischen Cavallerie-Division (Lippe) nach Fleury hin wurde vom Oberkommando der Maas-Armee zugesagt.

Die von verschiedenen Seiten her eingegangenen Nachrichten bezifferten ziemlich übereinstimmend die Stärke des Feindes in Rouen und Umgegend auf etwa 44,000 Mann (worunter 11,000 Mann Linientruppen) mit 94 zum größeren Theil schweren Festungsgeschützen. Patrouillen des Detachements in Beauvais hatten bei Formerie und am Epte-Abschnitt abwärts bis Gournay die Anwesenheit mehrerer feindlicher Bataillone, einiger Husaren-Escadrons und Freischaarencorps festgestellt, denen stärkere Massen als Rückhalt dienten. — Auch bei Grandvillers stand am 10. Dezember noch feindliche Infanterie und Cavallerie.

Die beiden Preußischen Armee-Corps hatten sich inzwischen dem früheren Befehl gemäß längs der ihnen zugewiesenen Straßen mit ihren Teten bis Creuse und Essertaux dislozirt und traten am 1. Dezember, zugleich mit dem ersten Frostwetter den Marsch nach Westen an.

Für denselben war vom Oberkommando zunächst bis an den Epte-Abschnitt disponirt worden, welchen man vom Feinde besetzt wußte und welcher von den Teten beider Corps am 3. Dezember erreicht werden sollte. Das 8. Armee-Corps marschirte im Wesentlichen auf der die Eisenbahn begleitenden Straße über Poix

---

*) Dieser Brigade waren auch 1 Bataillon des 2. Garde-Regiments z. F. und 1 Batterie attachirt. Das Bataillon wurde jetzt aber wieder zur Cernirung von Paris herangezogen und 1 Escadron blieb in Chantilly, so daß für die Operationen gegen Rouen 7 Escadrons, 1 Batterie in Betracht kommen.

und Formerie; das 1. Armee-Corps zog sich beim Vorschreiten über Conty allmählig auf die südliche Straße Breteuil—Rouen und vereinigte sich am 2. Dezember mit der 4. Brigade. Die Rayongränze beider Corps lief ungefähr in der Mitte zwischen beiden genannten Hauptstraßen. Das Oberkommando ging am 1. Dezember nach Conty, am 2. nach Grandvillers. Am 3. Dezember erreichten die Avantgarden beider Corps die Epte bei Forges und Gournay, ohne auf den Feind zu stoßen, welcher sich (zum Theil erst in der letzten Nacht) in westlicher Richtung abgezogen hatte. Vom 1. Armee-Corps war Verbindung mit der Garde-Dragoner-Brigade bei Beauvais aufgenommen, welche sich auf Befehl des Oberkommandos dem Vormarsch anschloß und am 3. Dezember gleichfalls bis an die Epte in die Gegend südlich Gournay vorrückte. — Zur allgemeinen Armee-Reserve für die vor Rouen zu erwartende Schlacht war 1 Infanterie-Brigade nebst einem Cavallerie-Regiment und 2 Batterien des 8. Armee-Corps, 1 Cavallerie-Regiment des 1. Armee-Corps bestimmt worden. Diese Truppentheile sollten, ohne aus den Corpsverbänden zu scheiden, vom 3. Dezember ab nach der Armee-Mitte zu dislozirt werden, um hier jederzeit zur Verfügung des Oberbefehlshabers zu stehen.

Die Formation am 3. Dezember war also zunächst folgende:

Rechter Flügel: 8. Corps (3 Infanterie-Brigaden, 2 Cavallerie-Regimenter, 13 Batterien) auf und nördlich der directen Straße Amiens—Rouen mit der Tete bei Forges. Generalkommando in Gaillefontaine.

Linker Flügel: 1. Corps (3 Infanterie-Brigaden, 2 Cavallerie-Regimenter, 12 Batterien) auf der Straße Breteuil—Rouen mit der Tete bei Gournay; und die Garde-Dragoner-Brigade Brandenburg an der Epte, südlich von Gournay. Generalkommando in la Chapelle bei Songeons.

Armee-Reserve im Centrum: Brigade Strubberg, Kürassier-Regiment Nr. 8 und 2 Batterien bei Pommereux südöstlich Forges; das Ulanen-Regiment Nr. 5 bei Bazancourt $1^1/_2$ Meilen westlich Songeons. Das Oberkommando in Songeons.

Der 4. Dezember.

Am 3. Dezember Nachmittags war in Songeons folgendes befohlen worden:

„Das 1. Armee-Corps geht morgen bis la Hage und Lyons la Foret, das 8. Armee-Corps nach Buchy, die Armee-Reserve nach Argeuil. Von Gournay und Forges gerechnet treten das 1. Armee-Corps Morgens $1/_2$9, das 8. Armee-Corps um 9 Uhr an. Eine Escadron des 1. Garde-Dragoner-Regiments übernimmt morgen in Gournay die Bedeckung des Hauptquartiers; mit den übrigen Escadrons und der Batterie marschirt General Brandenburg mit Tagesanbruch nach la Ferte (zwischen Forges und Argeuil) und tritt unter Kommando des General Goeben. Das 1. Armee-Corps nimmt von morgen ab Verbindung mit dem Detaschement Lippe in Richtung auf Etrepagny und Fleury auf."

In Betreff der weiteren Absichten waren diesem Befehl nachstehende Directiven an die kommandirenden Generale angeschlossen:

„Es liegt in meiner Absicht, mit der Armee morgen so weit in Richtung auf Rouen vorzurücken, daß übermorgen Recognoscirungen gegen die Stadt und die in dortiger Gegend zu erwartenden feindlichen Positionen vorgetrieben werden können, während die Armee im Uebrigen am 5. in ihrer Aufstellung verbleiben würde. Diese letztere ist also von beiden Corps so zu wählen, daß sie eine gewisse Vertheidigungsfähigkeit für den nicht ausgeschlossenen Fall feindlicher Offensive besitzt. Sollte dem 1. Armee-Corps eine Besetzung des vor seiner Front liegenden Andelle-Abschnitts schon morgen erwünscht und ohne ernstes Gefecht ausführbar sein, so bleibt es dem Corps überlassen, seine Teten dorthin vorzuschieben. Die dem 8. Armee-Corps zur Verfügung gestellte Dragoner-Brigade setzt dasselbe in Stand, ohne weite Rechtsdetaschirung seiner Infanterie die rechte Flanke der Armee zu sichern und in dem anscheinend freien Terrain nördlich Rouen den Feind mit Recognoscirungen zu umfassen. Die zur Unterbrechung seiner Verbindungen mit Dieppe und Havre erforderlichen Eisenbahn- 2c. Zerstörungen werden gestattet. gez. Manteuffel.

General Lippe erhielt durch das 1. Armee-Corps Mittheilung von diesen Anordnungen.

Die bei Forges entspringende Epte fließt in südlicher Richtung über Gournay und Gisors zur Seine, in welche sie bei Vernon einmündet. Auf der Straße, wo die Epte von der I. Armee überschritten wurde, bildet sie die Grenze zwischen der früheren Picardie und Normandie, jetzt Departements Somme und Seine inférieure. Von den großentheils freieren Plateaus der Picardie herabsteigend, tritt man schon unmittelbar hinter Gournay in das hügelige und coupirte Normanische Heckenterrain, welches manche Aehnlichkeit mit dem östlichen Holstein hat. Auf den mit Hecken eingefriedigten Angern sieht man zahlreiche Viehheerden, welche hier bis in die späte Herbst- und Winterzeit hinein ihre Nahrung suchen und finden. Wie in der Picardie, so finden sich auch hier — oft in überaus anmuthiger Lage — zahlreiche Landsitze der alten Landesfamilien, welche auch nach Größe und Baustyl dem Namen „Chateau" entsprechen, womit man bekanntlich in Frankreich sehr freigebig ist. Der Epte-Abschnitt war uns vom Feinde ohne Kampf überlassen worden. Vor der Front des 1. Armee-Corps befand sich aber in Entfernung von mehr als einem Tagemarsch noch ein zweiter Abschnitt: die Andelle, welche gleichfalls von der allgemeinen Wasserscheide bei Forges kommend in einem anmuthigen Wiesenthal mit bewaldeten Abhängen über Argeuil und Fleury zur Seine fließt. Das Land zwischen Epte und Andelle ist zugleich von ausgedehnten Waldungen durchzogen, welche das Terrain hier sehr unübersichtlich machen. Die Straße von Gournay nach Rouen geht bei Ueberschreitung der Berge mehrfach in Serpentinen, wodurch die Entfernungen erheblich verlängert werden. Westlich der Andelle wird das Terrain freier und übersichtlicher. Breite Plateaus, aber mit zwischenliegenden tief eingeschnittenen Schluchten ziehen nach der Seine und treten mit hohen steilen Thalrändern meist bis an den Fluß heran. Auf einer flacheren Uferstelle, amphiteatralisch von jenen Plateaurändern umgeben und eingesehen, vom breiten Seine-Strom durchflossen und in zwei ungleiche Hälften getheilt, liegt überaus imposant und malerisch die alte Hauptstadt der Normandie: Rouen mit mehr als 100,000 Einwohnern.

Am 4. Dezember wurde in der befohlenen Weise vorgegangen. Das 1. Armee-Corps, welches über Gournay in das eben beschriebene Terrain eintrat, gelangte mit der Tete nicht bis la Haye, sondern ging mit Zustimmung des Obercommandos nur bis la Feuillie. Die nach der Andelle vorgehenden Vortruppen fanden Vascoeil vom Feinde besetzt; im Walde von Lyons la foret erhielt eine Patrouille feindliches Infanterie-Feuer. — Auch ein vom General Lippe vorgeschobenes Recognoscirungs-Detaschement (3 Compagnien, 4 Escadrons, 3 Geschütze) stieß vor Ecouis auf feindlichen Widerstand und ging für die Nacht nach le Thil zurück, um folgenden Tages über Lilly Verbindung mit dem 1. Armee-Corps aufzunehmen. Les Andelys war, wie man erfuhr, gleichfalls vom Feinde besetzt. — Die Armee-Reserve erreichte am 4. in der Mittagsstunde die Gegend von Argueil, wo demnächst auch das Oberkommando eintraf und im Schlosse des Marquis Castelbajac Quartier nahm. Gleichzeitig langte hier die erste Nachricht von den Vorgängen auf dem rechten Flügel an; ihr folgten im Laufe des Tages und der nächsten Nacht weitere Meldungen. Es hatte sich hier Folgendes ereignet:

General Goeben war am 4. Morgens in drei aus allen Waffen combinirten Brigade-Colonnen vorgegangen: links die 29. Brigade unter General Kummers Führung auf der großen Straße von Forges; im Centrum die 32. Brigade, bei welcher sich General Barnekow befand, über Sommery auf Buchy; rechts die 31. Brigade (geführt vom Oberst Mettler) über Neufchatel ausholend auf St. Martin. —

Die linke Flügelcolonne (Kummer) traf schon bei Mauquencay auf eine feindliche Abtheilung von etwa 6 Bataillonen mit einer auf den Höhen von Forgettes etablirten Batterie. General Kummer befahl den Angriff. Der Feind wurde ohne Weiteres geworfen und zog sich unter Zurücklassung der Verwundeten und eines demontirten Geschützes eilig auf Bose-Bordel ab. Ein Versuch bei Razeron nochmals Stellung zu nehmen, endete nach kurzer Beschießung wieder mit schleunigem Rückzuge.

General Kummer, dessen vorgeschriebene Marschlinie von Forgettes nach Süden führte, gab nun die weitere Verfolgung auf. Sie wurde von der über Sommery anrückenden Colonne des General Barnekow zwar wieder aufgenommen, und bis le Mesnil-Godeffroy durchgeführt; doch konnte man den Feind nicht mehr erreichen. Es waren etwa 40 unverwundete Gefangene gemacht worden.

Die rechte Flügel-Colonne traf in der Mittagsstunde beim Debouschiren über St. Martin auf etwa 6 feindliche Bataillone, welche in südwestlicher Richtung nach Esteville auswichen. Es gelang aber dem kräftig nachbringenden Oberst Mettler, einen

Theil abzuschneiden: 8 Offiziere, 227 Mann wurden gefangen. — Ein noch weiter rechts ausholendes Seitendetaschement der 31. Brigade (2 Bataillone, 1 Escadron, 1 Batterie unter Major Elern) stieß Nachmittags 4 Uhr bei Bose le Hard auf eine etwa 1200 Mann starke feindliche Abtheilung. Sie wurde nach einstündigem Gefecht unter Verlust von 100 Gefangenen aus ihrer dort eingenommenen Position geworfen und in nordwestlicher Richtung von Rouen abgedrängt. Die 16. Division bezog nun Cantonnements an den nordwestlich von Buchy sich gabelnden Eisenbahnen. General Goeben nahm sein Hauptquartier in Buchy. — Die Trophäen des Tages waren: 1 Geschütz und gegen 400 Gefangene, welche am folgenden Tage über Argeuil abgeführt wurden. Der eigene Verlust war an Zahl sehr gering gewesen. —

Der 5. Dezember.

In Folge der Nachrichten von den Gefechten bei Buchy wurde dem 1. Armee-Corps aufgegeben, am 5. bis an den Andelle-Abschnitt vorzurücken, und am folgenden Tage zu einem allgemeinen Vorstoß gegen die Seine-Linie bereit zu stehen. Im Uebrigen blieb es bei den angeordneten größeren Recognoscirungen, wobei die Straße Gournay—Rouen die Grenze zwischen dem 8. und 1. Armee-Corps bildete, während General Lippe seinerseits in den Richtungen nach Fleury und les Andelys recognosciren wollte.

Um Angesichts der vom Feinde gezeigten Streitkräfte seinen Recognoscirungen einen angemessenen Rückhalt zu geben, ließ General Goeben am 5. Morgens die 16. Division bis in die Höhe von St. Andre (eine starke Meile westlich Buchy) vorrücken, während die 29. Brigade bei St. Germain zur Unterstützung bereit stand. Ein rechtes Seitendetaschement sollte den Gabelpunkt der von Rouen nach Dieppe und nach Havre führenden Eisenbahnen bei Malaunay zu gewinnen suchen. General Goeben leitete in eigener Person die Recognoscirung. Er stieß auf keinen Widerstand mehr und meldete schon Vormittags 11 Uhr aus Quincampoix (1½ Meile von Rouen) den anscheinenden Abzug des Feindes und die Absicht, noch heute in Rouen einzurücken. — Das 1. Armee-Corps rückte unter kleineren Gefechten, wobei mehrfach Gefangene gemacht wurden, gegen die Andelle vor, nahm diesen Abschnitt mit den Vortruppen in Besitz, und schob seine Vorposten-Linie und Recognoscirungen weiter westlich vor.

Das Gros stand zwischen la Haye und Lyons la Forêt; das Generalkommando ging nach la Feuillie.*) Mit dem 8. Armee-Corps und der Cavallerie-Division Lippe war Verbindung aufgenommen. Man erfuhr, der vor der Front liegende Abschnitt, welcher sich von Montmain nördlich bis an die Chaussee heranzieht, sei befestigt und vom Feinde besetzt. Andere Nachrichten sprachen dagegen von einer bereits geschehenen Räumung von Rouen. —

In Folge dieser Nachmittags in Argeuil eingehenden Meldungen wurde um 7 Uhr Abends Folgendes an General Bentheim verfügt:

„Das 1. Armee-Corps läßt morgen seine Avantgarde gegen den Abschnitt Puits de l'Aire — Montmain vorrücken und, falls derselbe noch vom Feinde vertheidigt werden sollte, Front dagegen machen, ohne sich in ernstes Gefecht zu engagiren. Unter dem Schutz dieser Aufstellung marschirt das Gros gegen die Linie Tourville — les Andelys vor, um den etwa hier noch befindlichen Feind gegen die Seine zu werfen. General Lippe ist eingeladen, diesen Vorstoß auf dem linken Flügel zu begleiten. — Ist der Abschnitt von Montmain bereits geräumt, so marschirt die Avantgarde direct nach Rouen und hält dabei Verbindung mit dem auf Tourville vorrückenden Flügel des Gros. Die Armee-Reserve marschirt von Argeuil auf Epreville, zwischen der Andelle und Rouen. Alle diese Bewegungen beginnen morgen früh 7 Uhr, weil Alles auf die Zeit ankommt, um die bereits vorangegangenen Erfolge auszubeuten. Ich begebe mich morgen über Epreville nach Rouen."
gez. Manteuffel.

General Goeben erhielt Mittheilung von diesen Anordnungen und wurde für den Fall der bereits geschehenen Besetzung von Rouen ersucht, seinerseits morgen in aller Frühe die Verfolgung derjenigen feindlichen Armeetheile zu bewirken, welche sich etwa auf dem rechten Seine-Ufer nach Dieppe und Havre abziehen würden.

---

*) Das von la Fere nachrückende Bataillon kam heute nach Beauvais. Es war dorthin beordert worden, um die Stadt wegen einiger nach dem Abzug der bisherigen Truppen stattgehabten Insulten gegen die zurückgebliebenen deutschen Aerzte zu strafen. Außerdem hatte schon General Lippe am 4. ein gemischtes Detachement dorthin dirigirt.

Diesen Maaßregeln hatte sich aber der Feind durch eiligen Rückzug entzogen. General Goeben war auch beim Vorrücken über Quincampoix hinaus auf keinen Widerstand gestoßen und bereits am 5. Nachmittags 4 Uhr mit 2 Brigaden in Rouen eingerückt. Es fand hier nur noch ein leichtes Scharmützel mit den letzten Abtheilungen der Briandschen Armee statt; in einigen eben von ihr verlassenen Schanzen im Vorterrain wurden 8 schwere Marinegeschütze gefunden. Man erfuhr zunächst, daß sich die Nachrichten vom Ausgang der Gefechte bei Buchy — theils durch die geschlagenen Abtheilungen selbst — am 4. Abends in Rouen verbreitet hatten. In Folge dessen habe sich die feindliche Armee, deren Stärke auf 35 bis 40,000 Mann angegeben wurde, in der Hauptrichtung nach Havre zurückgezogen. Diese letztere Aussage war indessen von vornherein wenig wahrscheinlich, weil der Feind noch bis zum 5. auch oberhalb Rouen dem 1. Armee-Corps und dem General Lippe gegenüber gestanden hatte. Es erwies sich auch bald, daß er unter Benutzung der Seine-Brücken (welche er demnächst zum Theil sprengte) auf beiden Ufern und nach allen Richtungen hin seinen Rückzug großentheils auf Eisenbahn bewerkstelligt und sich theilweis dabei aufgelöst hatte. Die inneren Verhältnisse der feindlichen Armee und die den General Briand leitenden Motive zur Zeit unseres Vorgehens auf Rouen sind uns nicht bekannt. Allen Anzeichen nach aber führte letzteres zu einer ziemlich vollständigen Ueberraschung des Feindes. Fragt man, wie es möglich war, das Anrücken eines über 30,000 Mann starken Heeres so lange zu ignoriren, so erklärt es sich wohl einigermaßen aus dem Mangel an Cavallerie, vor Allem aber aus dem zu Selbsttäuschungen neigenden französischen Nationalcharacter. Eine Bestätigung davon fanden wir in den beim Einrücken in Rouen noch aufliegenden Blättern. Man glaubte danach die I. Armee in Folge einer Niederlage bei Amiens oder eines Echecs der Cernirungsarmee vor Paris im Rückzug nach Süden. Die an der Epte bemerkten Truppen hielt man für bloße Eclaireurs oder Flankendeckungen. Und noch in den nächstfolgenden Tagen unserer Anwesenheit in Rouen, wo das Resultat der Schlachten vor Paris, bei Villiers und Champigny längst kein Geheimniß mehr sein konnte, verbreitete sich eine freudige Erregung unter den auf den Stadt-Quais flanirenden Menschenmassen in Folge eines eben colportirten Telegramms: „Paris débloqué. Général Ducrot occupe la Marne." — Wie dem nun sein möge: in der Stadt rechnete man bis zum letzten Moment auf eine energische Vertheidigung, welche am 4. auch in General Briands Absicht gelegen zu haben schien. Als er aber dann nach dem Eintreffen seiner vom General Goeben gesprengten Abtheilungen den Eindruck gewann, auf dem rechten Seine-Ufer überall umfaßt zu sein, da beschloß er am 5. in aller Frühe den Rückzug. Die in der Stadt dadurch verursachte peinliche Ueberraschung kennzeichnete sich in folgendem Maueranschlag der Civilbehörden von Rouen*) am 5. Dezember:

„Hier nous faisions appel pour la Défense de la Ville à votre dévouement patriotique. L'Autorité militaire promettait une énergique défense.

Ce matin, à quatre heures, le général Briand nous confirmait cette détermination, et la Garde nationale, au son de la générale, s'assemblait sous les armes.

A cinq heures, le général Briand prevenait le Maire qu'il jugeait toute défense impossible en face de forces trop imposantes, et qu'il donnait l'ordre de battre en retraite. Un des Adjoints, accompagné de plusieurs Officiers de notre Garde nationale est allé lui demander ce matin encore ses dernières resolutions. Le général a persisté dans sa décision; il a quitté la Ville avec toutes les troupes placées sous ses ordres.

Dans cette cruelle extrémité, il importait de vous faire connaître la part de responsabilité qui incombe à chacun.

D'autres et pénibles devoirs vont naître: nous, nous efforcerons de n'y pas faillir."

Wenngleich eine Ueberlegenheit an Zahl der I. Armee wohl nicht gerade zur Seite stand, so glauben wir doch, daß General Briand in Rücksicht auf die früher geschilderten Terrainverhältnisse von Rouen wohl daran that, sich auf eine unmittelbare Vertheidigung der Stadt nicht mehr einzulassen, nachdem er das Vorterrain nicht hatte halten können. Wir werden später auf diese Verhältnisse zurückkommen, welche auch für die I. Armee von Belang waren.. —

---

*) Ein Original-Exemplar befindet sich noch in Händen des Verfassers.

Der 6. Dezember.

Wie die eingetretene Sachlage es mit sich brachte, fand das 1. Armee-Corps bei seinem Vorrücken am 6. Dezember keinen Feind mehr auf dem rechten Seine-Ufer vor sich. Die auf der graben Straße nach Rouen marschirende 1. Brigade nahm in den verlassenen Schanzen bei Darnetal 6 schwere Geschütze ohne Laffeten. Noch andere Geschütze, im Ganzen 29, wurden in den nächsten Tagen gefunden, außerdem viel Munition und zahlreiches anderes Kriegsmaterial. — Der Oberbefehlshaber hielt in den ersten Nachmittagsstunden seinen Einzug in Rouen und ernannte durch Proklamation an die Einwohnerschaft den Corpsauditeur Kramer des 1. Armee-Corps zum interimistischen Präfecten des Departements Seine inferieure. Wie es in Amiens bereits geschehen war, so ging auch der neue Präfect von Rouen alsbald in dem Sinne vor, seiner schwierigen Aufgabe möglichst gerecht zu werden. Es war dabei höchstens auf eine passive Mitwirkung derjenigen französischen Unterbehörden und Beamten zu rechnen, welche auf ihren Posten blieben, und auch dies nur in soweit, als die deutsche Civilautorität militairisch unterstützt werden konnte. Natürlich lag es nicht in der Absicht, in die einzelnen Zweige der Civilverwaltung einzugreifen; wohl aber wollte man der deutschen Occupation den Ausdruck eines dauernden Zustandes durch Einsetzung einer deutschen Verwaltungsspitze geben, welche zugleich dazu diente, die nothwendigen militairischen Anforderungen, wie z. B. das unvermeidliche Requisitionswesen in einer für die Gefühle und Interessen der Einwohnerschaft möglichst milden und gerechten Weise zu vermitteln und auf das Land zu vertheilen. In diesem Sinne gründete Präfect Kramer sogar ein offizielles deutsches Preßorgan, welches dem Illusionen nährenden französischen Nachrichtensystem gegenüber die amtlichen deutschen Meldungen über die Kriegsereignisse veröffentlichte. Die in den ersten Tagen nach dem Einrücken in Rouen angeordneten militairischen Maßregeln zur Unterwerfung des Landes und Verfolgung des Feindes in den Hauptrichtungen nach Dieppe, Havre, Pont Audemer, Bernay, Evreux und Vernon dienten also zugleich zur Unterstützung der deutschen Civilautorität. Sie fallen aber schon in den Bereich der folgenden Operationsperiode.

Am 3. Dezember war General Sperling bei der Armee eingetroffen und übernahm jetzt wieder seine Funktionen als Chef des Stabes.*)

Wir werfen einen kurzen Rückblick auf die Resultate der ersten und zweiten Operationsperiode. In Ausführung der aus Versailles unterm 23. October und 18. November ertheilten Directiven durchschritt die I. Armee in der Zeit vom 7. November bis 6. Dezember, also in kaum 30 Tagen einen Raum, dessen Länge von Metz über Amiens nach Rouen in der Luftlinie 58 Meilen beträgt; also einschließlich einer Schlacht eine durchschnittliche Tagesleistung von 2 Meilen. Erwägt man die großen Entfernungsunterschiede zwischen der Luftlinie und den wirklichen Straßenrichtungen, zieht man ferner die hinzutretenden Seitenabweichungen nach den von der Straße abliegenden Cantonnements in Betracht, so steigern sich diese bewunderungswürdigen Marschleistungen der Truppen wohl mindestens noch um die Hälfte.

Die von der Armee in diesem Zeitraum gewonnenen Trophäen an Geschützen und unverwundeten Gefangenen beziffern sich in runden Minimalzahlen wie folgt:

Thionville:	193 Geschütze,	4000 Gefangene,
la Fère:	113　„	2300　„
Schlacht und Citadelle von Amiens:	40　„	1200　„
Gefechte bei Buchy und Besetzung von Rouen:	30　„	400　„
Kleinere Gefechte:	—　„	100　„
im Ganzen:	376 Geschütze,	8000 Gefangene.

Das Hauptresultat der bisherigen Operationen aber bestand in den weiteren Folgen des rechtzeitigen Vorstoßes gegen Amiens und der unmittelbar darauf folgenden Ueberrumpelung von Rouen. Es war dadurch gelungen, die beiden feindlichen Heeresmassen im

---

*) Von schwerer Krankheit erst unvollkommen hergestellt, hatte es den General nicht länger fern von seinem Posten gelitten, welchem er mit ganzer Seele angehörte. Er versah ihn nun bis zur Beendigung des Nordfeldzugs, wobei seine geistige Energie oft die heftigsten Körperschmerzen zu überwinden wußte. Aber es entwickelte sich daraus ein unheilbares Leiden, welchem der General am 1. Mai 1872 erlag. Dem heimgegangenen Freunde und Kriegsgefährten hier dieser Nachruf!

Norden und Nordwesten, welche im Fall ihrer ungestörten Organisirung und Vereinigung die Nord- und Westcernirung von Paris in ernster Weise hätten bedrohen können, zunächst in divergirenden Richtungen auseinander und in weite Entfernung von der Hauptstadt zurückzuwerfen. Diese offensive Aufgabe der I. Armee war damit gelöst. Es traten jetzt Aufgaben von mehr defensiver Natur an sie heran, deren Motivirung und Darstellung — wieder im Anschluß an die höheren Directiven — dem folgenden Abschnitt vorbehalten bleibt. Nur soviel darf hier vorweg bemerkt werden, daß die allgemeine und besondere Kriegslage auch bei Lösung dieser defensiven Aufgaben einen hohen Grad von Aktivität forderte, so daß es zu sogenannten „Winterquartieren" der Vorzeit nach wie vor nicht kommen konnte. — Der am 1. Dezember begonnene milde Frost hatte sich bis zum Einrücken in Rouen täglich gesteigert. — In den dann folgenden Tagen trat starker Schneefall mit abwechselndem Thau- und Frostwetter ein, was für die Wege von höchst nachtheiligem Einfluß war. —

Dritte Operationsperiode.

Die Operationen an der Seine und an der Somme von der Einnahme von Rouen bis zur Schlacht an der Hallue.

(Zeitraum von 6. bis 24. Dezember.)

Siebentes Kapitel.

Allgemeine und besondere Kriegslage der I. Armee im Dezember. Verhältnisse von Rouen. Operationen mobiler Kolonnen auf beiden Seine-Ufern.

(7. bis 11. Dezember.)

Vor Darstellung der jetzt beginnenden Operationen ist es nöthig, sich die seit Ende November eingetretene Kriegslage in Frankreich zu vergegenwärtigen. Gruppiren wir die gesammte deutsche Streitmacht nach ihren damaligen Hauptbestimmungen, nicht nach der gemeinsamen örtlichen Verwendung, so ergiebt sich folgendes Bild. — Der Schwerpunkt für beide kriegführenden Theile lag schon seit geraumer Zeit bei Paris; die Entscheidung des Krieges drehte sich um die Frage der Eroberung oder Behauptung der Landes-Hauptstadt. Hier also war der Zweck auf französischer Seite defensiver, auf deutscher Seite offensiver Natur. Da aber der besonderen Verhältnisse halber Paris damals nicht angegriffen werden konnte, sondern ausgehungert werden mußte, so war das gebotene Verhalten der hier versammelten deutschen Heeresmacht (III. und Maas-Armee) ein im Allgemeinen defensives Es handelte sich darum, dem Feinde den Durchbruch durch den „eisernen Ring" und eine Verproviantirung von Außen her so lange zu verwehren, bis der Mangel ihn zur Waffenstreckung nöthigen würde.

Da, wie gesagt, der Schwerpunkt bei Paris lag, so diente alle sonstige Truppenentfaltung mittelbar jenem Hauptzweck. Die neu aufgestellten französischen Feldarmeen wollten natürlich Paris entsetzen. Die dagegen auftretende I. und II. deutsche Armee sollten diesen Entsatz verhindern, die Cernirung gegen Angriffe von Außen her decken. Hier war der Hauptzweck auf französischer Seite offensiv, auf deutscher defensiv. Die Lösung dieser defensiven Aufgabe aber forderte ein immer actives, oft offensives Verhalten; auch mußte fortgesetzt die Möglichkeit einer gegenseitigen Unterstützung zwischen der Cernirungsarmee einerseits, den beiden Feldarmeen andererseits vorhanden sein. Es trat das eigenthümliche Verhältniß ein, daß die gemeinsame Verbindung aller dieser Heerestheile mit der deutschen Heimath (für Nachschub und Rücktransporte) auf der großen Eisenbahnlinie über Chalons und Frouard lief, daß die Armeen aber in operativer Hinsicht im Herzen des feindlichen Landes auf einander basirt waren. Also die sogenannte „innere Linie", deren Vortheile aber wegen der unvollkommenen Betriebsfähigkeit der von uns beherrschten Eisenbahnen nicht zur Geltung kamen, während der auf der äußeren Linie operirende Gegner über ein weit ausgedehntes leistungsfähiges Eisenbahnnetz gebot.

In weit entfernterer Beziehung zum Kampf um Paris stand in Nord- und Ostfrankreich die dritte große Heeresgruppe. Sie diente dazu, die Verbindungen mit der Heimath zu sichern und neue Verbindungen zu erschließen. Es waren das hauptsächlich:

1. Die über den ganzen von uns beherrschten Raum vertheilten Gouvernementstruppen, welche theils als Festungs- oder Etappen-Besatzungen fungirten, theils in kleinen mobilen Detachements das Land durchstreiften.

2. Die zur I. Armee gehörige 14. Division nebst dem Senden'schen Truppencorps vor den Ardennenfestungen.

3. Die übrigen Bestandtheile des 7. Armee-Corps in der Gegend von Chatillon sur Seine und Aurerre.

4. Die unter General Werber stehenden Armeetheile, welche theils die noch nicht eroberten Elsässischen Festungen belagerten, theils zur Deckung dieser Belagerungen u. s. w. gegen die Französisch-

Garibaldinischen Truppenformationen in Südostfrankreich operirten. Wir wissen, wie letztere allmählich zu einem so bedrohlichen Umfang anwuchsen, daß gegen Ende des Feldzuges hier zeitweise einer der Entscheidungs-Schwerpunkte lag; ein Verhältniß, welchem durch Aufstellung der deutschen „Südarmee" Rechnung getragen wurde.

Nach dieser allgemeinen Uebersicht wenden wir uns jetzt zu der besonderen Aufgabe der zweiten Gruppe, zu welcher die I. und II. Armee gehörten. — Vor ihrem Eintreffen in der Oise-, resp. Loire-Gegend hatte das Cernirungsheer vor Paris seine Sicherung nach Außen hin selbst besorgen müssen. Im Norden waren dazu die erwähnten Detachirungen der Maas-Armee ausreichend gewesen. Nach Süden und Westen aber wurden schon seit längerer Zeit stärkere Abzweigungen nöthig, welche nach der erfolgreichen feindlichen Offensive gegen Orleans zu einer neuen „Armee-Abtheilung" unter dem Großherzog von Mecklenburg vereinigt wurden. Als nun gegen Ende November die II. Armee die Gegend zwischen Paris und der Loire erreichte, stellte man einheitlicher Leitung wegen demnächst auch diese Armee-Abtheilung unter den Befehl des Prinzen Friedrich Carl. Er verfügte danach über ungefähr 5 Armee-Corps und 4 Cavallerie-Divisionen (3., 9., 10. Armee-Corps, 1. bayerische Corps, 17. und 22. Division; 1., 2., 4., 6. Cavallerie-Division) und fiel dieser Heeresmacht in ihrer Gesammtheit das Operationsterrain im Süden und Südwesten von Paris zu; der I. Armee aber, welche anfänglich nur 2 Armee-Corps und 1 Cavallerie-Division zu nur 4 Regimentern*) zählte, der Nordwesten. Zwischen beiden Armeen operirte, auf die Westcernirung von Paris basirt, und zeitweise aus derselben unterstützt: die 5. Cavallerie-Division in der Gegend von Dreux und Evreux. Als die I. Armee mit der Schlacht bei Amiens und Einnahme von Rouen die ihr zunächst gestellte Aufgabe gelöst hatte, war ungefähr gleichzeitig im Süden die zweite mehrtägige Schlacht von Orleans geschlagen und der große Ausfall von Paris in den Schlachten von Villers-Champigny zurückgewiesen. Ueberall waren die feindlichen Heeresmassen geworfen, theilweise zersprengt; die Operationen hatten einen vorläufigen Abschluß erreicht.

---

*) Später traten hierzu nach und nach 2 Gardecavallerie-Brigaden und das combinirte Detachement Senden.

Es handelte sich für die I. und II. Armee nun weiter darum, die errungenen Erfolge auszubeuten, das gewonnene Resultat im Sinne der neuen Aufgaben möglichst sicher zu stellen. Die leitenden Gesichtspunkte mußten für beide Armeen im Wesentlichen dieselben sein. Die Besitznahme französischen Landes entzog dem Feinde Menschen und andere Mittel der Widerstandskraft. Man drängte die Ausgangspunkte seiner Unternehmungen zum Entsatz von Paris in immer weitere Entfernung von der Hauptstadt zurück. Sollte aber eine gegenseitige Unterstützung zwischen dem Cernirungsheer und den Feldarmeen möglich bleiben, so durften unsere Operationen nicht über ein gewisses Entfernungsmaaß hinaus fortgesetzt werden. Hier lag die Grenze des Erreichbaren, wie sie in den späteren Directiven der obersten Heeresleitung prinzipiell und für beide Feldarmeen insbesondere festgesetzt wurde.

Wenden wir uns nach dieser allgemeinen Uebersicht speziell wieder zur I. Armee. Schon vor Eingang der jetzt zu erwartenden neuen Directiven herrschte beim Obercommando kein Zweifel über die so eben aufgestellten Gesichtspunkte; die unmittelbar nach der Besetzung von Rouen eingeleiteten Maaßregeln entsprachen daher den höheren Absichten. Es wurde nämlich als Aufgabe der I. Armee erkannt, im Allgemeinen das Terrain zwischen Seine und Somme mit den beiden wichtigen Flügelpunkten Rouen und Amiens festzuhalten, um innerhalb dieses Raumes die Hauptkräfte jederzeit dahin concentriren zu können, wo die militairische Sachlage es forderte. Zunächst aber mußte man dem Feinde in seinen Rückzugsrichtungen auch über die Seine hinaus folgen, um neue Ansammlungen und Annäherung an die Normannische Hauptstadt zu verhindern. Eine Aufforderung hierzu lag schon in den besonderen Verhältnissen von Rouen.

Die von den nahen Thalrändern des rechten Seine-Ufers überall eingesehene Lage der Stadt hatte wohl mit dazu beigetragen, daß General Briand von einer unmittelbaren Vertheidigung derselben Abstand nahm. Diese örtlichen Verhältnisse fielen aber jetzt noch mehr ins Gewicht, wo es sich für uns um Behauptung einer feindlichen Stadt von über 100,000 Einwohnern, darunter 30,000 broblosen Arbeitern, handelte. Diese leicht erregbare Menschenmasse, welche sich schon jetzt bei jedem in der Umgebung hörbaren Kanonen- oder Flintenschuß in schlecht verhehlter Hoffnung auf den Quais zusammenrottete, hätte bei rückgängigen Bewegungen unserer Truppen durch die Stadt geradezu gefährlich werden können.

Ebenso ungünstig für eine unmittelbare Vertheidigung waren die Verhältnisse auf dem linken Seine-Ufer. Das Terrain ist hier zwar Anfangs flacher, aber ganz außerordentlich coupirt. Wie auf der Nordseite, so erstreckt sich auch hier ein Gewirr von einzelnen Häuseranbauten und Gärten weit über die Vorstädte hinaus. Feindliche Annäherung von Süden her in Einverständniß mit den Bewohnern wird um so schwerer und später erkennbar, als sich dann weiterhin ausgedehnte Waldungen wie breite deckende Schirme vorlegen. Die nächste derselben, die bei Grande Couronne, füllt fast vollständig die große Seine-Schleife aus, an deren Nordspitze Rouen liegt. Südlich dieser Waldung bildete die große Fabrikstadt Elbeuf mit ihrer zahlreichen Arbeiter-Bevölkerung einen Heerd möglicher Beunruhigungen, war also Gegenstand nothwendiger Aufsicht.

Ueberhaupt wird auf dem linken Seine-Ufer nach Süden und Westen hin das Terrain immer unübersichtlicher. Der eigentliche normannische Heckentypus, welcher auf dem rechten Seine-Ufer noch vereinzelter auftritt, ist hier auf dem linken der vorherrschende. Dieser Charakter der Gegend erschwert zusammenhängende Operationen größerer Truppenmassen, hindert vielfach die angemessene Verwendung der Cavallerie und Artillerie, also der Waffen, in denen wir die Ueberlegenheit hatten. Dagegen begünstigt er das Einzelgefecht, den Guerillakrieg, bot also unter den damaligen Umständen größere Vortheile für die Franzosen, als für uns. Dies gilt im Allgemeinen von der ganzen Landschaft bis zur Rille, welche von Süden kommend über Beaumont, Brionne, Pont Audemer zur Seine fließt und, in nächster Linie zwei Tagemärsche von Rouen entfernt, den ersten bedeutenderen Terrainabschnitt bei Operationen in südwestlicher Richtung bildet.

Bald nach dem Einrücken in Rouen beauftragte der Oberbefehlshaber den Artilleriegeneral Schwarz und den Ingenieurgeneral Biehler mit einer speziellen Recognoscirung der Terrainverhältnisse von Rouen in Bezug auf die Vertheidigungfähigkeit der Stadt unter Berücksichtigung der damaligen Kriegslage. Das Resultat dieser Recognoscirung war folgendes:

Die in das Vorterrain ausspringenden Vorstädte und Häuserreihen forderten eine weitvorgeschobene Vertheidigungslinie, deren Länge auf beiden Seine-Ufern zusammen über 3 Meilen betragen hätte. Zu ihrer Festhaltung wären 15 Feldschanzen und einschließlich der allgemeinen Reserve eine Besatzungsstärke von 25 Bataillonen und 90 Geschützen, also ein ganzes Armee-Corps nöthig gewesen. Aber auch dann noch blieb die Vertheidigung eine schwache: Die vielen auf dem rechten Ufer bis weit in die Plateaus hinaufziehenden tiefen Thalschluchten erschwerten eine gegenseitige Unterstützung. Hierzu kam die Trennung durch die Seine. Dieser breite Strom wird bei Rouen schon von den Einwirkungen der Ebbe und Fluth berührt, so daß sich unterhalb der Stadt keine festen Uebergänge mehr finden. Die 3 Brücken bei Rouen selbst (Stadtbrücke, Kettenbrücke, Eisenbahnbrücke), waren beim eiligen Abzuge des Feindes intakt geblieben; weiter oberhalb fanden sich auch die Uebergänge bei Pont de l'Arche und Manoir unversehrt; dagegen waren die bei les Andelys und Courcelles vom Feinde zerstört worden.

Die Recognoscirung der beiden Generale bestätigte also die schon von vornherein aus dem allgemeinen Terrainüberblick gegewonnene Ueberzeugung. Eine unmittelbare Vertheidigung der Stadt war nicht möglich, ohne die dazu bestimmten Truppen ernstlich zu gefährden, zugleich aber auch die Operationsfähigkeit der Armee einzubüßen, wenn hier ein ganzes Armee-Corps dauernd gefesselt wurde. Es wurde deshalb beschlossen, die Behauptung der wichtigen Stadt dadurch zu bewirken, daß die dazu verfügbaren Truppen im Wesentlichen immer nach vorwärts hin verwandt wurden; etwa nöthig werdende rückgängige Bewegungen aber sollten nie ihren Weg durch die feindselig gesinnte Stadt nehmen. Die speziellen Dispositionen hierüber blieben einen späteren Zeitpunkt vorbehalten (vergl. die folgenden Kapitel).

Die Meldung vom Einrücken in Rouen war schon am 6. Dezember nach Versailles gelangt und wurde von dort aus zunächst die Verfolgung des Feindes nach Havre angeordnet. Wir wissen, welche Verfügungen in diesem Sinne vom Obercommando bereits ergangen waren. In Folge derselben hatte General Goeben am 6. die Garde-Dragoner-Brigade über den Abschnitt von Maromme hinaus vorgeschoben, um weiter in westlicher Richtung das Land zu durchstreifen. Durch diese und andere Recognoscirungen erfuhr man am 7., daß der Rückzug des Feindes nicht, wie die ersten Nachrichten vermuthen ließen, allein auf dem rechten Seine-Ufer vor sich gegangen war. Im Gegentheil sollten hier nur hauptsächlich stärkere Abtheilungen Mobilgarden durch Yvetot passirt sein und fand man im Allgemeinen das nördlich Rouen gelegene Land frei vom Feinde. Die Nationalgarden hatten überall ihre Waffen an die Ortsbehörden abgegeben; die Einwohnerschaft zeigte sich entgegenkommend. Der eigentliche Rückzug schien mehr auf dem linken Ufer stattgefunden zu haben, größtentheils auf der Eisenbahn nach Pont Audemer und Bernay, gefolgt von Arriergarden auf den Straßen.

In Folge dieser Nachrichten wurde unterm 7. Dezember Nachstehendes angeordnet:

„Es sind vom 1. Armee-Corps nach Vernon und Evreux, vom 8. Armeecorps über Pont Audemer und Bernay, sowie auf dem rechten Seine-Ufer gegen Havre combinirte Brigadecolonnen vorzupoussiren, um die Verfolgung des Feindes, die Entwaffnung des Landes, die vorübergehende Besetzung wichtiger offener Städte vorzunehmen und jeden Widerstand zu brechen. Ich erwarte zugleich von diesen Unternehmungen Nachrichten über Gegenden, wo etwa größere feindliche Truppenformationen stattfinden sollten.

Jede Kolonne hat sich durch Relais mit Rouen in Verbindung zu erhalten, um häufig zu melden und Befehle zu anderweitiger Verwendung rechtzeitig erhalten zu können.

Die Bewegungen werden morgen früh angetreten und ist es geboten, sie schnell und kräftig durchzuführen. Die Hauptquartiere des Oberkommandos und 8. Armee-Corps bleiben in Rouen, *) wohin auch das 1. Armee-Corps das seinige verlegt."

gez. Manteuffel.

Außerdem hatte der Oberbefehlshaber schon am 6. eine Expedition nach der Meeresküste vorbereitet, um jede Land-Communication zwischen den feindlichen Heeresmassen im Norden und denjenigen in der Normandie, zu einer etwa gemeinsamen Offen-

---

*) Als Kommandant von Rouen fungirte in den ersten Tagen Major Sachs vom Regiment Nr. 70; dann Oberst Jungé von der Artillerie des 1. Armee-Corps, welcher während der ganzen späteren Operationsperiode diesem wichtigen und oft recht schwierigen Posten vorstand; letzteres namentlich dann, wenn bei den nöthigen Offensivbewegungen die große erregbare Stadt fast ganz von Truppen entblößt werden mußte.

sive zu unterbrechen. Die zur Expedition bestimmten Truppen
(Cürassier-Regiment Nr. 8, Ulanen-Regiment Nr. 5, 2 Bataillone
und 1 reitende Batterie des 8. Armee-Corps) sollten unter General Dohna am 7. bei Cleres (einen Tagemarsch nördlich Rouen)
zusammentreten. Der General erhielt den Auftrag, unter Entwaffnung der Ortschaften nach Dieppe vorzugehen und die längs
der Küste laufende Telegraphenleitung gründlich zu zerstören. Die
Expedition sollte innerhalb 6 bis 8 Tagen beendet sein und sich
durch Relais mit Rouen in Verbindung halten, um der Sachlage
gemäß weiter dirigirt werden zu können. —

General Lippe, welcher am 6. den Vormarsch des 1. Armee-Corps links begleitet und sein Stabsquartier in Ecouis genommen
hatte, ging jetzt wieder nach Gisors zurück und übernahm die Beobachtung der Seine oberhalb les Andelys. —

Wir verfolgen jetzt, vom linken Flügel beginnend, die Operationen der einzelnen Detachements:

Vom 1. Armee-Corps überschritt die combinirte 4. Brigade
(6 Bataillone, 3 Escadrons, 2 Batterien) unter General Pritzelwitz die Seine auf einer bei les Andelys geschlagenen Brücke und
ging dann weiter nach Vernon, wo angeblich feindliche Truppenansammlungen stattfinden sollten. Man fand indessen auf dem
Marsche nur einige 60 Mann, welche angeblich zur Nationalgarde
in Vernon einberufen waren. Da sie Uniformen und Munition
bei sich führten, wurden sie als Kriegsgefangene abgeführt.

Ein anderes Detachement dieses Armee-Corps (5 Bataillone,
3 Escadrons, 2 Batterien unter Oberst Massow vom Regiment
Kronprinz) überschritt die Seine bei Pont-de-l'Arches und erreichte
auf mehreren Straßen vorrückend am 8. die Gegend von Louviers.
Zahlreiche Waffen wurden in den Ortschaften vorgefunden und vernichtet. Man erfuhr, daß feindliche Infanterie- und Cavallerie-Abtheilungen, auch Geschütze, hier durchpassirt und in südlicher
Richtung weitergezogen waren. Am 9. rückte das Detachement
Massow in Evreux ein, fand hier aber ein Tags zuvor von
Dreux gekommenes Detachement der 5. Cavallerie-Division (Oberst
Trotha) vor. In Folge dessen bezog Oberst Massow anfangs
Cantonnements nördlich der Stadt. Als aber am 10. Dezember
die 5. Cavallerie-Division nach Chartres abrückte, und Oberst
Trotha gleichfalls in südlicher Richtung nach St. André folgte,
wurde Evreux nun vom Detachement Massow besetzt. Vom Feinde

erfuhr man, daß während der letzten Tage 12 bis 14,000 Mann, meist Mobilgarden mit 9 Geschützen auf der Eisenbahn über Conches angeblich nach Cherbourg abgefahren sein sollten. —

Vom 8. Armee-Corps war auf dem linken Seine-Ufer die combinirte 29. Brigade (Bock) vorgegangen. Sie erreichte schon am 8. nach neunstündigem, durch Schnee sehr erschwerten Marsch Bourgachard und trieb ihre Cavalleriespitzen bis Pont-Audemer vor. Auch hier wurden zahlreiche Waffen vernichtet, die nach Westen führenden Telegraphenleitungen zerstört, demnächst auch die Eisenbahn am Knotenpunkt bei Montfort an der Rille. Am 9. ging das Detachement bis Pont Audemer, die Avantgarde bis Toutainville. Uebereinstimmende Nachrichten ließen es jetzt außer Zweifel, daß hier die feindlichen Hauptkräfte, nämlich 20 bis 25,000 Mann nach Honfleur abgezogen und von dort auf das rechte Seine-Ufer übergefahren waren. Die bis gegen Honfleur und Beuzeville vorreitenden Husarenpatrouillen der Brigade Bock erhielten aus beiden Orten Feuer, anscheinend von den letzten noch nicht übergesetzten Franktireurtrupps.

Auf dem rechten Seine-Ufer hatte General Göben 2 Bataillone und 1 Batterie der 16. Division zur Garde-Dragoner-Brigade bei Pavilly stoßen lassen. Das so verstärkte Detachement Brandenburg erreichte am 8. Pavilly, am 9. Bolbec, von wo aus General Brandenburg Cavalleriepatrouillen auf den beiden nach Havre führenden Hauptstraßen über St. Romain und Montivilliers vorgehen ließ. Diese fanden die Straße bei Gaineville barrikadirt und mit feindlicher Infanterie besetzt, ebenso auch die Fermen und kleineren Waldungen zwischen Montivilliers und Harfleur. Alle Brücken über die zur Seine fließenden Bäche waren abgebrochen. Uebereinstimmend mit den Meldungen des Oberst Bock bestätigte sich auch hier der Rückzug des Feindes in Stärke von 25,000 Mann auf dem linken Seine-Ufer und Truppen-Verschiffung auf 18 Seedampfern zwischen Cherbourg, Honfleur und Havre. Die starke Besetzung der Linie Gaineville-Montivilliers diente offenbar zur Sicherung dieser Truppentrajecte. Von Havre erfuhr man, daß es auf der Landseite befestigt sei; die Angaben über die dort versammelten Truppen schwankten zwischen 25 bis 50 Tausend Mann — General Brandenburg ging nun am 10. noch weiter westlich nach Angerville vor und ließ am 11. von Neuem gegen Havre recognosciren. Die Gegend bei Gaineville war nach wie vor besetzt und unpassirbar; dagegen gelangte eine andere Patrouille bis auf den Marktplatz von Montivilliers und beobachtete den Abzug feindlicher Infanterie in südlicher Richtung. Man erfuhr, daß der Feind den Abschnitt der Rouelle zwischen Harfleur und Bleville befestigt habe und anscheinend jetzt als seine Vertheidigungslinie hielt. — Eine in nördlicher Richtung nach Criquetot und Gonneville vorgeschobene Escadron constatirte in dortiger Gegend die Anwesenheit von angeblich 2000 Mobilgarden. —

Auf dem äußersten rechten Flügel der Armee hatte sich das nach Dieppe bestimmte Detachement Dohna am 7. Dezember bei Cleres vereinigt; es marschirte am 8. nach Omonville und besetzte am 9. ohne Widerstand zu finden, die Seestadt Dieppe. Es wurden hier etwa 1500 Gewehre vernichtet und die im Schloß und in den Strandbatterien vorgefundenen 27 Geschütze vernagelt. Der Küstentelegraph wurde durch Zerstörung der Leitungen und Mitnahme mehrerer Apparate unterbrochen. Nach Erledigung seines Auftrages rückte General Dohna am 10. nach Auffay. —

Das Resultat aller dieser Operationen war die vorläufige Unterwerfung eines weiten Landesstrichs auf beiden Seine-Ufern, rechts, mit Ausschluß von Havre, bis zur Meeresküste, *) links bis zur Rille, sowie eine dauernde Festsetzung in Rouen. In der That wurde seitdem die Pariser Cernirung nicht wieder von der West- und Nordwestseite her beunruhigt. Dagegen war es nicht gelungen, der Briandschen Armee auf ihrem Rückzuge noch Abbruch zu thun; denn alle Marschgeschwindigkeit führt nicht zum Erreichen des Gegners, wenn dieser, wie es hier geschah, schon nach der ersten Berührung der beiderseitigen Spitzen sich der taktischen Entscheidung entzieht, und zwar in excentrischem Rückzuge und mit theilweiser Auflösung. **) —

Der zu den Operationen nach der Seine verwandte Haupttheil der I. Armee stand also am 10. Dezember im Großen und Ganzen wie folgt:

Etwa 3 Brigaden des 8., eine des 1. Armee-Corps in Rouen

---

*) Die Französische Regierung sah sich dadurch veranlaßt, ihre eigenen Seehäfen von Dieppe, Fecamp zc. zc. in Blokadezustand zu erklären.

**) Die Nationalgarde und auch viele Mobilgarden zerstreuten sich in ihre heimatlichen Ortschaften. Die verfolgenden Truppen trafen sogar häufig noch Mannschaften, im Begriff, die Uniform mit der Civilkleidung zu vertauschen.

und Umgegend; eine Brigade des 1. Armee-Corps bei Evreux; eine andere bei Vernon; eine des 8. bei Pont Audemer, mit der anfänglichen Bestimmung, ihren Rückmarsch längs der Rille über Bernay auszuführen; eine Cavallerie-Brigade westlich Bolbec gegen Havre; eine andere auf dem Rückmarsch von Dieppe bei Auffay, beide verstärkt durch einige Bataillone aus dem 8. Armee-Corps. —

Achtes Kapitel.

Anordnungen und erste Ausführungsmaßregeln zur Formation der Armee in zwei Gruppen an der Seine und an der Somme. — Gefechte an der Rille. Recognoscirung gegen Havre.

(9. bis 14. Dezember.)

Am 9. Dezember erhielt das Ober-Commando in Rouen schriftliche Directiven aus dem großen Hauptquartier, datirt Versailles 7. Dezember und folgenden Hauptinhalts:

„Seine Majestät der König haben über die weiteren Operationen der I. Armee zu befehlen geruht, daß Rouen besetzt zu halten, und von dort aus das linke Seine-Ufer zu beobachten ist. Verbindung mit der 5. Cavallerie-Division (Stabsquartier Dreux) ist aufzunehmen. Die Hauptkräfte der I. Armee sollen zur Fortsetzung der Offensive gegen die im nordwestlichen Frankreich noch im freien Felde sich bewegenden feindlichen Truppen Verwendung finden, und halten Seine Majestät es zunächst für erforderlich, daß die auf Havre abgezogenen Truppen des General Briand verfolgt werden. Ob Havre selbst durch Handstreich zu nehmen ist, wird der Entscheidung des Königlichen Ober-Commandos überlassen. In keinem Fall wollen Seine Majestät, daß die I. Armee sich vor Havre in ein zeitraubendes Unternehmen einlasse; es ist vielmehr stets der Gesichtspunkt der Zersprengung der im freien Felde auftretenden feindlichen Streitkräfte festzuhalten und daher auch eine Wiederaufnahme der Operationen gegen die bei Amiens geschlagenen Truppen nicht ausgeschlossen, sofern dieselben von ihren zeitigen Sammelpunkten bei Arras ꝛc. ꝛc. erneut vorrücken sollten."

gez. Moltke.

Ueber die bei Amiens geschlagene Nordarmee waren inzwischen folgende Mittheilungen eingegangen: Ihre Stärke in der Schlacht

wurde anfangs auf 45,000, später nur auf 30,000 Mann geschätzt. *)
Der Rückzug sollte über Doullens und Albert auf Arras vor sich
gegangen sein, wo die Armee in stark erschüttertem Zustande Anfang Dezember eingetroffen sei, während von Lille aus alle verfügbaren Truppen gleichfalls nach Arras vorgeschoben würden.
Nach einer anderen, am 11. Dezember bestätigten Nachricht stand
die Nordarmee jetzt vertheilt im Rayon von Frevent, St. Pol,
Hesden und Doullens. Man erfuhr ferner, daß die levée en
masse im Norden befohlen sei und am 10. begonnen habe, daß
ein großer Schlag nach Paris hin vorbereitet werde. Aehnliche
Mittheilungen kamen auch vom General Gröben. —

Nach Eingang der eben mitgetheilten Directiven beschloß der
Oberbefehlshaber, jetzt eine derartige Dislocation der Armee eintreten zu lassen, welche ein Operiren auf der inneren Linie zwischen
Seine und Somme und ein schnelles Frontmachen nach diesen
beiden Hauptrichtungen hin am meisten zu begünstigen schien.

Die Armee sollte sich hierzu in zwei Hauptgruppen formiren:
1. Armee-Corps und Garde-Dragoner-Brigade unter General
Bentheim an der Seine, 8. Armee-Corps und 3. Cavallerie-Division unter General Göben an der Somme**). Es lag nämlich
damals noch in der Absicht, nach Eintreffen des 8. Corps bei
Amiens die 3. Infanterie-Brigade von dort in ihren Corps-
Verband nach Rouen abrücken zu lassen. Wir bemerken vorweg,
daß es hierzu nicht kam, weil sich bald der ganze Schwerpunkt
in die feindliche Nordarmee unter General Faidherbe legte, was
dann weiterhin ein mehr defensives Verhalten an der Seine für
uns zur Folge hatte. Sehr wichtig wurde von vornherein eine
baldige Inbetriebsetzung der Eisenbahn von Rouen nach
Amiens. Mittelst derselben war man dann in der Lage, wenigstens Infanterie schnell von einem Flügelpunkt nach dem andern
zu werfen und dadurch die Verwendung derjenigen Waffe zu ver-
vielfältigen, an welcher es uns den feindlichen Massen gegenüber
am meisten fehlte. Die Arbeiten zur Wiederherstellung der Bahn
hatten am 9. Dezember begonnen; die Zwischenstationen Poir,

---

*) Letztere Zahl stimmt im Wesentlichen mit General Faidherbes An-
gaben in seiner Geschichte der Nordarmee.

**) Anlage Nr. 2 enthält die ordre de bataille des 1. und 8. Armee-
Corps am 9. Dezember bis einschließlich der Regiments-Commandeure.

Formerie, Forges und Buchy wurden von den Etappen-Compagnien des General Malotki besetzt. Die in Amiens und in Rouen vorgefundenen, zum Theil schadhaften und reparaturbedürftigen Locomotiven und Wagen sollten dazu dienen, einen Betrieb für obigen Zweck zu organisiren; denn auf Heranschaffung weiteren Transportmaterials von rückwärts her war nicht zu rechnen. Zwar näherte sich jetzt auch die Herstellung der Eisenbahnlinie von Laon nach Amiens ihrer Vollendung. Indessen schloß die von Norden her flankirte Lage dieser Bahn einen dauernd gesicherten Betrieb auf ihr aus. Es wurde deshalb beschlossen, die rückwärtigen Verbindungen der Armee auf die Linie Creil—Amiens zu verlegen, welche bei jetzt erfolgender Herstellung einer provisorischen Oise-Brücke*) gleichfalls ihrer Fahrbarmachung entgegensah. General Manteuffel ordnete die Bewachung und Besetzung der Bahnstrecke von Amiens bis St. Just an; von Clermont ab wurde ihre Sicherung von der Maas-Armee übernommen. —

Der Oberbefehlshaber verfügte noch unterm 9. Dezember Nachstehendes an die kommandirenden Generale:

„Es fällt der I. Armee jetzt die Aufgabe zu, Rouen und Amiens zu behaupten, das linke Seine-Ufer zu beobachten, die Verbindung mit der bei Dreux stehenden 5. Cavallerie-Division zu erhalten, die nördliche Cernirungslinie von Paris zu sichern und, wenn die feindliche Nordarmee oder die Armee des General Briand zu neuen Offensiv-Unternehmungen vorgehen sollten, sie von Neuem zu schlagen. Deshalb bestimme ich:

General Göben erhält die Aufgabe, Amiens zu behaupten und die nördliche Cernirungslinie von Paris zu schützen. General Bentheim behauptet Rouen, beobachtet das linke Seine-Ufer und erhält Verbindung mit der 5. Cavallerie-Division, sowie mit General Lippe in Gisors. Mit den Hauptkräften macht General Göben auf seinem Marsch nach Amiens eine recognoscirende Bewegung gegen Havre, um festzustellen, ob der Platz durch einen Handstreich zu nehmen ist. Erscheint dies nicht angängig, so läßt sich der General auf keine ernste oder zeitraubende Unternehmung gegen den Platz ein und marschirt dann längs der Küste nach Amiens. Das Detachement Dohna wird unter General Göben gestellt; dagegen tritt die Garde-Dragoner-Brigade unter Befehl des General

---

*) Vergleiche die betreffende Bemerkung im 5. Kapitel.

Bentheim bei Rouen. — Dieser Letztere wird in Berücksichtigung der Verhältnisse die Stadt, im Fall eines Angriffs von Havre oder von Süden her, nicht in Rouen selbst vertheidigen, sondern dadurch, daß er dem Feinde entgegen geht und ihn schlägt. Hierzu ist es nöthig, daß die Hauptkräfte concentrirt bleiben, daß aber mobile Colonnen auf dem südlichen Seine-Ufer und in Richtung auf Havre weit ins Land hinein gehen und dadurch das Terrain bis zur Linie Pont-Audemer—Bernay—Evreux festhalten. Von besonderer Wichtigkeit ist hierbei Evreux wegen der Verbindung mit der 5. Cavallerie-Division. Es ist ferner darauf Bedacht zu nehmen, die dem Feinde nützlichen Eisenbahnen und Telegraphen jenseits Pont-Audemer, Bernay und Evreux, zu zerstören. Dagegen wird unsererseits die Eisenbahn Amiens—Rouen in einigen Tagen hergestellt sein und dann eine vielleicht nöthige Concentration der Armee erleichtern.

Die Bewegungen beider Armee-Corps beginnen morgen früh. Die kommandirenden Generale einigen sich wegen Ablösung der noch auf dem linken Seine-Ufer befindlichen Truppen des 8. Armee-Corps, um Kreuzungen zu vermeiden. Auf den Märschen ist nach wie vor die fortschreitende Entwaffnung des Landes zu bewirken, und deshalb, wo kein Feind entgegensteht, in breiter Front zu marschiren." gez. Manteuffel.

In Folge dieses Armeebefehls wurden Seitens der beiden Armee-Corps folgende Bewegungen angeordnet und in den Tagen vom 10. bis 14. Dezember ausgeführt:

General Bentheim zog die unter General Pritzelwitz bei Vernon stehende combinirte 4. Brigade nach Rouen. Sie traf hier am 13. ein und schob am 14. ein gemischtes Detachement (3 Bataillone, 3 Escadrons, 2 Batterien) in den Rayon von Caudebec an der Seine, Yvetot und Pavilly vor, um nach dem Abzug des 8. Armee-Corps die Beobachtung von Havre zu übernehmen. Die andern 3 Bataillone blieben vorläufig in Rouen, wo auch nach wie vor der größte Theil der 1. Brigade versammelt war; die Corps-Artillerie cantonnirte unter Bedeckung von 2 Bataillonen in den südöstlichen Umgebungen der Stadt. —

Die Beobachtung des Terrains auf dem linken Seine-Ufer fiel der combinirten 2. Brigade (Massow) zu. Sie stand bekanntlich seit dem 9. bei Evreux und erhielt jetzt den Befehl, mit einem

Theil die Beobachtung der Rille-Linie zu übernehmen. Mit dem Gros aber sollte sie nach der Gegend von Elbeuf und Bouille abrücken, um hier an der Seine bereit zu sein, je nach Umständen auf dem rechten oder linken Ufer Verwendung zu finden. —

Am 11. brach Oberst Massow von Evreux auf und erreichte mit dem Gros le Neubourg. Seine zur Beobachtung der Rille bestimmten Truppen unter Oberst Legat marschirten weiter links auf Beaumont, wo die Spitze der Avantgarde Feuer erhielt. Als Oberst Legat nun zum Angriff auf Beaumont vorging, war inzwischen der Feind in Richtung nach Serquigny abgezogen. Eine östlich Beaumont vorgehende Dragoner-Escadron sprengte zwar noch eine auf freiem Felde sich zeigende Infanterie-Linie, mußte aber bei der weiteren Verfolgung umkehren, als sie aus den vom Feinde besetzten Dörfern Bray und Tilleul-Othon Feuer erhielt. Der Verlust der Escadron betrug 1 Offizier, 7 Mann und 10 Pferde. Es verlautete die Anwesenheit feindlicher Mobilgarden in Bernay und Serquigny. Die bei Conches bereits unbrauchbar gemachte Eisenbahn wurde jetzt auch bei Beaumont zerstört. — Am 12. Dezember stieß das Detachement Legat auf dem Marsch nach Serquigny von Neuem auf Widerstand. Der Feind, welcher sich etwa 3 Compagnien stark, in Besitz der dortigen Brücke setzen wollte, wurde mit Verlust zurückgeworfen. Man erfuhr jetzt, daß die anfänglich bis Lisieux zurück gezogenen feindlichen Truppen (angeblich 12,000 Mobilgarden mit 10 Geschützen) wieder nach Bernay vorgerückt waren. — In der That wurden von dorther die mit Sprengung der Eisenbahn bei Serquigny beschäftigten Pioniere und die zu ihrer Deckung aufgestellte Infanterie am 13. Nachmittags $1/_2$ 2 Uhr durch etwa 3 feindliche Bataillone angegriffen. Es entspann sich ein kurzes aber heftiges Feuergefecht, welches nach einer Stunde mit dem Rückzuge des Feindes unter ansehnlichen Verlusten endete. Die Eisenbahnsprengung am Knotenpunkt wurde nun mit Erfolg bewerkstelligt und Nachmittags 4 Uhr auch Brionne besetzt. Unser Verlust betrug 1 Offizier, 14 Mann. Einer am 13. Abends eingehenden Weisung des General Bentheim gemäß näherte sich das ganze Detachement Massow in den folgenden Tagen der Seine und echelonirte sich am 15. auf der Straße von Brionne nach Rouen zwischen St. Denis und la Bouille, mit kleinen Detachements in Elbeuf und Pont de l'Arche. General Bentheim beabsichtigte dadurch, den Feind bei Bernay zum Ueberschreiten der Rille zu veranlassen, um ihm dann mit Ueberlegenheit entgegen zu gehen, ohne sich dabei zu weit von Rouen entfernen zu müssen.

Während dieser Vorgänge beim 1. Armee-Corps hatten folgende Bewegungen beim 8. Armee-Corps stattgefunden: Die 29. Brigade (Bock) war angewiesen worden, nicht längs der Rille, sondern auf dem gradesten Wege von Pont-Audemer nach Rouen zurückzukehren. Sie traf hier am 12. ein und erreichte am 13. la Feuillie, setzte sich also zum Weitermarsch nach Amiens auf die südliche Straße über Gournay; während General Kummer mit der 30. Brigade (Strubberg) die nördliche Straße einschlug und am 13. bei Forges stand. —

Zur vorgeschriebenen Recognoscirung gegen Havre hatte General Göben die 16. Division bestimmt, welche mit Ausschluß der den Detachements Brandenburg und Dohna zugetheilten Bataillone bei Rouen versammelt war. Diese Division trat unter General Göbens persönlicher Leitung schon am 10. Dezember ihren Vormarsch über Maromme an und erreichte am 11. mit ihren Teten die Gegend von Angerville und St. Romain. General Göbens Hauptquartier war in Bolbec. Wir kennen das Resultat der eben hier stattfindenden Recognoscirungen des Detachements Brandenburg. Auch General Göben gewann die Ueberzeugung, daß der Feind Havre vertheidigen wolle und zu diesem Zweck schon die vorgeschobene verschanzte Linie Harfleur—Montivilliers hielt. Ein, wenn auch glücklicher Angriff gegen diese letztere, mußte uns in seinen weiteren Folgen gegen Havre selbst engagiren. Denn ein Abbrechen der Operationen gegen Havre nach einem Angriff auf die vordere Vertheidigungslinie wäre unter allen Umständen mindestens als ein moralischer Erfolg vom Gegner ausgebeutet worden. General Göben beschloß deshalb im Sinne seiner Instruktionen, welche ein zeitraubendes Unternehmen gegen Havre ausschlossen, seinen Bewegungen einen rein recognoscirenden Character zu geben. Er verlegte am 12. sein Hauptquartier nach Fauville und zog seine Truppen allmählig rechts in die Linie Cany—Yvetot, welche sie am 13. erreichten. Nach Yvetot wurde auch die Garde-Dragoner-Brigade dirigirt und an General Bentheims weitere Befehle gewiesen. Mit der 16. Division erreichte General Göben am 14. die Gegend von Dieppe und südlich, wo an diesem Tage auch das Detachement Dohna in den Corpsverband trat.

General Göben beabsichtigte nun in Gemäßheit des Armee-Befehls vom 9. Dezember die Fortsetzung des Marsches nach der Somme, und zwar in zwei Hauptcolonnen auf Abbeville und auf Amiens. —

Die Truppen der I. Armee in der Normandie standen also am 14. Dezember wie folgt:

1. Armee-Corps: 2. combinirte Brigade (Massow) auf dem linken Seine-Ufer zwischen Brionne und Elbeuf; Front gegen die Rille. — Halbe combinirte 4. Brigade (Zglinitzki) und Garde-Dragoner-Brigade (Brandenburg) auf dem rechten Seine-Ufer in der Gegend von Pavilly, Duclair und Yvetot, Front gegen Havre. Das General-Commando mit 1½ Brigaden und der Corpsartillerie in und bei Rouen; hier auch das Oberkommando. —

8. Armee-Corps: 29. Brigade bei la Feuillie, 30. Brigade bei Forges, hier auch General Kummer. 16. Division, Detachement Dohna und Generalkommando in Dieppe und südlich. Die Corpsartillerie unter Bedeckung von 2 Bataillonen bei Victor l'Abbaye (östlich Totes). Alle diese Truppen mit der Front gegen die Somme und im Marsche dorthin. Bevor wir sie auf demselben weiter verfolgen, sind die in der ersten Dezemberhälfte eingetretenen Verhältnisse an der Somme und vor den Ardennenfestungen nachzuholen. —

Neuntes Kapitel.

Ereignisse an der Somme und vor den Ardennenfestungen in der ersten Hälfte des Dezembers. — Ueberfall von Ham, Vorstoß des Generals Faidherbe nach la Fere. — Kapitulation von Montmedy.

Wir beginnen mit einem kurzen Ueberblick der Vorgänge vor den Ardennenfestungen.

Bei Mezieres hatte die vom Oberkommando früher angeordnete Recognoscirung ergeben, daß die Südfront nicht nur wegen der gesicherten Basirung des Angriffs, sondern auch aus örtlichen und tactischen Gründen die geeignetste Stelle zum Angriff sei. Das Sendensche Truppencorps stand nach wie vor in seiner beobachtenden Stellung im Süden. Es fanden nur unerhebliche Zusammenstöße mit einzelnen Franctireurschwärmen statt. Die Aufgabe des Detachements war dadurch erleichtert, daß man den kleinen französischen Belagerungspark nach Sedan geschafft hatte, und also von dessen Bewachung entbunden war.

Die Festung Montmédy war seit dem 7. Dezember mit 10 Bataillonen, 2 Escadrons eng eingeschlossen; während ein kleines Detachement über Sedan die Verbindung mit General Senden aufnahm. Die gegen Longwy aufgestellten 2 Bataillone, 2 Escadrons, 1 Batterie sahen noch ihrer Ablösung durch Truppen des General Löwenfeld entgegen. Am 8. begann, sehr gehindert durch Schneefall und Glätte, der Batteriebau gegen Montmédy, während die Heranschaffung des Belagerungsparks von Thionville in den folgenden Tagen noch fortdauerte. General Kameke hatte sich auch hier für die südliche Angriffsfront entschieden, wollte zunächst mit einem energischen Bombardement vorgehen, traf aber gleichzeitig auch die Vorbereitungen zu einer wirklichen Belagerung für den Fall, daß ersteres nicht zum Ziele führen sollte. Am 12. Dezember konnte die Beschießung beginnen. Zwar wurde sie durch einen dichten Nebel behindert, welcher eine Controle der Schüsse unmöglich machte. Dennoch führte sie schon am 14. zur Kapitulation. 65 Geschütze fielen in unsere Hände; 2500 Mann gingen in Kriegsgefangenschaft. —

Wenden wir uns jetzt nach der Somme:

Bezüglich der dem General Gröben zur Verfügung stehenden Streitkräfte, der ihm ertheilten Instructionen und der Ressortverhältnisse zwischen den drei in Amiens fungirenden oberen Militär- und Civilbehörden haben wir im 5. Kapitel das Nähere angeführt. —

Während die Armee ihre Bewegung nach der Seine ausführte, vervollständigte nun General Gröben im Sinne der erhaltenen Aufträge die Verproviantirung der Citadelle von Amiens und ihre sonstige Bereitstellung zu einer energischen Vertheidigung. Hierzu wurden u. A. auch 4 gezogene französische Geschütze und sonst fehlendes Artillerie-Material aus la Fere herangezogen. Die brodlosen Arbeiter in Amiens, etwa 3000 an Zahl, wurden dadurch beschäftigt, daß man durch sie auf Kosten der Stadt die gegen Süden gerichteten Verschanzungen bei Dury abtragen und einebnen ließ. — Kleinere Detachements von je 1 Kompagnie und 1 Escadron durchzogen und entwaffneten die Ortschaften nördlich der Somme. Andere bewirkten die vom Oberkommando befohlenen Eisenbahnzerstörungen. Diese letzteren waren zwar theilweise schon vom Feinde selbst auf seinem Abzuge nach Norden ausgeführt; sie wurden aber jetzt unsererseits vervollständigt, um ein Wiedervorrücken des Gegners möglichst zu erschweren. So wurden bis zum 3. Dezember drei Eisenbahnbrücken zwischen Arras und Albert gesprengt, auch die über Abbeville führende Eisenbahn wurde unterbrochen. In dieser letzteren kleinen Festung zeigte sich feindliche Infanterie auf den Wällen. Doullens und die dortige Citadelle fand man unbesetzt. Auch nach Arras hin war nichts vom Feinde zu bemerken. Dagegen ergab eine neue Recognoscirung von Peronne, daß der Feind jetzt die umliegenden Dörfer auf beiden Somme-Ufern besetzte und zu befestigen begann. General Gröben stand deshalb mit Recht von einem Handstreich gegen die Festung ab. Aus Englischen Blättern und aus anderen Privatnachrichten schloß er auf eine wieder bevorstehende Offensive der feindlichen Nordarmee von Arras über Peronne. — Dies war die Lage der Dinge beim General Gröben am 6. Dezember. —

Ein größeres Detachement (2 Bataillone, 2 Escadrons, 2 Geschütze) unter Major Bock vom Regiment Nr. 44 hatte am 3. Dezember von Amiens aus eine Expedition nach St. Quentin angetreten und am 4. Ham erreicht. Am 5. setzte Major Bock den Marsch nach St. Quentin fort, wo seine Fouriere mit Steinwürfen und Gewehrfeuer empfangen wurden; während größere Zusammenrottungen dem Detachement den Eintritt in die Stadt verwehren wollten und einen patrouillirenden Ulanen verwundeten. Der Major ließ jetzt die Straße mit zwei Granatschüssen säubern, rückte dann in die nicht weiter vertheidigte Stadt ein und sprengte am 6. mit vollständigem Erfolg die Eisenbahnbrücken bei St. Quentin und 1 Meile weiter nördlich bei Essigny le Petit. Am 7. trat Major Bock den Rückmarsch nach Ham und am 8. von dort über Roye nach Amiens an, wo er am 9. wieder eintraf. — Die in St. Quentin zuerst wieder aufgetretenen Zeichen feindlichen Widerstandes machten sich in den folgenden Tagen (7. und 8.) auch an andere Stellen bemerkbar: in Marieux (zwischen Doullens und Albert) erschienen feindliche Chasseurs und an der Eisenbahn zwischen Albert und Arras versuchte man eine Wiederherstellung der gesprengten Brücke bei Beaucourt. Die Arbeiter flohen aber unter Zurücklassung ihres Handwerkzeuges vor den Preußischen Patrouillen. —

In Folge dessen detachirte General Gröben am 9. Dezember

1 Bataillon, 1 Escadron, 2 Geschütze nach Albert. Von hier aus wurde die nördlich Avelay befindliche steinerne Eisenbahnbrücke mit einer Pulverladung von 3 Centnern vollständig gesprengt. —

Eine andere Recognoscirung führte Rittmeister le Fort mit einer Escadron des Ulanen-Regiments Nr. 7 am 10. und 11. Dezember über Doullens gegen Arras aus. Er erreichte am 10. die Gegend südlich Doullens und entwaffnete am folgenden Morgen widerstandslos diese Stadt. Der weiter gegen Arras recognoscirende Ulanenzug aber erhielt schon diesseits Beaumetz Infanteriefeuer aus mehreren Waldlisieren und brachte die Nachricht mit zurück, Beaumetz sei von 1000 Mobilgarden und zahlreichen Franktireurs besetzt. Am 11. Abends erreichte die Escadron le Fort wieder ihre Cantonnements bei Amiens.

Ein stärkeres Anzeichen erwachender Unternehmungslust auf Seiten des Feindes war der am 9. Dezember erfolgende Ueberfall von Ham. Es arbeitete hier seit dem 7. an Herstellung der Bahnstrecke zwischen Laon und Amiens ein Theil der Feld-Eisenbahn-Abtheilung Nr. 3, unter Bedeckung einer Infanterie-Abtheilung aus la Fère. Wahrscheinlich im Einverständniß mit der Einwohnerschaft rückte plötzlich am 9. Abends 6 Uhr ein feindliches Mobilgardenbataillon mit Cavallerie und 2 Geschützen von Peronne aus in Ham ein. Das kleine Preußische Detachement (Alles in Allem etwa 180 Mann) ganz unvorbereitet überfallen und umzingelt, konnte sich zwar noch größtentheils in das von ihm besetzte Schloß werfen, sah sich aber hier sehr bald dem feindlichen Geschützfeuer gegenüber, zur Kapitulation genöthigt. Nur einige Offiziere und Mannschaften entkamen nach la Fère. — Die Nachricht von dem Ueberfall gelangte am 10. nach Amiens, an demselben Tage auf telegraphischem Wege nach Rouen, von wo aus General Gröben zum sofortigen Einschreiten gegen Ham aufgefordert wurde. Demzufolge und da auch noch die Möglichkeit vorlag, daß sich das Detachement im Schloß hielt, ließ General Gröben am 10. Abends den Hauptmann Luckowitz mit 1 Bataillon, 1 Escadron und 4 Geschützen zum Entsatz abgehen. Als diese Truppen aber am 12. von Ercheur über Esmeron-Hallon gegen Ham vorrückten, geriethen sie bei Eppeville ($^1/_2$ Meile westlich Ham) in heftiges Frontal- und Flankenfeuer, während gleichzeitig stärkere feindliche Abtheilungen sich zu einer Umgehung anschickten. Hauptmann Luckowitz zog sich unter diesen Umständen unter Arrieregardegefecht auf

Roye zurück, um am 13. Amiens zu erreichen. — Als am 13. Mittags die telegraphische Meldung von diesen Vorgängen an das Oberkommando gelangte, wurde General Gröben angewiesen, Ham wieder zu nehmen, sowie auch durch eine Recognoscirung im Rücken von Peronne festzustellen, ob das Unternehmen gegen Ham von jener isolirten feindlichen Festung ausgegangen war, oder ob man es mit der Avantgarde einer wieder vorrückenden feindlichen Armee zu thun habe. In letzterer Auffassung wurde man noch im Laufe des 13. von anderer Seite her bestärkt. —

In Folge der Nachrichten aus Ham hatte nämlich auch Major Mackelbey in la Fere am 11. Dezember Nachmittags eine Compagnie zur Recognoscirung dorthin auf der Eisenbahn vorgesandt. Diese Compagnie erhielt schon beim Dorfe Mennessis (Knotenpunkt der Bahnen nach Ham und nach St. Quentin) Feuer und zog sich nach einem in der Dunkelheit geführten Tirailleurgefecht mit einigen Gefangenen vom 17. französischen Jägerbataillon nach la Fere zurück. Inzwischen hatte das Generalgouvernement Reims 1 Bataillon und 1 Batterie nach la Fere detachirt. Durch dasselbe erfuhr General Rosenberg am 12., der Feind stehe in Stärke von 1 Infanterie-Regiment, 1 Jägerbataillon und Artillerie nur noch 1 Meile von la Fere. Die Reimser Gouvernements-Truppen verblieben in Folge dessen zur Verstärkung der Besatzung in la Fere; und übernahm Oberst Krohn als ältester Offizier einstweilen den Posten als Festungs-Kommandant. Schon an demselben Tage wurde der Telegraph zwischen la Fere und Reims vom Feinde unterbrochen, welcher die westlich und südlich der Festung gelegenen Dörfer des linken Oise-Ufers Travecy, Fargniers u. s. w. besetzte.

In Folge dieser schon am 12. in Versailles eingehenden Nachrichten wurde dort eine Detachirung von Seiten der Maas-Armee über Soissons angeordnet. Ferner wurde General Senden angewiesen, Truppenrequisitionen des General-Gouvernements Reims zu entsprechen, und fuhr am 13. ein Bataillon des Regiments Nr. 19 und eine Batterie von Boulzicourt nach Soissons ab. Auch wurde General Groeben zu einer den Verhältnissen entsprechenden Thätigkeit aufgefordert. Außerdem wurden unterm 13. Dezember nachstehende schriftliche Direktiven an das Oberkommando der I. Armee erlassen:

„Da es nicht in der Absicht liegt, zur Zeit die dauernde

Occupation des ganzen nordwestlichen Theiles von Frankreich aufrecht zu erhalten, es vielmehr zunächst nur darauf ankommt, feindliche Truppenansammlungen im freien Felde zu zersprengen, namentlich aber etwaigen Versuchen des Feindes zum Entsatz von Paris oder zur Störung unserer Verbindungen entgegen zu treten, so haben Se. Majestät der König bestimmt, daß die I. Armee ihre Hauptkräfte in der Richtung auf Beauvais in Marsch zu setzen habe. Rouen ist auch fernerhin mit ausreichenden Kräften besetzt zu halten und von dort aus die Beobachtung des linken Ufers der Seine durch gemischte Detachements fortzusetzen.

Eine Versammlung der Hauptkräfte der I. Armee bei Beauvais gewährt die Möglichkeit einer rechtzeitigen Unterstützung von Rouen und Amiens, sowie einer thatkräftigen Offensive gegen feindliche Corps, welche aus dem Festungsgürtel an der belgischen Grenze vorbrechen könnten.

Es muß hiernach der I. Armee für die nächste Zeit vornämlich die Aufgabe zufallen, den Rücken der Maas-Armee zu decken, wobei, nachdem die momentane Situation sich geklärt haben wird, eine erneuerte Vorschiebung der Hauptkräfte von Beauvais auf Amiens nicht ausgeschlossen bleibt.

gez. Moltke."

Zehntes Kapitel.

Koncentrirung des größeren Theils der I. Armee nach Amiens.
(13. bis 22. Dezember.)

Die in Rouen eingegangenen Nachrichten über die Vorgänge bei Ham und la Fère deuteten zunächst auf keine Absichten des Feindes gegen Amiens, wohl aber auf eine bevorstehende Bewegung gegen Paris und gegen die Verbindungen der I. Armee.

Diese Auffassung theilte auch General Groeben. Folgende Wahrnehmungen seiner Detachements im Laufe des 13. Dezember (am 14. von Amiens nach Rouen gemeldet) standen damit im Einklang:

Durch eine Recognoscirung von Albert gegen Bapaume brachte

man in Erfahrung, daß in der vergangenen Nacht (vom 12. zum 13.) 10,000 Mann feindlicher Truppen von Arras her Bapaume passirt hatten und daß dieser letztere Ort von 1500 Mann besetzt war. An demselben Tage (13. Dezember) führte eine von Westen her in der Richtung nach Peronne vorgehende Recognoscirung unter Major Heinichen zu einem für uns glücklichen Rencontre bei Foucaucourt (zwischen Chaulnes und Bray). Das von einigen Hundert Mann feindlicher Infanterie besetzte Dorf wurde in der Mittagsstunde nach hartnäckiger Vertheidigung genommen, worauf der Feind unter dem Schutz des Nebels nach Peronne abzog. Die Dörfer in der Richtung dorthin waren stark besetzt. Feindliche Truppenversammlungen sollten bei Peronne, Ham und St. Quentin stattfinden und zwar sollten bis jetzt 15,000 Mann bei Ham und St. Quentin, 5000 andere mit zwei so eben von Arras gekommenen Batterien in Peronne vereinigt sein. Das Detachement Heinichen ging am 13. nach la Motte zurück. — Eine gleichfalls am 13. unternommene Recognoscirung von Amiens gegen Abbeville überzeugte sich davon, daß die Eisenbahnzerstörungen bei Longpre und Caucourt vom Feinde noch nicht wieder hergestellt waren; dagegen erhielt man aus dem Dorfe Liercourt starkes Tirailleurfeuer. Die Besatzung von Abbeville, hieß es, sei in den letzten Tagen durch etwa 2 bis 3000 Mobilgarden und Marinesoldaten aus Boulogne verstärkt worden.

Die Hauptbewegung des Feindes schien also von Arras über Bapaume, Peronne und Ham, sowie auf den weiter östlich führenden Straßen (Cambrai—St. Quentin u. s. w.) vor sich zu gehen, und zwar in der Richtung nach Paris.

Zu einer wirksamen Gegen-Diversion von Seiten der I. Armee waren zunächst verfügbar die Groeben'schen Truppen in der Gegend von Amiens und die mit ihren beiden Brigaden damals bei Forges und la Feuillie stehende 15. Division (Kummer). Nach Eingang der Nachrichten von la Fere wurde am 13. Nachmittags in Rouen folgendermaßen über diese Streitkräfte disponirt:

Was zunächst General Groeben betrifft, so erwähnten wir gegen Ende des vorigen Kapitels der am 13. Mittags an ihn ergangenen Aufforderung, Ham wieder zu nehmen. Als der General hierauf telegraphirte, er werde in Rücksicht auf die augenblicklichen Detachirungen erst am 16. mit versammelten und ausgeruhten Truppen zu dieser Expedition antreten können, so ertheilte das Oberkommando seine Zustimmung und fügte hinzu: „der Abmarsch der Truppen habe nur in solcher Stärke zu geschehen, daß Amiens gesichert bleibe; mit der am 17. oder 18. bei Montdidier zu erwartenden 15. Division sei dabei Verbindung aufzunehmen."

General Groeben meldete darauf, er könne, ohne die Sicherung von Amiens zu gefährden, nur 2 Bataillone, 4 Escadrons und 1 Batterie zu dieser Operation verwenden; ein Detachement in der genannten Stärke werde am 17. Roye erreichen.

Der gleichfalls am 13. Nachmittags an General Kummer erlassene Befehl schrieb demselben vor, er möge seine Division so schnell, als es die Aufrechthaltung der Schlagfertigkeit zuließ, nach Montdidier conzentriren. Von hier aus möge er im Verein mit General Groeben das weitere Vorgehen des Feindes hindern oder gegen seine Flanke und Rücken operiren. Bis zum Eintreffen des General Goeben von Dieppe her, habe General Kummer den Oberbefehl über seine eigenen und General Groebens Truppen zu führen.

In Folge dieses Befehls meldete General Kummer unterm 14. Folgendes: Er werde mit der 30. Brigade heute die Gegend zwischen Formerie und Grandvilliers, am 15. Grevecoeur, am 16. Breteuil, am 17. Montdidier erreichen. Die 29. Brigade werde nach ihren vorangegangenen anstrengenden Märschen vom linken Seine-Ufer her am 14. bei la Feuillie ruhen, am 15. nach Gournay, am 16. nach Marseille, am 17. nach Breteuil marschiren und sich am 18. bei Montdidier mit der 30. Brigade vereinigen.

Nach diesen am 13. Nachmittags an die Generale Groeben und Kummer erlassenen Befehlen und den von ihnen erstatteten Meldungen war man also in der Lage, sich am 18. in der ersten Linie mit 15 Bataillonen, 2 Cavallerie-Regimentern und 5 Batterien von Roye, Montdidier und Breteuil aus gegen die rechte Flanke des erwarteten feindlichen Vormarsches nach Paris zu wenden, oder auch die Vorbewegung nach der Somme fortzusetzen.

Was nun die übrigen hierbei in Betracht kommenden Streitkräfte betrifft, so wußte man vom General Goeben, daß er von Dieppe aus mit der 16. Division am 17. Dezember Abbeville zu erreichen gedachte. Seine Corpsartillerie sollte auf der großen Straße über Forges und Poix am 18. in der Gegend von Amiens eintreffen. Vom 19. ab war also auch General Goeben bereit, zu weiteren Operationen über die Somme vorzugehen.

General Lippe endlich hatte unterm 11. mitgetheilt, daß er auf Befehl des Oberkommandos der Maas-Armee nach Beauvais abrücken und stärkere Detachements in Gisors und Clermont etabliren werde. In Folge der Vorgänge bei la Fere wandten sich aber seine Hauptkräfte (2 Bataillone, 2 Cavallerie-Regimenter und 1 Batterie) am 13. nach Compiegne, während bekanntlich ein anderes Detachement der Maas-Armee (1 Infanterie-Regiment, 1 Escadron und 1 Batterie) auf der Eisenbahn nach Soissons dirigirt wurde. — Es waren also überall die Vorbereitungen getroffen, einem weiteren Vorrücken des Feindes auf Paris entgegenzutreten, oder sich seiner Flanke und Rücken anzuhängen.

Inzwischen gingen am 14. Dezember die am Schluß des vorigen Kapitels mitgetheilten Directiven aus Versailles beim Oberkommando in Rouen ein. In Folge derselben erließ General Manteuffel am genannten Tage einen gleichlautenden Befehl an die Generale Goeben, Bentheim und Groeben. Nach vorangehender Uebersicht der Nachrichten vom Feinde und der an die Armee jetzt herantretenden Aufgaben wurden darin folgende Bestimmungen getroffen:

„1. General Groeben läßt 3 Bataillone der 3. Brigade, die beiden zu dieser Brigade gehörenden Batterien und ein Cavallerie-Regiment als Besatzung in Amiens, setzt sich mit den übrigen Bataillonen und den nun heranzuziehenden Regimentern der 3. Cavallerie-Division*) und der reitenden Batterie am 16. von Amiens nach Roye in Marsch, wo er die weiteren Befehle vom General Goeben erhalten wird.

2. Die 15. Division bleibt in ihrem Marsch auf Montdidier.

3. Die 16. Division marschirt nicht auf Amiens, sondern direct nach Beauvais und ist zu melden, wenn sie dort eintrifft.

4. In der Aufgabe des General Bentheim wird nichts geändert. Ihm verbleibt die Garde-Dragoner-Brigade.

---

*) Bisheriges Detachement Dohna.

5. Kommandant von Amiens und zugleich Befehlshaber des dortigen Truppen-Detachements bleibt General Mirus."**)

gez. Manteuffel.

Hinsichtlich der Generale Groeben und Kummer änderte also dieser Befehl nichts in den bisherigen Anordnungen. Nur den unter General Goebens spezieller Führung marschirenden Truppen war jetzt die den Versailler Directiven entsprechende Richtung nach Beauvais angewiesen.

General Goeben erhielt den Befehl in der Nacht vom 14. zum 15. in Dieppe. Er setzte sich in Folge dessen am 16. über Neufchatel in Marsch, um am 18. mit den Teten seiner Streitkräfte (16. Division und Corpsartillerie) die Gegend von Beauvais zu erreichen.

General Kummer, welcher mit seiner Tetenbrigade am 16. in Breteuil eintraf, beschloß nun, seinen Vormarsch derartig zu beschleunigen, daß am 18. Dezember die 30. Brigade Roye besetzen, die 29. zwischen Roye und Montdibier stehen sollte.

General Lippe, dessen Gros, wie wir wissen, am 13. nach Compiegne gezogen war, schob auf Befehl seines Oberkommandos nun auch die Detachements in Gisors und Beauvais mehr nach Osten, und zwar ging am 16. Dezember ersteres nach Beauvais, letzteres nach Clermont. Von Clermont aus sollte die Verbindung mit Compiegne und mit den Truppen der I. Armee bei Amiens, sowie auch eine Cooperation mit letzteren vermittelt werden.

In Folge dieser Rechtsschiebung der Division Lippe wurde das 1. Armee-Corps, dessen linker Flügel bisher bei Elbeuf gestanden hatte, unterm 17. Dezember angewiesen, die Besetzung von Gisors zu übernehmen und von hier aus die Verbindung mit Beauvais zu erhalten. Im Uebrigen hatten sich die Verhältnisse beim 1. Armee-Corps seit dem 14. wie folgt gestaltet:

Wir wissen aus dem 8. Kapitel, daß General Bentheim seine Truppen von der Rille zurückgenommen hatte, um in Verbindung mit ihnen einen größeren Schlag gegen den von Bernay her erwarteten Feind zu führen. Er conzentrirte hierzu am 15. (einschließlich des bisherigen Detachements Massow) 11 Bataillone,

---

*) Der zuerst als Kommandant fungirende Oberst Busse hatte sich nach Eintreffen des General Memerty in Amiens zum 1. Armee-Corps nach Rouen begeben, um nun die Führung der 2. Brigade zu übernehmen.

5 Escadrons, 8 Batterien zwischen Elbeuf, Grand-Couronne und la Bouille und verlegte sein Hauptquartier nach Elbeuf. Auf dem rechten Seine-Ufer kommandirte General Pritzelwitz. Es standen unter ihm: General Zglinitzki mit 3 Bataillonen, 4 Escadrons und 2 Batterien im Abschnitt Duclair—Barentin, Front gegen Havre; dann rechts anschließend General Brandenburg mit 1 Bataillon, 5 Escadrons, 2 Batterien. Dieser beobachtete von der Linie Pavilly—Cleres aus die Gegend nach Dieppe. Am 14. fand man die Vorposten des feindlichen Corps von Havre auf halbem Wege zwischen Harfleur und St. Romain. Ein bei Caudebec vor Anker gegangenes Kriegsschiff setzte Truppen ans Land, welche Geschütz- und Gewehrfeuer auf unsere Patrouillen richteten. Am 15. war zwar Alles wieder verschwunden und bis über Caudebec, Yvetot und Yerville hinaus nichts vom Feinde zu bemerken; am 17. aber wurden die Vorposten bei Duclair von Neuem durch feindliche Kanonenboote belästigt.

Am 16. trat General Bentheim mit der 1. Division seinen Vormarsch auf dem linken Seine-Ufer an und erreichte mit dem Gros Bourgtheroulde, mit der Avantgarde St. Denis des Monts. Die gegen den Rille-Abschnitt vorgehenden Patrouillen fanden Montfort und die Gegend weiter südlich frei vom Feinde, dagegen die Höhen des linken Rille-Ufers hinter Brionne stark besetzt. Die Erwartung, eine Entscheidung im Terrain zwischen Seine und Rille herbeizuführen, war also für diesmal nicht in Erfüllung gegangen. Die Nachrichten vom rechten Seine-Ufer machten eine weitere Entfernung der 1. Division von Rouen nicht räthlich; auch war die Verwendung der Spezial-Waffen durch das immer coupirter werdende Terrain wesentlich behindert. General Bentheim beschloß deshalb, seine Truppen wieder nach Rouen zurückzunehmen. Er ließ sie am 17. dorthin abrücken und etablirte seine Vertheidigungslinie auf dem linken Seine-Ufer zwischen Grande-Couronne und Pont de l'Arches. In derselben verblieb Oberst Massow mit dem Regiment Nr. 1, einer Escadron und einer Batterie. — Am 19. setzte sich das für Gisors bestimmte Etappenkommando, ($^1/_2$ Bataillon, 1 Escadron) dorthin in Marsch und führte zugleich die reitende Batterie der Brigade Brandenburg der Maas-Armee wieder zu. Die Garde-Dragoner-Brigade selbst verblieb im Verbande der I. Armee, und wurde auch die bisher in Chantilly stationirte Escadron über Gournay zur Brigabe herangezogen. Wir verlassen einstweilen die Truppen an der Seine in dieser Situation und wenden uns jetzt nach Osten.

Hier war inzwischen ein Vorgehen des Feindes über la Fere hinaus nicht erfolgt. Ob man in Folge der deutscher Seits getroffenen Gegenmaßregeln davon Abstand nahm, ob jene Diversion nur ein weiteres Vorschreiten unserer Operationen in der Normandie hindern sollte, oder ob man eine Maskirung andrer Absichten damit bezweckte, das bleibt dahin gestellt. Nach dem Werk des General Faidherbe, welcher inzwischen das Kommando der französischen Nordarmee übernommen hatte, habe man sich überzeugt, daß la Fere durch Handstreich nicht zu nehmen sei und schon am 14. den Beschluß gefaßt, gegen Amiens zu marschiren. Wie dem auch sei, abgesehen von dem kleinen Erfolge bei Ham, blieb die Operation nach la Fere für den Feind erfolglos. Da nämlich wie wir sehen werden, ein Vorstoß gegen Amiens jener Diversion nicht unmittelbar folgte, so hatte letztere vorzeitig auf die wieder von Norden drohende Gefahr aufmerksam gemacht und uns Zeit gegeben, die für alle Fälle berechneten Vorkehrungen zu treffen.*)

Die unmittelbar nach dem 14. Dezember in Rouen eingehenden Nachrichten gewährten zunächst noch kein klares Bild von den Absichten des Gegners. Einerseits erfuhr man von la Fere, daß seit dem 14. die ganze dortige Gegend wieder frei vom Feinde war. Die feindlichen Truppen, welche am 12. in Stärke von 5000 Mann mit 18 Geschützen der Westfront der Festung gegenüber Stellung genommen hatten, waren am 13. in zwei Colonnen wieder abmarschirt, die eine angeblich über Moy, die andere über Chauny auf Noyon. Einer ferneren am 15. eingehenden Mittheilung zufolge sollte die reorganisirte Nordarmee in drei Colonnen und in Stärke von etwa 36,000 Mann auf Abbeville und Amiens vorrücken. Fernere 20,000 Mann, hieß es, ständen bei Lens nördlich Arras; auch bei S. Omer sollen sich ansehnliche Kräfte sammeln; die von Gambetta angeordnete

---

*) Es ist hier übrigens General Faidherbes Ansicht zu berichtigen, der Abmarsch des 8. Armee-Corps aus der Normandie sei erst in Folge der Ereignisse von Ham und la Fere beschlossen. Wir verweisen in dieser Hinsicht auf den vor dem Ueberfall von Ham erlassenen Armee-Befehl vom 9. Dezember (8. Kapitel.)

„levée en masse" im Lande, gehe jetzt mit unleugbarem Erfolge von Statten.

An demselben Tage erfuhr man in Rouen auch das Resultat der am 13. befohlenen, am 14. unternommenen Recognoscirungen von Albert im Rücken von Peronne. Eine der dorthin entsendeten Patrouillen war auf der Straße Albert—Bapaume bei le Sars auf feindliche Tirailleurlinien gestoßen, eine andere dagegen ungehindert bis an die Straße Bapaume—Peronne vorgedrungen. Beide bestätigten übereinstimmend die Fortsetzung der bereits gemeldeten Truppenmärsche von Cambrai und von Arras nach Süden. Die von Arras kommenden Colonnen fuhren angeblich auf der Eisenbahn bis Achiet le grand, einem nördlich der zerstörten Stelle bei Avelay gelegenen Punkt, und marschirten dann über Bapaume nach Peronne. Ferner hatte der Detachements-Commandeur in Domart an der Luce, Major Troschke, am 14. nach Roye patrouilliren lassen. Man fand diesen Ort vom Feinde, hauptsächlich zwar nur von Cavallerie, besetzt; starke Bivouaksfeuer waren südöstlich des Orts bemerkbar.

Der Eindruck, welchen man aus Zusammenstellung aller dieser Nachrichten in Rouen gewann, war der einer noch in der Ausführung begriffenen Conzentration der feindlichen Armee hinter der Somme unter dem Schutz von Peronne. Ob den feindlichen Truppen bei Roye schon die Bedeutung einer vorgeschobenen Avantgarde oder wieder nur einer bloßen Diversion beizumessen war, wohin überhaupt die weitere Richtung der feindlichen Operationen gehen werde, das ließ sich am 15. und 16. Dezember noch nicht übersehen.

Am 16. Dezember gegen Abend erschien im Hauptquartier zu Rouen der deutsche Präfect von Amiens mit einem Schreiben von General Groeben. Es ging daraus hervor, wie der General es nach seiner Auffassung der Situation für richtig erachtet hatte, nur die Citadelle mit $^1/_2$ Bataillon, den Festungsartilleristen und Pionieren besetzt zu behalten, mit allen übrigen Truppen aber am 16. früh von Amiens abzurücken, um sich mit der 15. Division bei Montdidier zu vereinigen. Man ersah zugleich daraus, daß der Armeebefehl vom 14. December damals noch nicht in die Hände des Generals gelangt war. In Folge des Abmarsches der Truppen hatten auch die General-Etappen-Inspection und die in Amiens eingesetzte deutsche Civilbehörde die Stadt verlassen. Erstere war mit ihrer Kriegskasse und dem Fuhrenpark nach Conty gegangen, letztere hatte sich mittelst Eisenbahnzuges nach Rouen begeben.

Die Möglichkeit einer vorübergehenden Aufgabe von Amiens war zwar in den dem General Groeben ertheilten Weisungen nicht ausgeschlossen. Aus moralischen und politischen Gründen legte man aber beim Oberkommando Werth auf eine möglichst dauernde Festhaltung der deutschen Occupation daselbst. Amiens sollte also nicht um jeden Preis vertheidigt, die Truppe nicht für diesen Zweck geopfert werden; man wollte aber den dortigen Besitzstand nicht ohne zwingende militairische Gründe alterirt sehen. Ohne solche konnte das Abrücken sämmtlicher Truppen aus Amiens nach Süden, wenigstens in den Augen der Gegner, leicht den Anschein einer etwa durch die allgemeinen Verhältnisse gebotenen unfreiwilligen Räumung annehmen. Man weiß aber, wie geneigt die Franzosen zu derartigen Kombinationen waren und wie dann jeder oft unbedeutende Umstand sie erregte und moralisch stärkte.

Der Oberbefehlshaber hielt es daher für geboten, die hier augenblicklich eingetretene Sachlage sogleich wieder in den bisherigen Stand der Dinge zurückzuführen; und zwar wo möglich noch bevor Amiens von feindlichen Truppen besetzt war, wenn nöthig aber auch mit Waffengewalt.

Bei der Dringlichkeit der Sache wurden noch am 16. Abends zwei berittene Ordonnanzoffiziere mit Bedeckungskommandos von Rouen abgesendet: Der Eine ritt direct nach Breteuil (13 Meilen in der Luftlinie), der Andere fuhr auf der Eisenbahn bis Forges und ritt dann auch nach Breteuil. Beide trafen hier, wie vorweg bemerkt wird, fast gleichzeitig am 17. Morgens $7^{1}/_{2}$ Uhr beim General Kummer ein, welcher bekanntlich bis zu General Goeben's Ankunft den Oberbefehl in dortiger Gegend führen sollte. Das ihm von den beiden Offizieren überbrachte gleichlautende Schreiben des Oberkommandos enthielt folgende Anordnungen: General Mirus*) sollte unverzüglich zur Wiederbesetzung von Amiens abmarschiren, und zwar nach General Kummer's Ermessen mit 3 Bataillonen, oder wenn jetzt nöthig mit der ganzen Infanterie

---

*) Durch Armee-Befehl vom 14. Dezember zum Truppencommandeur in Amiens designirt, weil er bis zum Eintreffen des von Se. Majestät dem Könige ernannten Kommandanten die Kommandanturgeschäfte in Amiens bereits seit einiger Zeit versah.

der 3. Brigade, außerdem 1 Cavallerie-Regiment und 2 Batterien. Dem General Groeben fiel jetzt wieder das Kommando der Cavallerie-Division zu, welche bei Eintreffen der beiden Regimenter unter General Dohna in ihrem alten Bestande zusammenzutreten hatte.

Der 17., 18. und 19. Dezember.

Die bis zum 17. Morgens in Rouen eingehenden Nachrichten bestätigten von allen Seiten her übereinstimmend den Rückzug des Feindes nach der Somme; auch die Abtheilung in Roye hatte sich wieder abgezogen. Feindliche Diversionen auf dem südlichen Somme-Ufer dauerten indessen fort; am 15. hatte eine französische Escadron unser Lazareth in Quesnel aufgehoben. Ebenso unzweifelhaft war das anhaltende Vorrücken bedeutender feindlicher Streitkräfte von Norden nach der Gegend von Peronne. —

General Manteuffel hatte in Folge der Versailler Directiven vom 13. anfänglich beabsichtigt, sein Hauptquartier nach Beauvais zu verlegen. Da indessen die neuesten Mittheilungen und Vorgänge den ganzen Schwerpunkt der Situation in das Somme-Departement verlegt hatten, so beschloß der Oberbefehlshaber, sich jetzt selbst dorthin zu begeben. Vor seinem Abgang nach Rouen telegraphirte er am 17. Vormittags Folgendes an General Moltke:

„Die Stellung bei Beauvais sollte nach Ew. Excellenz Directiven genommen werden, um die Pariser Nordcernirung zu schützen, und eventuell auf Rouen und Amiens vorzustoßen. Letzteres tritt heute in den Vordergrund. Ich dirigire deshalb die 16. Division nicht auf Beauvais, sondern so, daß meine Hauptkräfte auf der Linie Breteuil—Montdidier stehen werden, wodurch Umwege für die Truppen vermieden werden und sie mehr à portée sind sowohl für Amiens, als für die weitere Offensive nach Norden."

In der Mittagsstunde ritt der Oberbefehlshaber mit seinem Stabe und der Escadron Plötz des 1. Garde-Dragoner-Regiments von Rouen ab, nahm sein Hauptquartier in le Heron *) und erließ von hier aus am 17. Nachmittags, dem obigen Telegramm entsprechend, folgenden Befehl:

„Nach den gestern und heute eingegangenen Nachrichten hat

---

*) Schloß im Andelle-Thal nahe der Straße von Rouen nach Gournay, der alten Familie Pommereur gehörig.

der Feind sein Vorrücken in der Richtung auf Paris nicht fortgesetzt, vielmehr die Gegend von Laon, la Fere, Roye geräumt und sich über Ham hinter die Somme zurückgezogen, wo er sich durch Zuzüge über Arras in der Gegend von Peronne zu formiren scheint. Zu den weiteren Operationen der I. Armee ist zunächst deren Concentration erforderlich und bestimme ich deshalb, was folgt: Die 15. Division formirt sich in und nördlich Montdidier, wartet hier die Versammlung des 8. Armee-Corps ab und nimmt Verbindung mit dem Detachement des General Lippe in Compiegne auf. Ein isolirtes Engagement der Division mit dem Feinde ist zu vermeiden. Die 16. Division geht nicht in der Richtung auf Beauvais weiter, sondern nimmt aus ihren jetzigen Marschquartieren die Richtung auf Breteuil resp. Conty." (Hinsichtlich der 3. Infanterie-Brigade und 3. Cavallerie-Division blieb es bei der vorerwähnten Anordnung vom 16. Abends).

Am 18. Dezember gegen Abend erreichte General Manteuffel nach einem Ritt von 7 Meilen Marseille, am 19. Breteuil. Aus den hier theils vorgefundenen, theils erst eingehenden Meldungen und Nachrichten ergab sich folgende bis zum 19. Dezember eingetretene Sachlage:

1. Das Gröbensche Truppenkorps, welches am 16. Ailly erreichte, hatte am 17. den Marsch nach Montdidier fortgesetzt, wo an diesem Tage auch das Gros der 15. Division eintraf. General Kummer hatte inzwischen den Befehl des Oberkommandos erhalten, welcher die alsbaldige Besetzung von Amiens vorschrieb und traf nunmehr folgende Anordnung: „General Mirus bricht mit 5 Bataillonen, 4 Escadrons, 2 Batterien am 18. in aller Frühe über Ailly nach Amiens auf, welches unter allen Umständen noch an demselben Tage erreicht werden muß. Der Eintritt ist, wenn nöthig, mit Waffengewalt zu erzwingen. Demnächst sind weite Recognoscirungen in nördlicher Richtung über Amiens hinaus vorzutreiben."

Dieser Befehl wurde ausgeführt. General Mirus rückte, ohne Widerstand zu finden, am 18. in Amiens ein.

Hier hatte sich inzwischen die Einwohnerschaft ziemlich ruhig verhalten; die französischen Civilbehörden hatten selbst durch Plakate zur Ruhe und Besonnenheit ermahnt; insbesondere auf Respectirung der zurückgebliebenen Lazarethe gedrungen*). Nur einige Hundert Arbeiter, welche sich in anscheinend feindseliger Absicht vor der Citadelle sammelten, mußten durch Flintenschüsse vertrieben werden. Im Uebrigen schien die Ankündigung des Citadellen-Kommandanten Hauptmann Hubert, er werde bei Eintritt von Feindseligkeiten gegen die Citadelle zum Bombardement schreiten, ihren Eindruck nicht verfehlt zu haben. Am 17. Nachmittags zeigten sich von Osten her in der Richtung nach Pont les Metz feindliche Truppen; eine Escadron war an ihrer Tete. Der Commandant ließ 6 Granatschüsse dorthin abgeben, worauf der Feind sich zurückzog. — Am 18. in der Mittagstunde wurden von Neuem feindliche Truppenmärsche, diesmal auf den Straßen von Poullainville und Rainneville gemeldet. Die Citadelle richtete dorthin 5 Granatschüsse, der Feind zog in nördlicher Richtung ab. — Andererseits war am Vormittag eine nach Longeau (Dorf südlich Amiens) entsandte Patrouille dort von feindlichen Truppen beschossen worden. Wurde also die Stadt zwar von keinem feindlichen Soldaten betreten, so konnte man doch aus allen Anzeichen entnehmen, daß der Feind beabsichtigt hatte und nahe daran gewesen war, sich ihrer zu bemächtigen. **)

General Mirus ließ nach seinem Einrücken Recognoscirungen in verschiedenen Richtungen vorgehen; die deutsche Präfectur übernahm wieder ihre Functionen.

2. Von Seiten der 15. Division hatte eine Avantgarde der 30. Brigade unter Oberst Loë am 17. Nachmittags Roye besetzt und war hier mit dem Sächsischen Ulanen-Regiment Nr. 18 in Verbindung getreten. Dasselbe gehörte zu einem von der Division Lippe aus Compiegne vorgeschobenen Detachement unter General Krug (bestehend aus 2 Bataillonen, den Ulanen-Regimentern Nr. 17 und 18 und 1 Batterie), welches am 17. Noyon und Roye erreichte und Cavallerie-Abtheilungen nach Ham und Nesle vorgehen ließ. Durch diese und durch die vom Oberst Loë entsendeten Patrouillen erfuhr man, daß am 15. und 16. Dezember feindliche Truppen von Nesle nach Chaulnes marschirt waren; von Roye war der

---

*) Wegen dieses lobenswerthen Verhaltens der Einwohnerschaft erließ ihr der Oberbefehlshaber eine vom Citadellen-Commandanten auferlegte Contribution.

**) Nach dem Faidherbe'schen Werke recognoscirten am 18. die Generale Faidherbe und Farre in eigener Person von den Höhen bei der Vorstadt Noyon aus.

Feind gleichfalls nach Chaulnes gegangen. Am 17. früh hatten dann 1 Bataillon Fußjäger und einige Mobilgardencompagnien Chaulnes in der Richtung nach Amiens verlassen; die Patrouille des Oberst Loë wurde von diesen Truppen noch in Chaulnes beschossen. Es hieß jetzt allgemein, die feindliche Nordarmee sei längs der Somme im Vormarsch auf Amiens. In Folge dieser Meldungen schob General Kummer am 18. die 30. Brigade von Montdidier bis in die Gegend von Davenescourt an der Avre vor; während die 29. Brigade Montdidier erreichte. Da sich aber diesseits der Somme keine weiteren Bewegungen des Feindes bemerkbar machten, so blieb General Kummer am 19. Dezember in der Aufstellung zwischen Montdidier und der Avre und erwartete, wie es der Armeebefehl vorschrieb, das Anrücken der übrigen Theile des 8. Armee-Corps. Die 3. Cavallerie-Division mit Ausschluß des beim General Mirus befindlichen Ulanen-Regiments Nr. 7 hatte zuerst bei Montdidier zusammentreten sollen. In Folge der Nachrichten vom Feinde war sie aber gleichfalls nach Norden geschoben worden und stand am 19. rechts vorwärts der 15. Division in der Gegend von Arvillers, Bouchoir, le Quesnel und Hangest. 1 Bataillon, $\frac{1}{2}$ Escadron der 30. Brigade waren in Roye.

3. General Goeben war aus seiner bisherigen Marschrichtung nach Beauvais am 18. links abgeschwenkt und erreichte am 19. mit der 16. Division die Gegend von Conty, mit der Corpsartillerie Breteuil. General Goebens Hauptquartier war in Ailly.

Die General-Etappen-Inspektion befand sich mit ihren schwachen Bedeckungstruppen bekanntlich seit dem 16. in Conty. Als am 18. Morgens starke Franktireur- und Mobilgardenschaaren von Poix her vordrangen, sah sich General Malotki zum weiteren Abzug nach Breteuil genöthigt. An demselben Tage wurde aber der Feind in Poix durch das Vorrücken der 16. Division veranlaßt, sich seinerseits nach Abbeville zurückzuziehen.

Im Großen und Ganzen stand also am 19. Dezember das 8. Armee-Corps im Viereck Conty—Moreuil—Montdidier—Breteuil; rechts und links vorgeschoben: die 3. Cavallerie-Division bei Quesnel, General Mirus in Amiens; ein kleines Detachement in Roye. Oberkommando und General-Etappen-Inspektion in Breteuil.

4. Da der Feind unzweifelhaft uns an Zahl überlegene

Streitkräfte hinter der Somme versammelte, der I. Armee aber nach wie vor die Festhaltung von Rouen oblag, so wünschte General Manteuffel die Heranziehung der 14. Division zur Armee und eine fernere bloße Beobachtung von Mezieres durch das an Infanterie schwächere Detachement Senden. Er hatte dies nach dem Fall von Montmédy in Versailles zur Sprache gebracht. Man entschied sich aber dort nach Erwägung aller Verhältnisse für die **Belagerung von Mezieres durch die 14. Division**, deren Tete am 19. bei Boulzicourt eintraf; dagegen wurde das **Detachement Senden** vom 19. ab zur I. Armee in Marsch gesetzt. Nach der aus Versailles vorgeschriebenen Marschroute sollte es über Marle am 25. Dezember bei St. Quentin eintreffen, auch seine nach Laon detachirten Abtheilungen heranziehen.

5. Außerdem wurde der I. Armee eine unter Prinz Albrecht Sohn neu zusammentretende Garde-Cavallerie-Brigade (Garde-Husaren-, 2. Garde-Ulanen-Regiment und 1 reitende Batterie) überwiesen, welche am 22. Dezember bei Beauvais eintreffen sollte.*)

6. Vom Feinde ging außer den bereits mitgetheilten Meldungen folgende wichtige Nachricht am 19 in Breteuil ein:

Aus Versailles wurde telegraphisch mitgetheilt, ein Theil der feindlichen Nordarmee unter Faidherbe sei am 16. bei St. Quentin conzentrirt worden; seine Armee stehe nach Heranziehung der letzten Mobilisirten aus Lille jetzt mit 62,000 Mann im Felde.

Andere Nachrichten bezifferten die Stärke des dem 1. Armee-Corps gegenüberstehenden Feindes bei Havre auf 40,000 Mann

Schon bei Grevecoeur auf dem Marsch zwischen Marseille und Breteuil hatte der Oberbefehlshaber eine persönliche Begegnung mit General Goeben gehabt und war dabei ein näheres Heranschieben der Armee nach Amiens für zweckmäßig erachtet worden. Der eben dargestellte Ueberblick der Dinge in Breteuil, insbesondere die aus den Meldungen der 15. Division zu entnehmende Westschiebung der feindlichen Armee, mußte in dieser Auffassung bestärken. Da die nach der Somme hin dirigirten Armeetheile unter General

---

*) Eine weitere Verstärkung war der I. Armee dadurch zugedacht, daß ihr wieder 8 mobile Landwehr-Bataillone zu Besatzungs- und Etappenzwecken überwiesen werden sollten. Das bevorstehende Eintreffen dieser Truppen über la Fere wurde bereits angesagt. Es kam aber vorläufig nicht dazu. Die 8 Bataillone wurden vielmehr nach dem südlichen Elsaß dirigirt, wo die Verhältnisse damals eine vermehrte Truppenentfaltung geboten.

Goebens Befehl gestellt waren, so ersuchte der Oberbefehlshaber diesen Letzteren, am folgenden Tage die Besatzung von Amiens mit noch einer Brigade zu verstärken, alle übrigen Truppen aber je nach seiner Beurtheilung der Sachlage näher an die Somme heran zu schieben.

Der 20. und 21. Dezember.

General Goeben ließ dem zufolge am 20. Dezember folgende Bewegungen ausführen:

Die 16. Division ging mit der 32. Brigade nach Amiens, mit der 31. nach Sains und Boves. Die 15. Division rückte an die Luce vor, stand mit einer Brigade bei Demuin, mit der anderen bei Rosieres und patrouillirte nach der Somme. Die Corpsartillerie kam nach Ailly, Moreuil und den zwischenliegenden Dörfern. Die 3. Cavallerie-Division ging nach Chaulnes und Lihons und recognoscirte nach Norden und Osten.

Die Generale Manteuffel und Goeben verlegten am 20. ihr Hauptquartier nach Amiens; gleichzeitig traf auch der von Seiner Majestät dem Könige neu ernannte Kommandant General Ruville in Amiens ein. An Stelle des bisherigen Somme-Präfecten, welcher seine Geschäfte als Armee-Indendant wieder übernahm, trat Graf Lehndorf-Steinort in Function; die Präfectur in Rouen erhielt der Kreishauptmann Pfuel.

Während sich das 8. Armee-Corps in der eben angegebenen Weise Amiens und der Somme näherte, ließ General Mirus am 20. früh ein gemischtes Detachement unter Major Bock (1 Bataillon des Regiments Nr. 44, etwas Kavallerie und 2 Geschütze) auf der Straße nach Albert recognosciren. Das von der Citadelle beherrschte freie Terrain wurde ungehindert durchschritten. Als man sich aber durch die Waldungen südlich Allonville der Gegend von Querrieux näherte, wurde das Detachement von sehr überlegenen feindlichen Kräften umfassend angegriffen und mußte sich unter Verlust von etwa 50 Todten und Verwundeten und einigen Vermißten heftig verfolgt nach Amiens zurückziehen. Ohne daß es gelungen war, bis an die feindliche Hauptstellung heranzukommen, konnte man sie doch jetzt im Terrain zwischen der Somme und der Hallue vermuthen.

Auf dem rechten Ufer des erstgenannten Flusses wurde in der That die feindliche Vorpostenlinie bis auf eine starke halbe Meile an die Citadelle von Amiens herangeschoben. Da man hiernach einer feindlichen Offensive binnen Kurzem entgegensehen konnte, so war eine genaue Controle der Somme-Uebergänge von besonderer Wichtigkeit. General Mirus besetzte die rechts und links der Citadelle gelegenen Vorstädte St. Pierre und St. Maurice, die Stadt-Brücke und den Uebergang von la Motte. Die Beobachtung der Somme unterhalb Amiens fiel der 16., die oberhalb der Hallue-Mündung der 15. Division, und der 3. Cavallerie-Division zu.

Weitere Recognoscirungen im Laufe des 21. Dezembers ergaben Folgendes: Der Feind hatte Truppenmassen bei Corbie. Er hielt die Somme-Linie von Bray bis Corbie und hatte auf dieser Strecke alle größeren Brücken abgebrochen; über die stehen gebliebenen Mühlen- und Schleusenstege aber Vorposten vorgeschoben. Auch von Peronne aus waren kleinere Trupps auf das linke Somme-Ufer detachirt. In der Richtung auf Albert standen die feindlichen Vorposten westlich der Gehölze von Querrieu und Allonville den unsrigen gegenüber. Auf den weiter westlich gelegenen Straßen nach Doullens und Abbeville hin war dagegen nichts vom Feinde zu bemerken.

Die Nähe der feindlichen Armee und ihre von allen Seiten übereinstimmend auf 60,000 Mann angegebenen Stärke, ließ jetzt kaum noch eine andere Deutung zu, als die Absicht einer Wiedergewinnung von Amiens. General Goeben wurde deshalb am 21. Nachmittags angewiesen, die Truppen im Laufe des folgenden Tages um Amiens zu conzentriren. Dabei sollte die Linksschiebung der 15. Division und der 3. Cavallerie-Division in angemessener Weise maskirt werden.

Der 22. Dezember.

Diese Bewegungen kamen am 22. Dezember zur Ausführung. Die Armee stand jetzt in und um Amiens auf dem linken Somme-Ufer massirt:

Das Detachement Mirus in Amiens; die 16. Division ebendaselbst und in den südwestlich gelegenen Ortschaften; die 15. Division in Camons und südlich, hinter ihr die Corpsartillerie. Das Jägerbataillon Nr. 8 in Villers-Bretonneur, in dortiger Gegend auch die combinirte Kavallerie-Brigade Dohna zur Beobachtung von Corbie und der oberen Somme. Die I. Armee stand also mit 5 Infanterie-Brigaden und der Cavallerie-Division bei Amiens conzentrirt. Ihr gegenüber die feindliche Nordarmee hinter der Somme und Hallue; das Hauptquartier des General Faidherbe angeblich seit dem 18. Dezember in Corbie. Ungeachtet seiner nicht zu bezweifelnden Ueberlegenheit verharrte der Feind bis jetzt in passiver Haltung und beschäftigte sich, wie man erst später erfuhr, mit Vervollständigung seiner Position.

Auf dem rechten Somme-Ufer zwischen Amiens und Querrieux und auf dem linken zwischen Corbie und Villers-Bretonneux befanden sich aber die beiderseitigen Vorposten in ziemlich naher Berührung.

Eilftes Kapitel.

Die Schlacht an der Hallue.

Vorangehende Erwägungen und Anordnungen.

Wir haben im vorigen Kapitel die Konzentrirung der zunächst verfügbaren Truppen bei Amiens verfolgt. Die unerwartete Stärke des feindlichen Heeres machte es aber unter allen Umständen wünschenswerth, auch unsererseits soviel Streitkräfte, als möglich, in Thätigkeit zu bringen. — Vor näherem Eingehen auf die dahin zielenden Anordnungen und die dann weiter folgenden Entschlüsse, ist es nöthig, die übrigen mit darauf einwirkenden Verhältnisse ins Auge zu fassen.

In Uebereinstimmung mit den Directiven vom 13. Dezember für die I. Armee waren unterm 17. allgemeine Directiven für die Operationen in Frankreich vom großen Hauptquartier in Versailles erlassen worden. Wir stellen sie als Bild der damaligen Kriegslage und der zur Zeit maaßgebenden Anschauungen voran. Sie lauteten: „Die allgemeinen Verhältnisse machen es nothwendig, die Verfolgung des Feindes nach erfochtenem Siege nur so weit fortzusetzen wie erforderlich, um seine Massen der Hauptsache nach zu zersprengen und deren Wiederversammlung auf längere Zeit unmöglich zu machen. Wir können ihm nicht bis in seine letzten Stützpunkte wie Lille, Havre und Bourges folgen, nicht entfernte Provinzen, wie die Normandie, Bretagne oder Vendee dauernd besetzt halten wollen, sondern müssen uns entschließen, selbst gewonnene Punkte wie Dieppe event. auch Tours wieder zu räumen, um unsere Hauptkräfte an wenigen Hauptpunkten zu conzentriren.

Diese sind möglichst durch ganze Brigaden, Divisionen oder Corps zu besetzen. Von ihnen aus wird die nächste Umgegend, durch mobile Kolonnen von Franctireurs zu säubern sein; an ihnen warten wir ab, bis die feindliche Bewaffnung sich wieder in formirten Armeen verkörpert, um diesen durch eine kurze Offensive entgegen zu gehen.

„Dadurch wird unseren Truppen voraussichtlich die Ruhe eine Zeit lang gewährt werden, deren sie bedürfen, um sich zu erholen, ihre Ergänzungsmannschaft und Munition heranzuziehen, ihren Bekleidungszustand herzustellen.

„Seine Majestät der König haben hiernach das Nachstehende befohlen:

„Für die fernere Deckung der Cernirung von Paris wird gegen Norden die Hauptmacht der I. Armee bei Beauvais (später wenn die Eisenbahnen für größere Truppentransporte nutzbar gemacht werden können, bei Creil) zu versammeln sein. Besetzt zu halten sind Rouen, Amiens und St. Quentin und wird für letzteren Punkt die Division Senden demnächst abrücken. Das linke Seine-Ufer wird von der I. Armee aufgegeben. Dagegen ist dieser Strom bis Vernon zu bewachen.

„Gegen Westen ist nach Beendigung der jetzt noch im Gange befindlichen Verfolgung die Armee-Abtheilung des Großherzogs bei Chartres zu versammeln, starkes Detachement in Dreux.

„Gegen Süden conzentrirt sich die Hauptmacht der II. Armee bei Orleans. Sie giebt den Besitz des Landes am linken Loire-Ufer auf und beschränkt sich auf Beobachtung gegen den Cher. Zu behaupten sind dagegen, wenn nicht Tours, so doch Blois und Gien. Uebergänge oberhalb möglichst zu zerstören.

„Die hier genannten Hauptpunkte sind von den betreffenden Centralstellen im Falle eines Angriffs voraussichtlich rechtzeitig zu unterstützen, jedenfalls die aus denselben vertriebenen Abtheilungen behufs erneuten Vorgehens aufzunehmen ꝛc. ꝛc."

gez. Moltke.

Werfen wir im Anschluß hieran einen Blick auf die damalige Sachlage bei Rouen. Seit dem Abgang des Oberkommandos hielt General Bentheim mit der 1. Division Rouen und auf dem linken Seine-Ufer neuerdings wieder die Aufstellung la Bouille—Elbeuf—Pont de l'Arches. Auf dem rechten stand gegen Havre und Dieppe nach wie vor General Pritzelwitz mit der 4. Brigade

und Garde-Dragoner-Brigade in der Linie Duclair—Barentin—
Cleres; die Corpsartillerie jetzt westlich Rouen bei Maromme.
Kleine Infanterie Detachements mit einigen Kavalleristen bewachten
die Bahnhöfe in Buchy und Forges. In dieser allgemeinen Aufstellung war es General Bentheims Absicht, einem etwaigen Vorstoß
des Feindes von Havre her offensiv entgegenzugehen, auf dem
linken Ufer aber nur die obige retirirte Aufstellung zu behaupten.
Fortgesetzte Recognoscirungen auf beiden Seine-Ufern ergaben zwar
noch keine Annäherung des Feindes; es blieb bis jetzt bei einzelnen
Plänkeleien zwischen Preußischen Patrouillen und Mobilgarden auf
dem linken Seine-Ufer.

Die Gegend von Brionne und Bernay einerseits, die vorgeschobene Vertheidigungslinie von Havre andererseits waren aber
nach wie vor vom Feinde stark besetzt und eine gemeinsame Offensive beider feindlichen Heeresabtheilungen gegen Rouen war über
kurz oder lang um so mehr zu erwarten, als sie noch ganz besonders
durch die örtlichen Verhältnisse begünstigt wurde. Denn während
die Verbindung zwischen beiden Seine-Ufern für die Preußischen
Truppen auf dem Uebergangspunkt von Rouen beschränkt blieb,
gebot der Feind mittelst seiner zum Theil gepanzerten Kriegsdampfer
über die Schifffahrt auf der Seine, belästigte mit derselben wieder-
holentlich unsere Truppen auf dem rechten Ufer und konnte frei
zwischen beiden Ufern communiziren. *)

An und für sich lag also in den Verhältnissen von Rouen
keineswegs eine Aufforderung, die dortigen Streitkräfte zu ver-
mindern. Die augenblickliche Situation bei Amiens und der Inhalt
der Directiven vom 17. Dezember rechtfertigten aber den bereits
am 21. gefaßten Beschluß, 6 Bataillone auf der Eisenbahn von
Rouen zur Verstärkung nach Amiens heranzuziehen. Zur Vor-
bereitung dieser Transporte war am 21. ein Eisenbahnbeamter von

---

*) Es mag hier kurz erwähnt werden, wie General Bentheim gegen die
angegebenen Uebelstände möglichste Abhülfe traf. Er ließ nämlich bei Duclair
die hier über 900 Fuß breite und zur Ebbezeit 35 Fuß tiefe Seine durch Ver-
senkung mehrerer Schiffe sperren, was zur der bekannten Beschwerde Englands
Veranlassung gab. Zur Beherrschung dieser Stelle wurde eine Batterie bei la
Fontaine etablirt und war seitdem den feindlichen Kriegsschiffen hier der
weitere Zugang verwehrt. Um eine überraschende Annäherung des Feindes
auch zu Lande von Havre her zu hindern, ließ General Bentheim außerdem
die Eisenbahnbrücke bei Yvetot sprengen.

Amiens nach Rouen abgegangen. Freilich wurden dadurch die Truppen an der Seine bis auf 13 Bataillone reduzirt. Dagegen konnte General Bentheim im Sinne der neuesten Directiven jetzt ganz von weiteren Detachirungen auf dem linken Seine-Ufer entbunden werden. Rouen selbst blieb festzuhalten. Müßte indessen — ein nicht erwarteter, aber immerhin möglicher Fall — die Stadt vor feindlicher Uebermacht vorübergehend aufgegeben werden, so sollte General Bentheim nicht auf Paris abziehen, sondern in Richtung auf Beauvais oder Marseille den Anschluß an die I. Armee suchen. Man hoffte, durch solche Flankenoperation dann auch den Feind von Paris abzulenken, wenn er ja Miene machte, über Rouen dorthin vorzustoßen.

Soweit die Weisungen an General Bentheim, welche eine wirksame Verstärkung an Infanterie bei Amiens in Aussicht stellten. Wir bemerken hier gleich vorweg, daß der angeordnete Transport wegen der immer noch unvollkommenen Bahnbetriebsmittel nicht mit der gewünschten Schnelligkeit von Statten ging. Im Laufe des 22. Dezembers trafen nur 2 Bataillone des Regiments Nr. 3 in Amiens ein; die anderen 4 Bataillone folgten am 23. und 24.

Nächst den Truppen aus Rouen war eine directe Mitwirkung in den bevorstehenden Tagen nur von der Garde-Cavallerie-Brigade Prinz Albrecht zu erwarten, welche am 22. bei Beauvais eintraf. Sie erhielt telegraphischen Befehl, sich am 23. nach Amiens in Marsch zu setzen und am 24. daselbst einzutreffen. — Diesem Telegramm folgte eine schriftliche Auseinandersetzung der Sachlage bei Amiens. Es wurde dabei empfohlen, einem Theil der Brigade beim Vormarsch die Richtung über Moreuil anzuweisen, um das Terrain nach der Somme hin aufzuklären, welche von der Hallue-Mündung oberhalb in Händen des Feindes sei. Auch möge dabei Verbindung mit den Detachements Senden und Lippe nach Noyon und Ham hin aufgenommen werden.

Was nämlich diese beiden letztgenannten Truppencorps anbetrifft, so war General Senden am 21. aufgefordert worden, seinen Vormarsch nach Möglichkeit zu beschleunigen. Er telegraphirte darauf am 22. früh aus seinem Marschquartier Montcornet, er werde statt am 25. bereits am 24. in St. Quentin eintreffen. General Senden wurde nun angewiesen, die Operationen der Armee durch einen Vorstoß in Richtung nach Peronne zu sekundiren, seinen Rückzug nöthigenfalls nach Noyon oder nach la Fere zu nehmen.

Dem General Lippe endlich, (welcher seit dem 21. mit 1 Cavallerie-Brigade, ½ Bataillon und 1 Batterie in Beauvais und mit gemischten Detachements in Compiegne und Clermont stand) wurde telegraphirt, es sei zur Unterstützung der Operationen bei Amiens ein Vorgehen seinerseits am 24. bis Ham erwünscht.

Nach diesem Ueberblick der Streitkräfte, wie sie für die bevorstehende Entscheidung bei Amiens direct oder indirect in Betracht kamen, versetzen wir uns jetzt in das Hauptquartier des Oberkommandos am 22. Dezember Vormittags. — Es fand hier, wie damals vor der Novemberschlacht, eine Berathung über den jetzt zu fassenden Entschluß statt, zu welcher der Oberbefehlshaber die Generale Goeben und Sperling und den Oberst Wartensleben berufen hatte.

Bei dem fortdauernd passiven Verhalten des Feindes hätte sich unter anderen Umständen auch die I. Armee mit defensiver Festhaltung der Stellung von Amiens begnügen können, deren Zugang bei der Beschaffenheit der Somme und wegen der von uns besetzten Citadelle überaus schwierig war.

Sehr gewichtige Gründe sprachen aber gegen ein solches Verfahren. Einmal legte der Oberbefehlshaber großes Gewicht auf das moralische Element. Ein mehrtägiges Verharren in der jetzigen Aufstellung, die Duldung einer feindlichen Armee in so drohender und unmittelbarer Nähe der wichtigen Stadt Amiens konnte bei der damaligen allgemeinen Lage nicht ohne Einfluß auf die Stimmung des feindlichen Landes bleiben und mußte das Siegesgefühl der eigenen Armee herabstimmen. Außerdem drängte, wie man weiß, die Rücksicht auf Rouen zu einer baldigen Entscheidung. Ließ man nämlich durch Zögern bei Amiens dem Feinde an der Seine Muße zur Verabredung und Ausführung gemeinsamer Offensive, so konnte in der Zwischenzeit das durch Detachirungen geschwächte 1. Armee-Corps gleichzeitig von Havre und Bernay angegriffen und vielleicht zum Aufgeben von Rouen genöthigt werden.

Ganz abgesehen also davon, daß auch der Gegner an der Somme sich bei längerem Abwarten noch täglich verstärken konnte, schloß schon jene Rücksicht auf Rouen ein Heranziehen der Sendenschen Truppen über St. Quentin nach Amiens aus. So stand denn von vornherein der Entschluß fest, im Geiste der ganzen bisherigen Kriegführung und bei unbedingtem Vertrauen auf die größere Solidität unserer Truppen, mit der Minderzahl die Offensive zu ergreifen. Aber es gab verschiedene Wege.

Ein Angriff von Süden her über das schwerzupassirende Somme-Thal schien kaum angängig, hätte auch, wenn die Somme vor der Front der feindlichen Hauptstellung lag, im Fall des Gelingens den Feind nur in seiner natürlichen Rückzugsrichtung zurückgedrängt. Es blieb noch die Wahl zwischen zwei Alternativen: Entweder Rechtsabmarsch von Amiens unter Festhaltung der Citadelle, um nach demnächstigem Anschluß der Division Senden den Feind von Osten her anzugreifen; oder: Debouchiren über Amiens hinaus gegen die rechte Flanke des Feindes.

Hinsichtlich der beiden letztgenannten Angriffsarten waren die Ansichten diesmal getheilt. Bei einem Angriff von Osten her schienen die Operationen der I. Armee sicherer basirt und stand dabei ein Kräftezuwachs zur Schlacht zu erwarten. Ein solcher war aber auch auf feindlicher Seite nicht ausgeschlossen und es ließ sich dabei ein vorübergehendes Aufgeben der Stadt Amiens nicht wohl vermeiden. Wurde dagegen vorwärts über Amiens hinaus zur Offensive vorgegangen, so konnte die Stadt unbedenklich mit geringerer Garnison im Rücken gelassen werden. Nach genauer Erörterung und Erwägung aller dieser Verhältnisse entschied sich der Oberbefehlshaber für die letzte Alternative.

Bei der eben vorangegangenen Berathung war es mit zur Sprache gekommen, daß die feindliche Position hinter der Hallue ebensowohl nur die Flanke einer Hauptstellung hinter der Somme bilden, als auch die Hauptstellung selbst sein konnte. Unter diesem Gesichtspunkt wurde der allgemeine Angriffsplan auf den 23. zunächst mündlich dahin verabredet und festgestellt:

General Goeben sollte mit dem 8. Armee-Corps und 3 Regimentern der Cavallerie-Division auf den nach der Hallue führenden Straßen vorgehen. Seine rechte Flügel-Division würde den Feind wo möglich über die Hallue zurückwerfen und ihn dann unter Behauptung dieses Abschnittes in der Front festhalten, die auf der Straße nach Acheux vorgehende linke Flügel-Division nebst der Cavallerie sollte auf die in der dortigen Richtung vermuthete rechte Flanke des Feindes drücken und sie zu umgehen suchen. Mit den übrigen Truppen in Reserve wollte der Oberbefehlshaber je nach Umständen eingreifen.

Dieser mündlichen Verabredung gemäß wurde am 22. Nachmittags folgender Armee-Befehl erlassen:

„Wir treten morgen den Marsch gegen den dicht vor uns stehenden Feind an. Der I. Armee habe ich nicht nöthig, Weiteres zu sagen."

Ich befehle demgemäß wie folgt:

1. Das 8. Armee-Corps nebst der 3. Cavallerie-Division beginnt den Vormarsch morgen früh 8 Uhr. General Goeben hat seine Instructionen erhalten. Das 8. Armee-Corps sorgt für die nöthige Zahl von Brücken oberhalb und unterhalb der Stadt.
2. Zu meiner Reserve bestimme ich das Regiment Nr. 3, 5 Bataillone der 3. Brigade mit deren beiden Batterien und ein Cavallerie-Regiment. *)

   Von dieser Reserve steht ein Detachement, bestehend aus dem von Rouen her eingetroffenen Regiment Nr. 3, einer Escadron und einer Batterie um 10 Uhr bei la Motte brebiere. **) Die 5 Bataillone der 3. Infanterie-Brigade, 3 Escadrons und eine Batterie, treten unter General Mirus um 11 Uhr von Amiens aus an, und stellen sich südlich des Gehölzes in der Höhe von Ferme les Allenbons (an der Straße nach Querrieux) verdeckt auf.
3. Es bleiben in Amiens zur Verfügung des Kommandanten:
   a, die Besatzung der Citadelle,
   b, das Etappen-Bataillon,
   c, die als Bataillon formirten Fußkranken des 8. Armee-Corps,
   d, die von morgen früh an eintreffenden Bataillone des 1. Armee-Corps. ***)
4. Die Bagagen sind bis auf weiteren Befehl nicht über die Somme mitzunehmen.
5. Truppenkreuzungen innerhalb der Stadt sind zu vermeiden.
6. Ich marschire mit dem Teten-Bataillon des Detachements Mirus, wo mich bis auf Weiteres die Meldungen treffen".

gez. Manteuffel.

---

*) Es war das Ulanen-Regiment Nr. 5

**) Somme-Uebergang halbwegs zwischen Amiens und der Hallue-Mündung.

***) Diese wurden aber auf das Schlachtfeld gezogen.

Das nach la Motte bestimmte Detachement hatte zunächst folgende Instruktion erhalten:

„Das Detachement besetzt morgen früh 10 Uhr den Uebergang von la Motte brebiere mit dem Auftrag, ihn gegen einen Vorstoß des Feindes vom rechten Somme-Ufer festzuhalten, sich selbst aber gegen ein Vorgehen des Feindes auf dem linken Somme-Ufer zu sichern. Wo möglich ist eine Artillerie-Stellung auf dem linken Ufer zu nehmen, um von dort aus bei einem Angriff unserer Truppen den Feind zu flankiren. Das Detachement hat sich aber keinenfalls in weiterführende Gefechte zu verwickeln, sondern nur den Uebergang festzuhalten. Es bleibt so lange dort stehen, bis es direkten Befehl vom Oberkommando erhält."

gez. Sperling.

Das Resultat der am 22. getroffenen Anordnungen und der Entschluß, zur Offensive überzugehen, wurde am Abend telegraphisch nach Versailles gemeldet.

Die am 22. wiederholten Recognoscirungen bestätigten im Wesentlichen die früheren Wahrnehmungen. Alle Somme-Uebergänge zwischen Pont St. Christ (südlich Peronne) und Becquemont an der Hallue-Mündung waren bis auf einige Fußgängerstege zerstört und vom Feinde besetzt. Die feindliche Linie zog sich dann längs der Hallue von Becquemont über Querrieux bis Beaucourt; vorgeschobene Abtheilungen zeigten sich im Walde bei Allonville und bei St. Gratien.

Der 23. Dezember.

Die seit Mitte Dezember milder gewordene Witterung war nach dem 20. allmählig wieder in Frost übergegangen. So brach der 23. Dezember mit 8 Grad Kälte, aber mit klarem windstillen Wetter an.

Früh 8 Uhr überschritten die 15. Division, die reitende Abtheilung der Corpsartillerie und die Cavallerie-Brigade Dohna die Somme auf den oberhalb Amiens geschlagenen Brücken bei Camons und la Neuville. Die Truppen rückten dann auf der Straße nach Albert und in dem rechts derselben gelegenen Terrain vor. Da sich die Brücke bei Neuville senkte, hatte sich das Debouchiren etwa um eine Stunde verzögert. Das Jägerbataillon war angewiesen worden, bis 9 Uhr Morgens Corbie gegenüber zu bleiben; es zog sich nun gleichfalls über la Motte heran und nahm auf dem äußersten rechten Flügel die Richtung gegen den Dorfcomplex von

Becquemont und Daours. Die 16. Division und die Fußbatterie der Corpsartillerie gingen durch Amiens vor. Sie waren von General Goeben angewiesen, die Straße nach Rainneville und Pierregot einzuschlagen, und sich demnächst rechts gegen die feindliche Flanke zu wenden. Die Brigade Dohna (Cürassier-Regiment Nr. 8 und Ulanen-Regiment Nr. 14) unterhielt einstweilen die Verbindung im Terrain zwischen beiden Divisionen. Oberstlieutenant Pestel mit dem Ulanen-Regiment Nr. 7 streifte gegen Abbeville, um Amiens auch nach dortiger Richtung hin zu sichern. Er stand während des 23. bei Picquigny, und beobachtete mit vorgeschobenen Abtheilungen die bei Longpre und in andern Ortschaften sich zeigenden feindlichen Truppen. General Goeben selbst befand sich bei der 15. Division.

Um 11 Uhr folgte von Amiens der Oberbefehlshaber an der Tete der Reserve auf der großen Straße nach Albert. Der Uebergang von la Motte war in der befohlenen Weise besetzt worden.

Wir haben bei einer früheren Gelegenheit bemerkt, wie das Terrain auf dem rechten Somme-Ufer nördlich Amiens zuerst vollkommen übersichtlich ist und weithin von der Citadelle beherrscht wird. Eine Meile weiter in der Richtung nach Albert ziehen sich einige Gehölze von mäßiger Ausdehnung über die Straße. Eine Viertel Meile vor Querrieux wird aber das Plateau wieder ganz frei und fällt in sanften Abhängen zur Hallue ab, einem an sich unbedeutenden, aber von nassen Wiesen begleiteten Bache, welcher im Allgemeinen nur auf den Uebergängen in den zahlreichen Ortschaften zu überschreiten ist. Diese letzteren bilden zum Theil auf beiden Ufern sich gegenüberliegende Dorfcomplexe. Der jenseitige östliche Thalrand der Hallue steigt stetig und theilweise sogar steil zu bedeutender Höhe an. Von dort aus wird die westliche, also die damalige Anmarschseite der Preußischen Truppen überall entschieden dominirt. Hinter jenen östlichen Thalrändern, zwischen der oberen Hallue und dem weiter östlich von Daours in die Somme mündenden Encre-Bach erstreckt sich ein breites meist übersichtliches und wenig durchschnittenes Plateau bis in die Gegend von Albert.

Der Feind hatte im westlichen Vorterrain der Hallue nur geringe Vortruppen. Mit ihrer vorderen (Avantgarden-) Linie hielt die Französische Armee *) die Dörfer an der Hallue, insbesondere die am östlichen Ufer stark besetzt. Nach den später gemachten Gefangenen zu urtheilen standen hier ihre besten Truppen. Hinter dieser von Daours bis Contay 1½ Meilen langen Linie standen in großen Massen die Reserven auf den Höhen des östlichen Thalrandes. Theils waren sie hinter dem Hange placirt, theils füllten sie die Schützengräben vor den auf der ganzen Linie eingeschnittenen Batterien; letztere großentheils mit schweren und weittragenden Marinegeschützen armirt.

Die 15. Division warf bei ihrem Vorrücken die schwachen

---

*) Anlage Nr. 3 enthält die einer Cambraier Zeitung entnommene ordre de bataille der Französischen Nordarmee Ende Dezember; sie stimmt ziemlich genau mit den etwas späteren Angaben eines belgischen Blattes überein. Die Armee zählte danach in 3 Divisionen etwa 57 Bataillone, eine sehr schwache Cavallerie und eine unbestimmte Zahl von Batterien. Diese Angaben sind indessen auf Grund des Faidherbeschen Werkes dahin zu ergänzen: Schon in den der Schlacht an der Hallue vorangehenden Tagen hatte sich die Nordarmee in 2 Corps, das XXII. und XXIII. formirt, deren jedes 2 Divisionen zu je 2 Brigaden zählte. Das XXII. Corps befehligte General Lecointe; unter ihm die 1. Division General Derroja, die 2. General Bessol. Das XXIII. Corps unter General Paulze d'Ivoy enthielt als 1. Division die bisherige 3. des Admiral Moulac; als 2. eine neu formirte Mobilgarden-Division unter General Robin. Das XXII. Corps hatte 6, das XXIII. angeblich 5 Batterien, außerdem wohl noch die schweren Positionsgeschütze. In den Tagen vor der Schlacht stand das XXII. Corps längs der Hallue von Daours bis Contay; das XXIII. stand mit der Division Moulac in und um Corbie, mit der Division Robin bei Albert und südöstlich zur Deckung der Eisenbahn von Arras nach Corbie. Detachements in Bray sur Somme. In Folge des Vorrückens der Preußischen Armee wurde die Stellung folgendermaßen besetzt: Division Moulac auf den Höhen von Daours und Bussy, Division Bessol gegenüber Pont Noyelles und Frechencourt, dann rechts anschließend die Division Derroja bis Contay. Hinter dem XXII. Corps die Division Robin in der Gegend von Behencourt. — Nach General Faidherbe's Werk will er kein besonderes Gewicht auf Festhaltung der Ortschaften an der Hallue gelegt haben, eine Angabe, welcher der Verlauf des Tages einigermaßen widerspricht. Mag auch die anfängliche Stärkeangabe der Faidherbeschen Armee auf 60,000 Mann übertrieben gewesen sein, so muß sie nach vorstehenden Angaben in 4 completten Divisionen doch mindestens zwischen 45—50,000 Mann betragen haben. Rechnen wir Preußischerseits sämmtliche aus Rouen heranbeorderten Bataillone, auch die erst nach der Schlacht gekommen mit hinzu, so ergiebt sich (unter Berücksichtigung der damaligen geringen Ausrückestärke der Bataillone) für die Preußische Armee an der Hallue eine Combattantenzahl von wenig mehr als 20,000 Mann.

feindlichen Vortruppen zurück und erreichte mit ihren Teten um 11 Uhr den Hallue-Abschnitt. Sie fand Querrieux vom Feinde geräumt, das gegenüber liegende Dorf Pont-Noyelles aber, ebenso auch die Dörfer Bussy und Daours stark besetzt. Ferner zeigten sich feindliche Truppen in einem bastionartig vorspringenden Gehölz auf dem hohen Thalrande nördlich von Pont-Noyelles; Batterien fuhren auf dieser das Vorterrain weithin beherrschenden Höhe auf. Während sich ihnen gegenüber die Preußische Artillerie auf dem westlichen Thalrande etablirte, ging die 29. Brigade (Bock) zum Angriff gegen den Abschnitt vor. Ein hartnäckiger Kampf entspann sich um die Ortschaften, wobei dem Feinde von Corbie her fortwährend neue Truppen zuzogen. Pont-Noyelles, dann auch Bussy wurden von der Brigade Bock genommen.

In der Mittagsstunde war der Oberbefehlshaber auf der Höhe südlich des Waldes von Allenbons eingetroffen. Weiter zurück stand in der vorgeschriebenen Stellung die Reserve unter General Mirus. Um 1 Uhr erschien hier der Chef des Generalstabes 8. Armee-Corps Oberst Witzendorff, mit der Meldung, daß Pont-Noyelles genommen sei. Er bat zugleich um Unterstützung für den rechten Flügel bei Daours. In diesem sorgfältig verschanzten, von feindlichen Mobilgarden, Linientruppen und Matrosen vertheidigten Dorfe wüthete nämlich ein stundenlanges blutiges Gefecht, in welches demnächst aber das über la Motte anrückende Jäger-Bataillon erfolgreich eingriff. Oberst Loë kommandirte die hier fechtenden Preußischen Truppen.

Der Punkt von Daours, auf der graden Straße von Corbie nach Amiens, wo eine nicht zerstörte Brücke auch über die Somme führt, war offenbar von besonderer Wichtigkeit. Da nun beim günstigen Fortgang des Gefechts gegen die Hallue das Detachement bei la Motte dort entbehrlich geworden war, so beauftragte der Oberbefehlshaber den Major Lewinski vom Generalstabe, jenes Detachement jetzt nach Daours zu führen. In Vertretung des mit dem letzten Bataillon noch von Rouen her erwarteten Regiments-Kommandeurs sollte Major Lewinski einstweilen das Kommando übernehmen und die unter Oberst Loë fechtenden Truppen bei der Wegnahme von Daours unterstützen. Um 3 Uhr erreichte Major Lewinski die Gegend von Daours und griff sofort in das dortige Gefecht ein. Er zog zunächst seine Geschütze vor und zwang in kurzer Zeit die feindliche Artillerie auf dem jenseitigen

Thalhang, unter großem Verlust an Pferden und Mannschaften, zum Abzug. Seine beiden Bataillone behielt er einstweilen geschlossen, um als Reserve für die im Häuserkampf aufgelösten Bataillone des Obersten Loë zu dienen. Nach blutigem Kampfe fiel Daours zwischen 3 und 4 Uhr Nachmittags ganz in unsere Händen. Von den nördlich gelegenen Höhen aus belästigte aber die feindliche Infanterie noch fortwährend die Dorflisiere mit Kugeln großen Kalibers aus den weittragenden Amerikanischen und Tabatiere-Gewehren. Da hierdurch eine geordnete Besetzung der Lisiere genirt wurde, so versuchte Major Lewinski gegen 4¼ Uhr mit seinen beiden Bataillonen über Daours hinaus vorzugehen. Die feindliche Stellung auf dem unmittelbar hinter dem Dorfe hoch aufsteigenden östlichen Thalrand war aber zu stark. Man überzeugte sich bald von der Unmöglichkeit, hier ohne große Opfer weiter vordringen zu können. Der beabsichtigte Vorstoß ging deshalb nicht über die Dorflisiere hinaus.

Wir wenden uns nach dem Centrum zurück. Vom Standpunkt des Oberbefehlshabers auf der Höhe östlich des Waldes von les Allenbons übersah man den größten Theil des Schlachtfeldes des 15. Division. Die bereits erwähnte, westlich Frechencourt auf dem feindlichen Ufer vorspringende Waldhöhe hinderte aber den weiteren Ueberblick nach dem Terrain der 16. Division.

Die außerordentliche Stärke der feindlichen Stellung hinter Pont-Noyelles ließ — auch abgesehen von dem höheren Befehl, welcher in der Front nur ein Festhalten des Feindes vorschrieb — einen Angriff hier nicht räthlich erscheinen. Dagegen hoffte General Kummer, durch eine Linksschiebung jene bastionartige Waldhöhe umfassen zu können und dabei zugleich in nähere Verbindung mit der 16. Division zu treten. General Kummer hatte bis jetzt noch die 30. Brigade (Strubberg) in Reserve gehalten. Er zog jetzt 2 Bataillone derselben nach Querrieux, um nöthigenfalls die Truppen in Pont-Noyelles zu unterstützen. Dem General Strubberg aber gab er Befehl, mit dem Rest seiner Brigade nach Frechencourt abzurücken. Der Feind war eben im Begriff, mit Massen dorthin herabzusteigen. Es gelang indessen dem General Strubberg, das Dorf vor dem Feinde zu erreichen und gegen dessen Angriffe zu behaupten.

Die bastionartige Waldhöhe aber erwies sich auch von dorther unangreifbar. Sie war mit dichtbesetzten Schützengräben und

Geschützemplacements umgeben; steile Bergabsätze erschwerten das Vorgehen. Nach einem kurzen aber vergeblichen Versuch mußte davon Abstand genommen werden. So war der Hallue-Abschnitt von Daours bis Frechencourt in unsern Händen; die 15. Division war aber jetzt ohne eigene Reserve auf dieser ganzen, 1 Meile langen Linie auseinandergezogen.

Von der 16. Division hatte General Goeben noch keine Nachricht. Nach 2 Uhr schien ihm indessen deren Einwirkung sich bemerkbar zu machen. Bewegungen des Feindes nach seinem rechten Flügel deuteten darauf hin. — In Folge der Meldungen über diese Sachlage zog der Oberbefehlshaber die Reserve weiter vor, um sie sowohl zur Unterstützung der 15. Division, wie auch zu einem Offensivstoß zur Hand zu haben, falls sich die Eindrücke bestätigten. Der Oberbefehlshaber begab sich jetzt mit seinem Stabe zum General Goeben nach der Windmühlenhöhe von Querrieux.

Während dieser Vorgänge auf dem rechten Flügel und im Centrum hatte sich die 16. Division auf General Goebens Befehl von Rainneville gegen Beaucourt gewendet. Die feindlichen Vortruppen wichen auch hier überall zurück. Der Hallue-Abschnitt wurde erreicht und die an ihm gelegenen Ortschaften und Localitäten (Montigny, Beaucourt, Behencourt) genommen; die Höhen hinter Behencourt aber erwiesen sich nicht minder stark besetzt und ebenso schwer angreifbar, als die der 15. Division gegenüberliegenden. Nicht nur konnte die feindliche Linie hier nicht umgangen werden; sondern Dank seiner mehr als doppelten Ueberlegenheit überflügelte der Feind von Contay her unsere Linie.

Um $4\frac{1}{2}$ Nachmittags war also das 8. Armee-Corps nach theils sehr harten und blutigen Kämpfen auf der ganzen Strecke von Beaucourt bis Daours im Besitz des Hallue-Abschnitts. Dagegen hatten vereinzelte Offensivstöße gegen den jenseitigen Thalrand nicht zum Ziele geführt. Die erwartete Flankenwirkung der 16. Division aber war durch die sie überflügelnde feindliche Ueberzahl vereitelt. Indessen war mit der Wegnahme der Hallue-Uebergänge dem Feinde der Zugang nach Amiens verwehrt, der Hauptzweck des Angriffs also erreicht; vorausgesetzt, daß es gelang, sich der feindlichen Ueberlegenheit gegenüber im Besitz jenes Abschnitts zu behaupten. Dies war und blieb von der jetzt beginnenden Abenddämmerung an unsere Aufgabe. Um diese Zeit ließen nämlich Bewegungen beim Feinde auf die Absicht eines Vorstoßes seinerseits schließen. In Folge dessen erhielt General Mirus Befehl, mit der Reserve, welche inzwischen durch ein aus Rouen neu eingetroffenes Bataillon verstärkt war, in die Terrainmulde bei der Windmühle von Querrieux vorzurücken. Der Feind hatte jetzt sämmtliche von uns besetzte Ortschaften an der Hallue in Brand geschossen. Eine lange Linie brennender Dörfer warf ihren Feuerscheine auf die Preußischen Stellungen und zeigte der gut zielenden feindlichen Artillerie ihre Objecte; während von uns aus gesehen die feindlichen Massen durch das zunehmende Abenddunkel verhüllt waren.

Gegen 5 Uhr bei völlig eingetretener Dunkelheit erfolgte ein allgemeiner Vorstoß des Feindes auf der ganzen Linie; angekündigt durch die schon aus früheren Schlachten bekannten Hornsignale und vom Französischen Angriffsgeschrei begleitet. Zuerst ging eine starke Colonne zwischen Daours und Querrieux vor, um den Uebergang über die Hallue zu versuchen und die Verbindung zwischen beiden Orten zu unterbrechen. Es war das ein kritischer Moment. Der Oberbefehlshaber dirigirte sofort aus der Reserve das 1. Bataillon des Regiments Nr. 4 dem Feinde entgegen, welcher durch Schnellfeuer mit großem Verlust zurückgeworfen wurde. Auf Seiten des Bataillons fiel nur der Führer, Hauptmann Grumbrecht in unmittelbarer Nähe rechts vom Standpunkt der kommandirenden Generale; sonst verlor das Bataillon nur 6 Verwundete.

In Daours schlugen Oberst Loe und Major Lewinski nach hartnäckigem Gefecht aber nur mit mäßigem eigenen Verlust den sehr entschlossenen Angriff der Franzosen zurück, welche bis auf 30 Schritt an die Dorflisiere vordrangen. Der Feind verlor hier sehr bedeutend, besonders beim Zurückgehen durch das Feuer des in der Lisiere eingenisteten Jäger-Bataillons.

In Pont-Noyelles kam es zum heftigsten Zusammenstoß. Auch hier wurde der bis an die ersten Häuser des Dorfs vorgedrungene Feind mit großen Verlusten zurückgeworfen. Da sich indessen die Bataillone der 29. Brigade dabei verschossen hatten, so dirigirte General Manteuffel 2 andere Bataillone der Reserve nach Pont-Noyelles, um die Dorflisiere während der Dauer der Munitionsergänzung zu besetzen. In Frechencourt schlug General Strubberg den feindlichen Angriff entschieden ab.

Ebenso behauptete die 16. Division ihre Stellung auf dem westlichen Ufer der Hallue und wies einen überflügelnden Angriff des Feindes aus der Richtung von Conty zurück. — So war um 6 Uhr Abends der auf der ganzen Linie mit großer Vehemenz und Tapferkeit durchgeführte Vorstoß der Franzosen überall siegreich abgewiesen.

Ein neuer Angriff war nach diesen Resultaten für die Nacht nicht zu erwarten. — Auch hatte sich — abgesehen vom vorübergehenden Eingreifen der Reserve — das 8. Armee-Corps im Ganzen stark genug gezeigt, den Stoß des Feindes zu pariren. General Manteuffel befahl deshalb, das 8. Armee-Corps habe die heute genommene Stellung von Daours bis Beaucourt besetzt zu halten und zur hartnäckigen Vertheidigung einzurichten, wobei vorzugsweise auf geeignete Positionen am westlichen Hallue-Ufer Bedacht zu nehmen sei.

Die Reserve unter General Mirus wurde nach Allonville und Carbonette in Allarmhäuser gelegt. Am folgenden Morgen sollte sie, falls nicht schon früher allarmirt würde, zwischen St. Gratien und Querrieut in Gefechtsbereitschaft stehen. Das Detaschement der Reserve in Daours, wo inzwischen der Kommandeur Regiments Nr. 3 Oberst Legat mit seinem dritten Bataillon aus Rouen eingetroffen war, sollte bis auf weiteren Befehl Daours festhalten. Auf diese Weise wurde es möglich, die Mehrzahl der Truppen für die Nacht unter Dach und Fach zu bringen, während der unseres Angriffs gewärtige Feind auf seiner an Ortschaften armen Höhenstellung fast ausschließlich aufs Bivouakiren angewiesen war. — Nachdem diese Anordnungen getroffen waren und die Truppen ihre Stellungen eingenommen hatten, begaben sich die Generale Manteuffel und Goeben für die Nacht nach Amiens. So endete der 23. Dezember.

Der 24. Dezember.

Der Verlauf des vorigen Tages hatte gezeigt, daß bei der Uebermacht des Feindes die bisher beabsichtigte Flankirung seines rechten Flügels nicht möglich, daß aber auch seine Stellung an und für sich zu stark war, um sie ohne große Opfer durch Frontalangriff forciren zu können. Letztere waren um so weniger zu verantworten, als unsere Bataillone in Folge der Verluste durch Strapazen und Gefechte und bei nicht immer regelmäßigem Eintreffen des Ersatzes damals durchschnittlich nur ungefähr 500 Combattanten zählten. Dagegen rechtfertigte die Solidität und glänzende Tapferkeit unserer Truppen ein unbedingtes Vertrauen auf ihre im Vergleich zum Feinde größere Ausdauer und Manövrirfähigkeit. Es wurde deshalb beschlossen, das gestern eroberte Terrain zunächst in seiner ganzen Ausdehnung zu behaupten. Würde aber der Feind auch seinerseits noch über den 24. hinaus in seiner Stellung verharren, so wollte man am 25. zu einer später zu erläuternden Angriffsoperation gegen Corbie übergehen.

Der 24. Dezember brach mit noch schärferem Frost an. Ein eiskalter Nordostwind wehte während des ganzen Tages den Truppen entgegen.

Als der Oberbefehlshaber am 24. früh 9 Uhr auf dem Schlachtfelde eintraf und seinen Standpunkt diesmal auf der Höhe nordwestlich von Querrieux nahm, zeigte sich der Feind im Wesentlichen in seiner alten Stellung. Er unterhielt in der Front, insbesondere mit seiner Artillerie, ein im Ganzen unbedeutendes und wirkungsloses Feuergefecht gegen unsere Aufstellungen. Nur die 16. Division wurde von Contay her angegriffen; sie wies aber den Angriff zurück. Schon im Laufe des Vormittags wurden Bewegungen beim Feinde bemerkbar, deren Zweck sich noch nicht erkennen ließ. Es zogen anscheinend Colonnen über den Höhenrücken ab; andere aber gingen in anderer Richtung vor. Die durch lange Linien gedeckte feindliche Artillerie blieb in ihren Positionen. Gegen Mittag erschien Prinz Albrecht. Er war seiner Brigade vorangeritten, um ihr bevorstehendes Eintreffen auf dem Schlachtfelde selbst zu melden. Sie wurde demnächst rechts von der inzwischen näher nach Querrieux herangezogenen Reserve verdeckt aufgestellt. Seit $2^3/_4$ Uhr Nachmittags kamen wiederholte Meldungen vom Jäger-Bataillon aus Daours, wonach größere Abtheilungen des Feindes in Richtung auf Corbie und Arras in beiden Richtungen verkehren sollten. Ob es sich hierbei mehr um Zuzug oder um Abzug handelte, war Anfangs nicht bestimmt zu übersehen. Jedenfalls schien der Punkt von Corbie von besonderem Gewicht für den Feind. Oberst Witzendorff, welcher nach Daours geritten war, glaubte mit Bestimmtheit die Symptome des beginnenden Rückzuges zu erkennen. Gegen 4 Uhr Nachmittags stellten sie sich nach den fortdauernden Meldungen immer deutlicher heraus.

Die beginnende Abenddämmerung hinderte indessen bald jede weitere Beobachtung. Ein Vorstoß in das Dunkel hinein war um so weniger räthlich, als derartige Bewegungen des Feindes schon öfter getäuscht hatten.

Es war, wie wir wissen, am 23. klar geworden, daß die Hallue in ihrem ganzen Lauf die eigentliche Front der feindlichen Stellung bildete. Dagegen hatte sich herausgestellt, daß der als Endstation der Eisenbahntransporte wichtige Punkt von Corbie hinter der feindlichen linken Flanke lag und also jedenfalls ein sehr empfindliches Angriffsobject sein mußte. Hieraus erklärte sich auch die besonders hartnäckige Vertheidigung von Daours; die heutigen Wahrnehmungen bestärkten darin. — Unter den angeführten Umständen hatten nun die am 24. Nachmittags getroffenen Anordnungen des Oberkommandos zwei Fälle im Auge: ferneres Standhalten oder Rückzug des Feindes. Im ersten Fall wollte man am 25. zum Angriff gegen Corbie schreiten, im andern Fall aus der jetzigen Stellung die Verfolgung aufnehmen. Zunächst bestimmte der um 4 Uhr Nachmittags auf der Höhe südlich Querrieux gegebene Armeebefehl Folgendes:

1. Die gesammte Armee-Reserve unter General Mirus, einschließlich des bisherigen Detachements in Daours und der Corpsartillerie 8. Armee-Corps sollte nach völlig eingetretener Dunkelheit noch heute auf das linke Somme-Ufer übergehen, um mit Tagesanbruch gegen Corbie vorzurücken und dort den Feind von Süden her mit aller Kraft anzugreifen. Dieser Angriff sollte durch die zahlreiche Artillerie vorbereitet werden. Es wurde dem General Mirus das nöthige Brückenmaterial zum Uebergang bei Corbie mitgegeben.

2. Das 8. Armee-Corps sollte zunächst die 16. Division näher an die 15. heranziehen; am andern Morgen aber unter Festhaltung von Daours und unter Sicherung der Somme-Uebergänge von dort bis Amiens, mit einer Division dem General Mirus auf das linke Ufer folgen, mit der anderen Division Amiens sichern.

3. Die Cavallerie-Brigade Prinz Albrecht wurde nach ihren anstrengenden Märschen für die Nacht in Amiens einquartiert, demnächst aber dem General Goeben zur Verfügung

gestellt. 2 Escadrons dieser Brigade unter Oberstlieutenant Hymmen hatte Prinz Albrecht beim Vormarsch von Breteuil in seiner rechten Flanke detachirt, um über Moreuil gegen die Somme zu streifen.

4. In Uebereinstimmung mit der vielleicht bevorstehenden Rechtsschiebung der Armee war schon am Vormittag ein Befehl an General Senden expedirt worden, sich von St. Quentin aus nach Ham zu wenden. Es sollte dadurch ein früherer Anschluß mit ihm erzielt und die Möglichkeit eines isolirten Zusammenstoßes dieses schwachen Truppencorps mit dem Feinde vermieden werden. —

Als nun gegen Abend die Anzeichen eines feindlichen Rückzuges immer mehr zunahmen, bestimmte der Oberbefehlshaber, daß die morgigen Bewegungen des 8. Armee-Corps erst nach genauer Feststellung der Sachlage beim Feinde beginnen sollten. Im Fall seines Rückzuges habe das 8. Armee-Corps sogleich die Verfolgung aufzunehmen. Für diesen Fall erhielt General Mirus Weisung, Corbie zu besetzen und dann weiter auf dem linken Somme-Ufer vorläufig bis Bray vorzugehen. Es wurde hiermit schon jetzt die Berennung von Peronne ins Auge gefaßt. Um 6 Uhr Abends trat General Mirus mit der Reserve seine Bewegung an. Die 15. Division blieb in ihrer bisherigen Stellung, während sich die 16. in der befohlenen Weise näher an sie heranzog. Die Hauptquartiere des Oberkommandos und des 8. Armee-Corps blieben die Nacht in Amiens.

Die Verluste der I. Armee, in der Schlacht an der Hallue fallen fast ausschließlich auf den 23. Dezember.

Sie betrugen:

beim 8. Armee-Corps:	4 Offiziere	80 Mann	tobt,
	33 „	724 „	verwundet,
	— „	93 „	vermißt,
Armee-Reserve:	1 „	— „	tobt,
	— „	20 „	verwundet.

Im Ganzen: 38 Offiziere 917 Mann.

Der Verlust des Feindes war unzweifelhaft sehr viel bedeutender: beim Aufräumen des Schlachtfeldes wurden allein 261 todte französische Soldaten begraben. An unverwundeten Gefangenen verlor er 20 Offiziere, 1100 Mann, worunter 1 Oberstlieutenant und ein Marine-Kapitain und mehr als 400 Mann Linien- und Marine-Truppen. Das Regiment Nr. 70 eroberte bei der Wegnahme von Beaucourt eine Fahne.

Vorübergehend fielen auch zwei feindliche Geschütze in die Hände des Regiments Nr. 33 (Oberst Henning), als dasselbe am 23. Nachmittags mit 6 Compagnien über Pont Noyelles hinaus dem weichenden Feinde auf die Höhen nachstürmte. Da aber 6 feindliche Bataillone zum Angriff vorgingen, mußten die Geschütze stehen bleiben; eins derselben wurde noch vernagelt. —

Das Morgenlicht des 25. Dezember fand die französische Armee im vollen Rückzuge nach Norden. Da die Bewegungen schon Tags zuvor eingeleitet waren, die Nacht also dazwischen lag, so war ein hinreichender Vorsprung gewonnen, welcher eine unmittelbare Verfolgung ausschloß. Unter diesen Umständen ging der Rückzug im Großen und Ganzen geordnet vor sich. Man kann darüber hinweg sehen, daß die minder zuverlässigen Theile des Heeres ihre Spuren durch weggeworfene Waffen bezeichneten und daß eine Anzahl von Nachzüglern bei der Verfolgung ergriffen wurde. Auch zollen wir der Haltung des neuaufgestellten feindlichen Heeres und dessen Führung in der Schlacht unsere volle Anerkennung, sind auch weit entfernt, letztere als eine Niederlage des Feindes zu bezeichnen, insofern unter diesem Ausdruck eine Katastrophe des geschlagenen Theils mit mehr oder minder taktischer Auflösung verstanden wird.

Nichts desto weniger hatte für uns die Schlacht an der Hallue die Bedeutung eines wichtigen und entscheidendes Sieges.

Es sprach sich das zunächst taktisch aus: in den unter blutigen Kämpfen erstürmten und dann gegen heftige Offensivstöße siegreich behaupteten Dörfern, sowie auch in den bei dieser Gelegenheit unverwundet in unsere Hände gefallenen über 1000 Gefangenen. Doch das ist nebensächlich. Die Schlachten der Neuzeit sind keine mittelalterlichen Tourniere zum Zweck des Raufens und gegenseitigen Todtschlagens. Letzteres bleibt immer nur Mittel für den höheren Zweck; in der Erreichung oder Vereitlung dieses letzteren liegt das eigentliche Kriterium des Sieges und der Niederlage. Mit dem Kampfe an der Hallue bezweckte die Preußische Heeresführung in erster Linie die Sicherung des Besitzes von Amiens und die Delogirung der feindlichen Armee aus ihrer jenem Besitz gefahrdrohenden Nähe; hierdurch zugleich auch die Lösung der höheren Orts gestellten Aufgabe, den Rücken der Maas-Armee zu decken. Beides wurde im vollsten Maaße erreicht. Auch der Französischen Heeresführung trauen wir einen weiteren Zweck zu als den, uns auf den unwirthlichen östlichen Thalhängen der Hallue eine Zeit lang die Stirn zu bieten. Wenn nicht auf Entsatz von Paris oder doch auf Beunruhigung der Nordcernirung, so mußte General Faidherbe's Absicht mindestens dahin gehen, Amiens wieder zu gewinnen und die Somme-Linie für künftige Vorstöße in Besitz zu behalten. Die Schlacht an der Hallue warf die französische Armee fürs Erste in beträchtliche Entfernung von Amiens zurück. In ihren weiteren Folgen aber zog sie den Fall des letzten französischen Stützpunktes an der Somme, der Festung Peronne, nach sich. —

Wir treten damit in die vierte Operationsperiode ein. —

Vierte Periode.

Operationen und Kämpfe nach der Schlacht an der Hallue
bis zum Fall von Peronne.

(Zeitraum vom 25. Dezember bis zum 10. Januar.)

Zwölftes Kapitel.

**Vorrücken des 8. Armee-Corps nach Bapaume. Cernirung und
Bombardement von Peronne. Gefechte bei Longpre, Bussigny etc.,
Ueberfall von Souchez.
Vorrücken des Feindes gegen Rouen. Gefechte an der Seine.
Erstürmung von Schloß Robert le Diable.**

(25. bis 31. Dezember.)

Nachdem am Morgen des 25. Dezember die Meldungen des 8. Armee-Corps den Rückzug des Feindes bestätigt hatten, waren es vornehmlich folgende Gesichtspunkte, welche in den letzten Dezembertagen auf die Anordnungen des Oberkommandos einwirkten:

Erstens: Verfolgung der feindlichen Armee, um deren Rückzugsrichtung festzustellen, ihr soviel als möglich noch Abbruch zu thun und sie fernerhin im Auge zu behalten;

Zweitens: Die womöglich zu erzielende Wegnahme von Peronne, gleichzeitig aber auch:

Drittens: Behauptung von Rouen durch rechtzeitige Wiederergänzung der dort geschwächten Streitkräfte.

Unter Zugrundelegung dieser drei Hauptmotive verfolgen wir jetzt tageweis den Verlauf der Dinge:

Der 25. Dezember.

Die vorbereitenden Maaßregeln zur Verfolgung waren bekanntlich schon am 24. Nachmittags getroffen worden, als der bevorstehende Rückzug des Feindes wahrscheinlich wurde. Die hauptsächlich auf dem linken Flügel zu verwendende Cavallerie war durch Hinzutritt der Gardecavallerie-Brigade verstärkt worden; die eigentliche Wirksamkeit dieser Waffe wurde indessen durch den hart gefrorenen, vielfach mit Schnee bedeckten Boden wesentlich beeinträchtigt. General Goeben setzte sich am 25. Morgens selbst an die Spitze seines Armee-Corps. Mit der 15. Division auf der Straße nach Albert, mit der 16. auf Contay vorrückend, erreichte er Nachmittags 4 Uhr mit der 30. Brigade Albert, während die Avantgarde der 16. Division bis Avelay vorgeschoben wurde. Die beim General Mirus befindlichen reitenden Batterien des 8. Armee-Corps wurden dem letzteren auf Befehl des Oberkommandos von Corbie her wieder angeschlossen. —

In den beim Vormarsch durchschrittenen Dörfern fand man viele Hundert Schwerverwundete und Todte des Feindes, dessen Verluste in der Schlacht nach Angabe der französischen Aerzte „immenses" gewesen waren.

Das gegen Abbeville streifende Ulanen-Regiment Nr. 7 hatte Tags vorher die Gegend von Longpre, Quesnoy und den östlich daran befindlichen Abschnitt von Hangest mit Franctireurs besetzt gefunden. General Goeben dirigirte in Folge dessen am 25. Morgens das Füsilier-Bataillon Regiments Nr. 70 nach Hangest und beauftragte jetzt den Oberstlieutenant Pestel, mit diesem Bataillon und seinen Ulanen als fliegendes Corps zu operiren, um insbesondere auch die Verbindungen zwischen Abbeville und dem Norden zu unterbrechen.

Während General Goeben die Verfolgung nach Arras bewirkte, beschloß der Oberbefehlshaber, seinen übrigen Streitkräften die Richtung nach Peronne zu geben. Da nach den neuesten Nachrichten der Feind immer noch Truppen an der Somme-Linie zeigte, so konnte sein Rückzug ebensowohl auf Arras, als auch über Peronne nach Cambrai vor sich gehen. Daß übrigens General Mirus inzwischen ohne Widerstand in den Besitz von Corbie gelangt sein mußte, ließ sich nach den Meldungen des 8. Armee-Corps voraussetzen. Es wurde ihm deshalb am 25. Vormittags nach Corbie Folgendes befohlen: „er möge mit den 5 Bataillonen der 3. Brigade, dem Ulanen-Regiment Nr. 5 und den nach Absendung der reitenden Artillerie ihm noch verbliebenen 6 Batterien auf dem linken Somme-Ufer bis in die Höhe von Bray vorrücken und die Herstellung der voraussichtlich dort zerstörten Somme-Brücke in Angriff nehmen. Auch möge der General über Chaulnes Verbindung mit dem von St. Quentin her bei Ham zu erwartenden Detachement Senden aufnehmen."

Bei Ham war inzwischen am 24. auch ein Detachement der Sächsischen Cavallerie-Division (1 Cavallerie-Regiment und 1 Batterie unter General Senfft) von Compiegne aus eingetroffen. Außerdem befand sich schon von früher her in der Gegend zwischen Bray und Chaulnes der Major Strantz, welcher mit 2 Escadrons des Ulanen-Regiments Nr. 14 Peronne beobachtete. —

General Mirus hatte am 25. Vormittags mit einem Theil seiner Truppen Corbie erreicht; der andere stand als Reserve bei Villers-Bretonneur. Der Feind hatte vor seinem Abzug die Somme-Brücken bei Corbie zerstört, deren Wiederherstellung am Nachmittag beendet wurde. Der schriftliche Befehl zum weiteren Vorrücken nach Osten erreichte den General Mirus erst Nachmittags zwischen 3 und 4 Uhr, so daß er für heute nur eine Avantgarde bis Warfuse—Abancourt vorschieben konnte. Man hatte Anfangs erfahren, daß Bray und Cerisy noch vom Feinde besetzt waren. Eine am Nachmittag auf dem nördlichen Somme-Ufer gegen Bray vorgehende Patrouille des Ulanen-Regiments Nr. 5 brachte aber die Nachricht mit, daß die dortigen feindlichen Truppen, angeblich 8000 Mann stark, sich in nördlicher Richtung abgezogen hatten. — Auf dem südlichen Ufer nahm General Mirus Verbindung mit dem Major Strantz auf, welcher sich am 25. Nachmittags von Meharicourt nach Bauvillars zurückzog, weil stärkere feindliche Kräfte von Peronne aus bis in die Gegend von Lihons vordrangen. —

Von den aus Rouen gekommenen 6 Bataillonen der 2. Brigade befanden sich 4 seit dem 24. Dezember beim General Mirus, 2 in Amiens, hier auch noch das 6. Bataillon der 3. Brigade. Dieses letztere wurde am 25. nach Corbie in Marsch gesetzt; dagegen zog der Oberbefehlshaber die 4 Bataillone der 2. Brigade in Folge der aus Rouen kommenden Meldungen am 25. nach Amiens heran.

Die Verhältnisse auf dem linken Seine-Ufer hatten nämlich

den General Bentheim schon vor Absendung der Bataillone nach
Amiens bestimmt, seine Defensiv-Linie la Bouille—Elbeuf wieder
näher an Rouen zurückzunehmen. Er ließ in Folge dessen die
Seine-Uebergänge bei Elbeuf und Pont du Gravier zerstören, wo-
gegen er den von Pont de l'Arches für eigene Offensivstöße besetzt
hielt. Die nach der Rille zu vorgehenden Patrouillen fanden Anfangs nach Louviers und Pont=Audemer hin keinen Feind vor sich;
in der Richtung nach Brionne aber stießen sie auf Ueberlegenheit
und wurden beim Zurückgehen bis über St. Philbert verfolgt.
Nach Absendung der Verstärkungen nach Amiens und nach Ab-
rechnung der Kommandos in Gisors, Buchy und Forges verfügte
General Bentheim nur noch über 12 Bataillone.

Auf dem rechten Seine-Ufer zwar ließ das Verhalten des
Feindes für jetzt keinen Angriff erwarten. Die Preußischen Patrouillen gingen unangefochten bis Yvetot und Caudebec, während
die feindlichen Kriegsschiffe seit Vollendung der Seine-Sperrung
bei Duclair sich nur noch auf der Strecke nach Gainville bewegten. —
Auf dem linken Ufer aber schien der Feind offensiver zu werden.
Im Walde zwischen Grande=Couronne und Bourgtheroulde, und
bei St. Ouen auf der Straße nach Bourgachard, also schon in
größerer Nähe von Rouen, beschoß er unsere Patrouillen und
fügte ihnen Verluste bei. General Bentheim sah die Lösung seiner
Aufgabe bei Rouen im Fall einer gleichzeitigen Offensive des
Feindes auf beiden Seine-Ufern in Frage gestellt, wenn er nicht
auf baldige Rückkehr der detachirten Bataillone rechnen könne.

General Manteuffel befahl nach Eingang dieser Meldung
den Rücktransport der 2. Brigade nach Rouen. Es sollten vom
26. ab zunächst 4 Bataillone dorthin zurückkehren, die beiden
andern aber bis nach erfolgter Ablösung durch andere Truppen
als Besatzung in Amiens bleiben. Durch Betriebsstörungen und
insbesondere wegen plötzlicher Entfernung der französischen Loco-
motivenführer verzögerte sich dieser Transport aber derartig, daß
am 26. nur 1 Bataillon nach Rouen gelangte, welchem erst am
28. und 29. drei andere folgen konnten.

Wir knüpfen hieran eine kurze Betrachtung. Hätte bei Eingang obiger Meldung aus Rouen General Faidherbe noch intakt
bei Amiens uns gegenüber gestanden, so befanden wir uns vor
der Alternative, die Armee kurz vor dem entscheidenden Moment
wieder zu schwächen oder vielleicht Rouen aufgeben zu müssen.

Es erwies sich also schon hieraus als richtig, daß man die vom Feinde nicht gesuchte Entscheidung ohne Säumen selbst herbeigeführt hatte. Andererseits zeigte dieser Fall aber auch die sich noch mehrfach wiederholende Schwierigkeit in der Aufgabe der I. Armee. Mit verhältnißmäßig geringen Kräften mußte sie gleichzeitig die 5 starke Tagemärsche von einander entfernten Hauptpunkte Amiens und Rouen festhalten und auch die Nordcernirung von Paris decken. Es erforderte das also eine stete Bereitschaft zum Frontmachen nach drei Seiten, um je nach dem Verhalten des Feindes die Hauptstärke immer dahin conzentriren zu können, wo augenblicklich die größere Gefahr drohte. —

Der 26. Dezember.

Von seinem linken Flügel her hatte General Goeben erfahren, daß die ganze Gegend bis Doullens frei vom Feinde war. Er setzte nun am 26. Dezember den Vormarsch auf den nach Arras führenden Straßen fort und etablirte sich mit 3 combinirten Brigaden bei Bucquoy, Achiet le grand und Bapaume, mit einer Brigade dahinter in Reserve. Auf dem linken Flügel streifte die Cavallerie-Brigade Dohna mit fahrender Infanterie in Richtung nach Beaumetz; auf dem rechten Flügel stand die Garde-Cavallerie mit einer reitenden Batterie und einem Füsilier-Bataillon bei Sailly. Von dortaus sollte mit den Truppen bei Peronne Verbindung unterhalten und gegen die Straße Peronne—Cambray gestreift werden. General Goeben selbst verlegte sein Hauptquartier nach Bapaume, wo er am 26. Nachmittags 3 Uhr eintraf, und wo noch eine Anzahl feindlicher Nachzügler aufgegriffen wurde. Nach den hier eingehenden Nachrichten schien sich der Feind weiter über Arras hinaus nach Douai, theilweise auch nach Cambrai zurückgezogen zu haben.

Auch General Mirus setzte am 26. den befohlenen Vormarsch auf dem südlichen Somme-Ufer fort. Nach unbedeutenden Scharmützeln mit Franctireurs und Blousenmännern bei Vermandovillers und Estrees etablirte sich die Avantgarde in letztgenannter Ortschaft, das Gros in der Gegend von Faucaucourt. Eine mit dem Brückentrain links nach Bray detachirte Abtheilung stellte den dort vom Feinde zerstörten Uebergang wieder her. Major Strantz meldete den Rückzug der am 25. bis Lihons vorgegangenen feindlichen Abtheilungen nach Peronne. General Senden hielt nach seinen anstrengenden Märschen von der Gegend von Mezieres her Ruhetag bei Ham. Der sächsische General Senfft stand bei Chaulnes.

Das Oberkommando ging am 26. von Amiens nach Bray sur Somme, wohin ihm von Corbie aus das gestern von Amiens herangezogene Bataillon der 3. Brigade folgte. Nach Eingang der Meldungen befahl der Oberbefehlshaber für den 27. Dezember Folgendes:

„General Goeben bleibt in seiner Aufstellung in der Gegend von Bapaume, behält den nach Arras u. s. w. zurückgegangenen Feind im Auge und deckt hierdurch die (schon früher ins Auge gefaßte) Cernirung von Peronne, welche jetzt in folgender Weise bewirkt werden soll:

General Mirus schiebt ein schwächeres Detachement auf dem linken Somme-Ufer der Festung gegenüber vor; mit dem Gros geht er bei Bray über die Somme und dirigirt sich gegen die Nordseite der Festung. General Senden rückt mit seinem ganzen Detachement (5 Bataillone, 3 Batterien und Cavallerie-Brigade Strantz) von Ham vor und cernirt Peronne von Süden und Osten bis einschließlich zur Straße Roisel—Peronne, welche die Rayon-Grenze zwischen den Detachements Senden und Mirus bildet. Die Cavallerie-Brigade Strantz hat schon vom 27. Morgens an in Verbindung mit der Garde-Cavallerie bei Sailly die Straße von Peronne nach Cambrai zu beherrschen und einen etwaigen Abzug des Feindes zu hindern. Die Cernirung selbst soll bis zum 27. Nachmittags beendet und eine Ermittelung von geeigneten Feldgeschützpositioen gegen die Festung damit verbunden werden."

Der General Senfft wurde ersucht, sich von Chaulnes aus dem rechten Flügel-Detachement des General Mirus anzuschließen und die Verbindung zwischen den beiden Somme-Ufern zu unterhalten. —

Wir haben jetzt noch Einiges über die Beweggründe zu sagen, welche zu dem Unternehmen gegen Peronne führten:

Schon seit Beginn des Feldzuges in der Picardie hatte bekanntlich die kleine Festung eine lästige Einwirkung auf unsere Verbindungen ausgeübt und die Operationen des Feindes in jeder Weise begünstigt. Anfangs nur Stütz- und Ausgangspunkt für Streifcorps und kleinere Ueberfälle, hatte sie neuerdings die Ver-

sammlung der feindlichen Armee gedeckt und ihr einigermaaßen
überraschendes Auftreten gefördert. Bei ihrer Lage auf dem rechten
Somme-Ufer war die Festung zwar kein eigentlicher Brückenkopf
für feindliche Operationen nach Süden; immerhin aber begünstigte
sie ein plötzliches Debouchiren, wenn sie nicht fortgesetzt durch
angemessene Truppenentfaltung beobachtet und im Schach gehalten
wurde. Erst mit dem Besitz von Peronne beherrschten wir unbedingt die ganze Somme-Linie von la Fere bis Amiens.

Man weiß, wie zuerst die Operationen nach der Seine, dann
die nothwendige Concentrirung der Kräfte gegen General Faidherbe
ein ernstes Unternehmen gegen Peronne bisher ausgeschlossen
hatten. Vor Allem aber fehlte es nach wie vor an einem regu-
lären Belagerungspark, und der bei Beginn des Herbstfeldzuges
aufgestellte Gesichtspunkt, keinen Platz anders als mit Erfolg
sichernden Mitteln anzugreifen, hatte sich bis jetzt bei la Fere und
bei den Ardennenfestungen durchaus bewährt. Nur das Heran-
schaffen des Parks und die Etablirung der Batterien hatte Aufenthalt verursacht; dann war jede Festung nach nur zweitägiger Beschießung erlegen. — Es gab aber auch einen Präcedenzfall anderer
Art: Die bloße Entfaltung von überlegenem Feldgeschütz hatte
hingereicht, die sturmfreie, armirte Citadelle von Amiens unter
dem ersten Eindruck der vorangegangenen Schlacht zu Fall zu
bringen. Da nun nach den bisherigen Recognoscirungen die
Festung Peronne an und für sich schwach erschien, so lag die Möglichkeit vor, auch diesen lästigen Punkt durch überraschenden An-
lauf mit Feldgeschütz unter den ersten Eindrücken des feindlichen
Rückzuges zu gewinnen. Immerhin war das aber nur eine Chance,
welche fehlschlagen konnte. Um nun auch in diesem Fall das
einmal begonnene Unternehmen durchführen zu können, wurde auf
das Französische Artillerie-Material von Amiens und la Fere zurückgegriffen, insoweit dasselbe dort abkömmlich war, ohne die
Vertheidigungsfähigkeit dieser Plätze zu gefährden. Schon Mitte
Dezember hatte der Premier-Lieutenant Schmidt, Artillerie-Offizier
vom Platz der Citadelle von Amiens sich gutachtlich dahin geäußert,
daß aus der vorhandenen Armirung 10 geeignete Belagerungsgeschütze mit der nöthigen Munition von 200 Schuß auf jedes
Geschütz und sonstigem Zubehör abkömmlich gemacht werden könnten.
Man versprach sich zwar auch von den Wirkungen eines solchen
improvisirten Belagerungstrains keinen unbedingten Erfolg, aber

doch eine große Chance gegen schwächere Festungen, wie z. B. Abbeville oder Peronne. —

General Manteuffel hatte in Folge dessen am 25., vor seinem Aufbruch von Amiens, die schleunigste Bereitstellung dieses kleinen Parks von 6 gezogenen Zwölfpfündern, 2 Mörsern und 2 Haubitzen unter Commando des Lieutenant Schmidt angeordnet, und den Kommandanten von Amiens mit Herbeischaffung der nöthigen Transportmittel (257 Pferde, 53 Wagen) beauftragt. Der zur Gestellung von Belagerungsgeschütz gleichfalls aufgeforderte Kommandant von la Fere konnte vorläufig nur 6 Mörser absenden. Die Bedienungsmannschaften sollten aus der Festungsartillerie in Amiens entnommen werden.

Da der Park nicht vor dem 28. in Amiens marschbereit wurde, so beschloß man, zunächst mit Feldgeschütz gegen Peronne vorzugehen, ohne aber die Munitionsbestände der Feldarmee zu sehr anzugreifen. Es konnte deshalb nur ein kurzdauernder Versuch sein. Würde dieser nicht schnell zum Ziele führen, so wollte man den kleinen Belagerungstrain von Amiens und la Fere heranziehen.*) —

Der 27. Dezember.

Am 27. Dezember setzte sich General Mirus in befohlener Art in Marsch. Das auf dem linken Somme-Ufer bleibende De-

---

*) An diese Erläuterung des Vorgehens gegen Peronne knüpfen wir folgende Bemerkung. In der neuesten Literatur unserer westlichen Nachbaren tritt uns eine überraschende und etwas sentimentale Auffassung entgegen. Man sucht unserem Verfahren gegen die feindlichen Festungen den Stempel der Unmenschlichkeit aufzudrücken, weil wir die gegen schwächere Plätze schneller zum Ziel führende Angriffsform des Bombardements gewählt haben. Abgesehen zunächst davon, daß diese Form nach Kriegsgebrauch vollkommen berechtigte ist, vermissen wir in jener Auffassung auch die nöthige Consequenz. Vom Humanitäts-Standpunkte aus können wir nehmlich keinen Unterschied zwischen Stadt- und Landbevölkerung machen. Wenn also der französische General Faidherbe zu einem richtigen militairischen Zweck das französische Dorf Pont-Noyelles in Brand schoß, so war der deutsche Feldherr gewiß berechtigt, eine durch Festungswerke und Truppen vertheidigte feindliche Stadt zu bombardiren, deren Besitz aus den angeführten Gründen für ihn von militairischer Bedeutung war. Außerdem aber ist es notorisch und durch die jetzigen Erfahrungen wieder bestätigt, daß ein relativ kürzeres Bombardement viel weniger Opfer an Menschenleben, namentlich in der Civil-Bevölkerung fordert, als bei längerer Cernirung und förmlicher Belagerung durch Hunger und Krankheit dahin gerafft werden. —

tachement unter Oberst Tietzen schob sich bis zur Linie Villers-
Carbonnel—Herbecourt vor. Das Gros überschritt bei Bray die
Somme und gelangte ohne Widerstand bis in die Gegend südlich
von Combles. Jetzt aber kamen die vorausgesandten Patrouillen
mit der Meldung zurück, daß die Dörfer auf beiden Seiten des
Tortille-Bachs: Allaines, Bouchavesnes, Aizecourt von feindlichen
Truppen besetzt seien, vor deren Feuer sie hätten umkehren müssen.

General Mirus ließ in Folge dessen seine Avantgarde sich
zum Angriff gegen die Dörfer formiren. Bevor man sie erreichte,
hatte sich der Feind schon auf Peronne abgezogen. Die Cavallerie
attackirte indessen noch die Queue und machte Gefangene. Da
inzwischen die Dunkelheit eingebrochen war, so fand eine weitere
Verfolgung nicht statt. Die Avantgarde besetzte den Tortille-Bach
von Moislains bis zur Mündung in die Somme, das Gros bezog Allarmquartiere in Clery (1 Meile südlich Combles). Cavallerie-Abtheilungen wurden bis gegen die Straße Peronne—le Catelet
vorgeschoben, um die Verbindung mit dem Detachement Senden
aufzusuchen. Die Somme-Brücken bei St. Christ und Brie waren
intact gefunden, bei Hem westlich Clery wurde eine solche hergestellt.

Vom Detachement Senden war in aller Frühe die Cavallerie-
Brigade Strantz nach Tincourt vorgegangen, um von hier aus
die Straße nach Cambrai zu flankiren und mit der Garde-Cavallerie bei Sailly in Verbindung zu treten. General Senden fand
bei seinem Vorrücken von Ham die Dörfer Bruntel und Doingt
in der südlichen und südöstlichen Umgebung der Festung vom
Feinde besetzt. Sie wurden von der Avantgarde genommen, nachdem der Angriff auf Doingt durch einige Granatschüsse eingeleitet
worden war. Der hier belogirte Feind wurde bis an die Festung
zurückgeworfen, deren Geschütze in das erst bei Eintritt der Dunkelheit endende Gefecht mit eingriffen.

General Senden etablirte nun seine Vorposten von der West-
Lisière von Doingt bis zur Somme. Das Detachement selbst
kantonnirte in den Ortschaften Bruntel, Doingt, Cartigny und im
Dorf-Complex von Tincourt-Boucly, wo General Senden Quartier nahm.

Bei den von der Nord- und Südseite her stattgehabten Recognoscirungen hatten sich zwei zur Beschießung der Festung aus
Feldgeschütz geeignete Punkte ergeben; beide in Entfernung von

etwa einer Viertelmeile vom Mittelpunkt der Festung und mit ausgiebigem Raum für Placirung mehrerer Batterien. Die eine fand sich auf einer Terrainwelle südwestlich der Straße von Clery nach Peronne, die andere auf einer Anhöhe im Westen von Doingt.

General Senfft ging am 27. von Chaulnes bis in die Gegend von Villers-Carbonnel und Brie vor und stand hier in Verbindung mit General Senden und Oberst Tietzen. Inzwischen war in Folge der früheren Aufforderung zur Cooperation auch General Lippe mit noch 2 Cavallerie-Regimentern, 1 Jäger-Bataillon und 1 reitenden Batterie am 26. bei Roye eingetroffen und rückte am 27. bis Nesle vor.

Während im Laufe des 27. diese Truppen-Bewegungen stattfanden, ritt der Oberbefehlshaber von Bray nach Combles und nahm hier in der Mittagsstunde sein Hauptquartier. Ein noch am Morgen aus Bray erlassener Armeebefehl übertrug dem General Senden, als dem Aeltesten, den Oberbefehl über alle jetzt vor Peronne vereinigten Truppen. Dagegen sollte Major Strantz mit seinen beiden Ulanen-Escadrons jetzt zur Cavallerie-Division zurücktreten. General Lippe wurde ersucht, am 28. von Nesle auf St. Quentin vorzugehen, um die östliche Flanke der Cernirung zu decken und gegen Cambrai zu recognosciren.

Am 27. Nachmittags folgte aus Combles ein weiterer Befehl an General Senden. Es wurde darin angeordnet, daß am 28. die Feldbatterien unter dem Schutz der Cernirungstruppen in Position gebracht werden sollten. Gleichzeitig sollte der Platz mit kurzer Bedenkzeit zur Uebergabe auf Sedaner Bedingungen aufgefordert werden, im Fall der Ablehnung aber sogleich das Bombardement beginnen.

General Goeben stand am 27. im Ganzen in der gestern eingenommenen Aufstellung bei Bapaume. Die gegen Arras vorpoussirten Abtheilungen fanden die nächsten Dörfer westlich der Festung unbesetzt. Der Feind sollte angeblich ganz nach der Gegend von Douai abgezogen sein. General Goeben beschloß nun, sich auch seinerseits mehr rechts zu schieben. Er wollte deshalb am 28. eine Brigade nach Sailly, das dortige, jetzt vom General Groeben befehligte Detachement aber nach Fins (Straße Peronne—Cambrai) verlegen.

Die Tage vom 28. bis 31. Dezember.

Die am 27. erlassenen Befehle des Oberkommandos erhielt General Senden am Abend nach beendetem Gefecht, den zweiten erst am Frühmorgen des 28. Da sein eigenes Detachement ohne Munitionskolonnen war, so erbat er sich eine solche vom Oberkommando; sie wurde ihm von Bapaume her zum folgenden Tage nach Sailly herangeordert. —

Der erhaltenen Weisung gemäß ließ General Senden am 28. Mittags die Truppen und Batterien in Position rücken und forderte den Kommandanten von Peronne zur Uebergabe auf. Letzterer kündigte Anfangs einen Parlamentair an; da ein Solcher aber nicht erschien, wurde um 3 Uhr Nachmittags gleichzeitig von allen Seiten das Feuer eröffnet. Die Festung antwortete nur aus wenigen Geschützen, die Stadt ging in Flammen auf; es zeigte sich aber keine Neigung zur Uebergabe. Der Oberbefehlshaber ertheilte nun dem Kommandanten von Amiens telegraphischen Befehl, den eben marschbereit gewordenen Belagerungspark am 29. früh über Villers-Bretonneur abrücken zu lassen, um am 30. bei Villers-Carbonnel einzutreffen. Er sollte demnächst auf dem gesicherten linken Somme-Ufer in Position gebracht werden, wodurch die auf dem rechten Ufer stehenden Cernirungstruppen größere Operations-Freiheit behielten. General Senden wurde angewiesen, die Beschießung aus Feldgeschütz nur noch am 29. fortzusetzen. Würde dann bis zum Abend die Uebergabe nicht herbeigeführt, so sollten die Batterien zurückgezogen, die Truppen in Kantonnements gelegt und das Eintreffen des Belagerungsparks abgewartet werden.

Nachdem man jetzt die feindliche Nordarmee zwischen Arras und Douai hinter der Scarpe wußte, war die Ausführung der Versailler Directiven vom 13. und 17. Dezember wieder ins Auge zu fassen, wonach die Hauptkräfte der I. Armee bei Beauvais versammelt werden sollten. Bevor man indessen in diese Aufstellung überging, mußten noch zwei aus den Verhältnissen sich ergebende Aufgaben gelöst werden: Die Wegnahme von Peronne und das Zurückwerfen des jetzt offensiv auftretenden Feindes an der Seine.

Während des Marsches nach der Gegend von Peronne waren nämlich beim Oberkommando am 26. und 27. neue Nachrichten aus Rouen eingegangen. Ein Telegramm vom 26. meldete, daß der Feind von der Rille her vorrücke und seine Vorposten schon östlich Bourgtheroulde etablirt habe. Auf dem rechten Seine-Ufer hatte Oberstlieutenant Plötz zwar am 24. die bei Rouville und Roncherelles stehenden feindlichen Vortruppen von Havre bis über Bolbec hinaus zurückgeworfen, war dabei aber auf eine Ueberlegenheit von 7000 Mann aller Waffen gestoßen, vor denen er sich wieder bis Bolbec hatte repliiren müssen. Die Anzeichen einer gleichzeitigen Offensive des Feindes auf beiden Seine-Ufern mehrten sich. General Bentheim bat immer bringender um Verstärkungen. Um ihn in den Stand zu setzen, sich den Feind durch einen kurzen energischen Offensivstoß abzuschütteln, beschloß der Oberbefehlshaber, zu diesem Zweck vorübergehend auch die 3. Brigade nach Rouen zu senden.

Nach Ausführung dieses Vorstoßes an der Seine und nach Wegnahme von Peronne sollte dann die I. Armee folgende Aufstellung nehmen: halbes 1. Armee-Corps und Garde-Dragoner-Brigade bei Rouen, halbes 8. Armee-Corps, Cavallerie-Division und Division Senden an der Somme; der Rest, also die kleinere Hälfte der Armee bei Beauvais. Das Abrücken der noch an der Somme befindlichen Theile des 1. Armee-Corps sollte den Uebergang in diese Aufstellung vorbereiten.

Der Oberbefehlshaber beabsichtigte, sich persönlich vom Stande der Dinge bei Rouen zu überzeugen.

General Goeben, welchem dann der Oberbefehl der Heeresgruppe an der Somme zufiel, war zu einer Besprechung hierüber nach Combles eingeladen worden, wo er aus seinem Hauptquartier Bapaume am Vormittag des 28. eintraf. Es wurde danach am 28. zunächst folgendes befohlen:

„Eine Brigade des 8. Armee-Corps mit 2 Batterien löst am 29. die 3. Brigade vor Peronne ab, welche letztere mit ihren beiden Batterien am 30. nach Rouen abrückt. Das beim Oberkommando befindliche Bataillon dieser Brigade marschirt mit demselben zunächst nach Amiens. Die noch in Amiens befindlichen 2 Bataillone der 2. Brigade sind gleichfalls durch Truppen des 8. Armee-Corps dort zu ersetzen. General Mirus tritt nach Auflösung seines bisherigen Detachements mit dem Ulanen-Regiment Nr. 5 zur 3. Cavallerie-Division zurück."

Im Anschluß an diese Maaßregeln richtete General Manteuffel am 29. Vormittags vor seinem Aufbruch von Combles nach Albert gleichlautende Schreiben an die Generale Goeben und Bentheim über die nunmehrigen Aufgaben der Armee.

Es hieß darin:

„General Goeben wird den Somme-Abschnitt als Hauptvertheidigungslinie festhalten und zum gesicherten Besitz derselben Peronne und Abbeville zu nehmen suchen. Zu diesem Zweck wird ihm der heute nach Villers-Carbonnel abrückende Belagerungspark überwiesen. General Goeben wird unter starker Besetzung von Amiens und des Rayons bei St. Quentin und Ham, die zwischen Peronne und Amiens liegenden, vom Feinde zerstörten Uebergänge über das unpassirbare Somme-Thal nicht wieder herstellen. Auf vertheidigungsfähige Einrichtung des festen Schlosses von Ham ist Bedacht zu nehmen. Außerdem sind, insoweit es ohne Ermüdung der Truppen geschehen kann, mobile Colonnen in das nördliche Vorterrain vorzuschieben, um die durchzogenen Landstriche zu entwaffnen, die Eisenbahnen und Telegraphen nördlich der Somme, womöglich nördlich von Arras, zu zerstören. Diese Colonnen werden auch die Möglichkeit gewähren, rechtzeitig Nachricht von einem Wiedervorrücken des Feindes zu erhalten und dessen Hauptrichtung constatiren, welche gegen die Somme oder auf Soissons oder auf Mezieres denkbar ist.

Die Aufgabe des Generals Bentheim bleibt diejenige, wie sie bei Heranziehung der Brigade nach Amiens zur Zeit der Schlacht an der Hallue präcisirt wurde, also: Festhaltung von Rouen und Beobachtung des Feindes auf dem rechten Seine-Ufer von Havre bis Vernon. Eine retirirte Aufstellung auf dem linken Seine-Ufer zur unmittelbaren Deckung der Stadt, eine mehr gegen Havre vorgeschobene auf dem rechten Ufer und häufiges Vorpoussiren mobiler Colonnen in dieser Richtung wird sich empfehlen.

Sobald die Armee des Großherzogs von Mecklenburg die Aufstellung bei Chartres wird eingenommen haben, ist auf gesichertem Wege Verbindung mit derselben aufzunehmen.

Das Armee-Commando wird sich abwechselnd in Beauvais, Rouen und Amiens befinden; die General-Etappen-Inspection geht nach Creil oder Chantilly."

Der in diesem Schreiben mit enthaltenen Truppeneintheilung lag noch die obige Voraussetzung zu Grunde, die kleinere Hälfte der Armee später nach Beauvais abzweigen zu müssen. —

Hierzu kam es indessen nicht. Am 28. Abends hatte der Oberbefehlshaber über die augenblickliche Sachlage seine Auffassung und nächsten Absichten telegraphisch nach Versailles berichtet. Schon am 29. Nachmittags erhielt er in Albert das Antworttelegramm mit der erbetenen Entscheidung. General Moltke erklärte sich zunächst mit dem Vorgehen gegen Peronne einverstanden; auch modificire er nach inzwischen erfolgter Fahrbarmachung der Bahnlinie Rouen—Amiens—Gonesse seine früheren Directiven. Unter Versammlung der Hauptkräfte bei Amiens werde es fortan möglich sein, die Seine- und die Somme-Linie zu halten, nöthigenfalls auch die Cernirung von Paris zu unterstützen. General Moltke empfahl außerdem einen kurzen Vorstoß gegen Vervins.*)

Für den Vorstoß nach Vervins stand am nächsten der General Lippe bei St. Quentin, welchem auf seinen Wunsch auch das Detachement Senfft wieder überwiesen war. In Folge des Telegramms aus Versailles wurde General Lippe ersucht, mit gesammelten Kräften jetzt gegen Vervins vorzurücken. — Die Generale Goeben und Bentheim erhielten Mittheilung von den neuen Directiven, wonach die Aufstellung bei Beauvais nun nicht mehr stattfinden, die Hauptkräfte der Armee an der Somme verbleiben sollten. Demgemäß wurden dem General Goeben jetzt definitiv überwiesen: Das 8. Armee-Corps, die Division Senden, die 3. Cavallerie-Division und die Garde-Cavallerie-Brigade; dem General Bentheim vorläufig das 1. Armee-Corps und die Garde-Dragoner-Brigade. Ersterer verfügte sonach über 31 Bataillone, 40 Escadrons, 20 Batterien, Letzterer während der Dauer seiner bevorstehenden Offensive über 25 Bataillone, 16 Escadrons, 14 Batterien. —

Diese Anordnungen wurden noch am 29. Abends in Albert getroffen. Am 30. ging das Oberkommando nach Amiens. —

Wir verfolgen jetzt die Vorgänge bei den einzelnen Heerestheilen bis zum Jahresschluß.

Vor Mezieres war General Kameke am 20. Dezember mit dem Gros der 14. Division eingetroffen und hatte bis zum 23. die vollständige Einschließung der Festung bewirkt. Die nächste

---

*) Die dortige Gegend war ein Heerd häufiger Beunruhigungen für das Generalgouvernement Reims. Erst neuerdings war dort ein Truppen-Detachement desselben auf feindliche Ueberlegenheit gestoßen.

Woche verging über dem Batteriebau und sonstigen Angriffs-Vorbereitungen; während einzelne auf Givet und Rocroi basirte Franctireur-Schaaren den nördlichen Cernirungs-Abschnitt in kleinen Gefechten beunruhigten. Nachdem am 30. die noch fehlenden Artillerie-Compagnien und Munitionsbestände eingetroffen waren, begann am 31. das Bombardement.

Inzwischen war General Kameke am 26. nach Versailles abgegangen, um auf Allerhöchsten Befehl die Oberleitung des Ingenieur-Angriffs auf Paris zu übernehmen. Sein Nachfolger im Kommando der 14. Division wurde General Senden, während dessen Abwesenheit aber General Woyna den Befehl vor Mezieres führte. —

Das Bombardement von Peronne wurde zur Schonung der Feldmunition am 29. nur mäßig fortgesetzt. Ein Resultat wurde nicht erzielt; auch die Cernirungs-Truppen hatten nur sehr geringe Verluste durch das feindliche Festungsfeuer. Da vom 8. Armee-Corps eine zweite Munitions-Colonne in Aussicht gestellt war, hoffte General Senden bei dem bereits stark beschädigten Zustand der Stadt, die Capitulation herbeizuführen, indem er am 30. Mittags das Bombardement wieder aufnahm. Diese Erwartung traf indessen nicht ein. Das Feuer aus den Feldbatterien wurde nun bis zu dem Zeitpunkt ausgesetzt, wo auf dem linken Somme-Ufer der Belagerungspark in Thätigkeit treten konnte, welcher, wie befohlen am 30. bei Villers-Carbonnel eintraf. In La Fere waren jetzt außer den 6 Mörsern noch 3 Zwölfpfünder und 2 Haubitzen transportbereit, aber noch nicht abgegangen. Die am 30. nach Amiens abrückende 3. Brigade war Tages vorher durch eine Brigade der 16. Division abgelöst worden.

General Lippe ließ von St. Quentin aus am 29. 2 Escadrons zur Beobachtung von Cambrai nach Le Catelet vorgehen. Am 30. rückte General Lippe selbst bis Le Catelet nach, während die beiden hier befindlichen Escadrons nach Masnieres vorgingen. Ein Zug unter Lieutenant Milkau vom Ulanen-Regiment Nr. 17 ritt nach Cambrai hinein, wo man von den Einwohnern erfuhr, daß die bisher schwache Besatzung erst heute durch Truppentransporte vom Norden her wieder auf 2000 Mann verstärkt worden war. Der Zug kehrte erst um, als er Infanteriefeuer erhielt. — Am 31. wollte General Lippe der vorher erwähnten Aufforderung des Oberkommandos gemäß eine Expedition nach

Vervins antreten. Er erfuhr indessen, daß ein von ihm zur Zerstörung des Eisenbahnknotens nördlich Busigny abgesendetes Detachement (1 Jäger-Compagnie, 1 Escadron) daselbst auf zahlreiche Mobilgarden gestoßen war und mit ihnen im Gefecht stand. Das Detachement, welches der feindlichen Uebermacht gegenüber seinen Auftrag nicht ausführen konnte, nahm nun, 40 Gefangene mit sich fortführend, Aufstellung bei Serain. General Lippe besetzte weiter südlich Montbrehain, verschob aber unter diesen Umständen seinen Abmarsch nach Vervins, um bis zu erfolgter Ablösung bei Le Catelet die Gegend von Cambrai im Auge zu behalten. —

Den General Senfft hatte er über St. Quentin einstweilen schon nach Origny dirigirt, um sich auf dem späteren Marsch nach Vervins mit ihm zu vereinigen. —

Wir wenden uns jetzt zu den Vorgängen bei den unter General Goeben stehenden Truppen. Hier stand bekanntlich seit dem 28. Dezember auf dem rechten Flügel das Detachement des Generals Groeben bei Fins und beobachtete die Gegend von Cambrai. Diese schien bis zum 29. so gut wie vom Feinde verlassen. Eine Gardehusaren-Patrouille ritt noch am letztgenannten Tage in die schwachbesetzte Stadt ein und zog sich erst zurück, als man das Festungsthor hinter ihr zu schließen suchte. Am 30. aber (also an dem Tage, wo von Süden her Lieutenant Milkau in Cambrai eintritt und feindliche Truppenzuzüge dort constatirte), zeigten sich auch nach Südwesten hin im Flecken Marcoing an der Schelde feindliche Truppen. Um Näheres festzustellen, setzte sich am 31. früh 7 Uhr die 4. Escadron des Gardehusaren-Regiments von Fins aus in Bewegung. Mit östlicher Umgehung von Cambrai gelangte sie nach Jouy und sprengte hier mit 1 Centner Pulverladung die Eisenbahnbrücke zwischen Cambrai und Bouchain in die Luft. Die Eskadron kam nach einem Ritt von mehr als 10 Meilen mit der Meldung zurück, daß zwar Bouchain und Cambrai mit einigen Tausend Mann besetzt, daß aber während der letzten Woche französische Truppen angeblich von Cambrai nach Maubeuge abgezogen waren. —

Bei Arras hatte der Feind seit dem 29. Abtheilungen in die südliche Umgebung der Stadt, nach den bisher unbesetzten Dörfern Achicourt und Beaurains vorgeschoben. Auch zeigten sich die Ortschaften an der Scarpe zwischen Arras und Douai jetzt stark belegt. Ganze Bataillone traten hier den gegen die Eisenbahn vorgehenden Cavallerie-Patrouillen entgegen. Dennoch gelang es noch am 29. einer solchen vom Husaren-Regiment Nr. 7, die Eisenbahn zwischen Arras und Douai durch Aufhebung einiger Schienen bei Feuchy zu unterbrechen und die Telegraphenleitung dort zu zerstören. — In General Goebens linker Flanke streifte als fliegendes Corps das Husaren-Regiment Nr. 9 mit fahrender Infanterie unter Oberst Wittich. Dies Detachement war am 28. Dezember in Avesnes le comte eingerückt und ging von hier aus am 29. in nordöstlicher Richtung gegen die Eisenbahn Arras—Bethune vor. Bei Souchez (1½ Meilen nördlich Arras) überfiel Oberst Wittich eine feindliche Mobilgarden-Abtheilung und machte 5 Offiziere 170 Mann Gefangene. Beim weiteren Vorrücken stieß er aber in der stark besetzten Gegend östlich der Straße Arras—Bethune auf sehr große Ueberlegenheit, so daß der Bahnhof von Lens nicht von ihm erreicht werden konnte. —

Ein anderes fliegendes Corps unter Oberstlieutenant Pestel (Ulanen-Regiment Nr. 7 und Füsilier-Bataillon des Regiments Nr. 70) war bekanntlich am 25. bei Picquigny zusammengetreten und hatte in der Gegend von Longpre feindliche Truppen aus Abbeville vor sich.

Oberstlieutenant Pestel unternahm jetzt eine erfolgreiche Diversion. Unter Festhaltung des Uebergangs bei Hangest auf der geraden Straße von Amiens nach Abbeville dirigirte er sich mit dem Gros seines Detachements (3 Escadrons und 3 Compagnien) nach der Gegend von Molliens-Vidame. Von hier aus rückte er am 28. über Airaines vor und wandte sich dann plötzlich rechts gegen Longpre, wo sich 3 feindliche Mobilgarden-Bataillone befanden. Sie wurden überraschend angegriffen, nach zweistündigem Gefecht vollständig geschlagen und auseinander gesprengt. Der Feind verlor über 50 Todte und Verwundete, außerdem 3 Fahnen, 10 Offiziere und 250 unverwundete Gefangene. Der Verlust auf preußischer Seite betrug nur 5 Verwundete. Die sonst noch in dieser Gegend befindlichen Abtheilungen des Feindes zogen sich jetzt nach Abbeville zurück. Oberstlieutenant Pestel ging in den nun folgenden Tagen über Domart und St. Ricquier gegen Abbeville vor und versuchte, den festen Platz unter dem Eindruck jener Niederlage zur Kapitulation zu bewegen. Die in der Nacht vom 30. zum 31. Dezember darüber angeknüpften Verhandlungen blieben aber resultatlos. General Goeben ließ von seinem linken Flügel her über Bernaville Verbindung mit dem Detachement Pestel aufnehmen. —

Alle diese Vorgänge und Wahrnehmungen nördlich der Somme ließen zunächst noch keine offensiven Absichten des Feindes erkennen. Zwar schienen sich die Truppen von Douai her im Allgemeinen wieder näher nach Arras und Cambrai heran zu schieben. Andererseits war es noch in den letzten Tagen den Cavallerie-Patrouillen und Streifcorps gelungen, nicht nur an die feindlichen Cantonnements heran zu kommen, sondern auch innerhalb der feindlichen Linien Eisenbahnzerstörungen zu bewirken und in ihrem Rücken ein ganzes Kantonnement aufzuheben, ja sogar bis in das feste Cambrai hineinzureiten. —

Ernster lauteten die Nachrichten von Rouen. Schon nach der Meldung vom 26. wußte man auf dem linken Seine-Ufer die feindlichen Vorposten östlich Bourgtheroulde, während sich auf dem rechten ein allmähliges Vorschieben von Havre her bemerkbar machte. Die nächsten Mittheilungen erhielt man am 29. in Albert. Ein Telegramm vom 27. meldete, der Feind dränge auf dem linken Ufer, am Nachmittag seien starke feindliche Colonnen im Vorrücken auf Bourgachard gewesen. — Diesem Telegramm folgte ein ferneres über die Vorgänge am 29. Der Feind auf dem linken Ufer, angeblich 10,000 Mann stark, hatte seine Spitzen bis zur früheren Vertheidigungslinie la Bouille—Elbeuf vorgeschoben. Auf dem rechten Ufer stand er mit 8000 Mann bei St. Romain zwischen Bolbec und Harfleur. In den während der letzten Tage beständig fortdauernden Vorpostengefechten hatte das 1. Armee-Corps etwa 80 Mann verloren.

Am 30. Abends und in der Nacht zum 31. erhielt der Oberbefehlshaber in Amiens neue Meldungen. Der Feind war heute auf dem linken Seine-Ufer angriffsweise vorgegangen; die Truppen des 1. Armee-Corps hatten aber die Stellung bei Grande-Couronne behauptet. Auf dem rechten Ufer waren die Patrouillen bei Fauville und Hericourt, also bereits im Terrain zwischen Bolbec und Yvetot, auf den Feind gestoßen. Alle Nachrichten deuteten auf eine jetzt beabsichtigte Offensive auf beiden Seine-Ufern, weil man Rouen durch Detachirungen geschwächt wisse. Diese vom 1. Armee-Corps eingehenden Meldungen, auch die darin jetzt auf 20,000 Mann geschätzte Stärke des Feindes vom linken Seine-

Ufer fanden ihre Bestätigung in einer, ungefähr gleichzeitig beim Oberkommando eingehenden Mittheilung aus dem großen Hauptquartier in Versailles. Danach bestanden die unter General Lauriston bei Bernay versammelten Truppen aus 6 Linien- und 1 Marine-Bataillon, außerdem 12,000 Mann Mobilgarden und Franctireurs, 600 Mann Cavallerie und einigen Batterien. Auf Grund günstiger Nachrichten von Rouen hieß es, war General Lauriston am 26. Dezember von Bernay gegen Rouen vorgerückt, um sich mit den von Havre kommenden 12 bis 15,000 Mann die Hand zu reichen und hatte am 26. seine Vortruppen bis Bourgtheroulde vorgeschoben. — Aus Alledem ergab sich unverkennbar das Bild eines unmittelbar bevorstehenden Angriffs gegen Rouen. Die 2. Brigade war hier inzwischen bis auf 1 Bataillon wieder eingetroffen, ihr sollte sich der Transport der 3. Brigade anschließen, welche jetzt noch im Anrücken über Corbie nach Amiens begriffen war. —

Am 31. Morgens begab sich General Manteuffel selbst mit einem Theil seines Stabes und einer schwachen Infanterie-Bedeckung mittelst Extrazuges nach Rouen.*) Ihm folgte mit dem nächsten Zuge das noch fehlende Bataillon der 2. Brigade. — Da die am 31. erwartete Wiederholung des feindlichen Angriffs ausblieb, so war General Bentheim nun seinerseits mit den südlich Rouen befindlichen Truppen vorgerückt, um sich durch einen kurzen Vorstoß Luft zu machen. —

Bei Moulineaux an der Spitze des großen Seine-Bogens westlich von Grande-Couronne traf man auf eine stärkere feindliche Abtheilung. Sie wurde zersprengt und zum Theil in die auf steiler Höhe gelegene alte Schloßruine Robert le Diable geworfen, welche demnächst erstürmt wurde. Außer vielen Todten und Verwundeten verlor der Feind etwa 100 Gefangene, deren Eintreffen in Rouen sehr abkühlend auf die dort bereits erregten Hoffnungen wirkte. Auf dem rechten Seine-Ufer war der Feind zwar im Vorrücken geblieben, stand aber noch westlich von Yvetot. — So schloß hier im Norden das Jahr 1870.

In dankendem Rückblick auf die Ereignisse desselben erließ der Oberbefehlshaber am Neujahrstage folgenden Armee-Befehl:

---

*) Die 15 Meilen lange Fahrt auf der mit Bahntelegraph nicht versehenen Linie wurde in wenig mehr als 2 Stunden zurückgelegt.

„Ich spreche der I. Armee meinen Glückwunsch zum neuen Jahre aus. Mit stolzem Gefühl stehe ich an der Spitze dieser Armee. Dieselbe hat selbstständig 4 Schlachten: die vor Metz, bei Noisseville, bei Amiens und an der Hallue siegreich geschlagen; sie hat in 3 anderen Schlachten: Saarbrücken, Bionville und Gravelotte entscheidend eingegriffen und den Sieg mit errungen. Die Armee hat den heißen und langwierigen Cernirungskampf um Metz glorreich mit durchgeführt und ihr ist die Auszeichnung geworden, diese alte wieder eroberte deutsche Festung zuerst zu besetzen. Die Armee hat dann die Festungen Thionville, la Fere und Montmedy belagert und erobert und die großen volkreichen Städte Amiens und Rouen nach siegreichen Kämpfen um dieselben besetzt. Abgesehen von den gemeinsam mit der II. Armee geschlagenen Schlachten und durchgeführten Belagerungen hat die I. Armee in ihren selbstständigen Operationen 15,000 Gefangene gemacht, 500 Geschütze genommen und ein unermeßliches Kriegsmaterial erbeutet. Immer war es der I. Armee beschieden, gegen feindliche Ueberzahl kämpfen zu müssen, da ihre vielfachen und ausgedehnten Aufgaben die Concentrirung nur selten gestatteten. Außergewöhnliche Anstrengungen und Schwierigkeiten hatte die Armee zu überwinden und noch jetzt hat sie bei Eis und Schnee geschlagen und bivouackirt.

Das Vertrauen, welches unser frühere Oberbefehlshaber, General der Infanterie von Steinmetz bei Uebernahme des Oberkommandos aussprach und welches er wieder aussprach, nachdem er die Armee von Erfolg zu Erfolg geführt und von des Königs Majestät dann auf einen andern Posten berufen wurde, — dies Vertrauen hat die I. Armee in jeder Hinsicht bewahrheitet; fort und fort hat sie die Zufriedenheit Seiner Majestät des Königs sich zu erwerben gewußt. Ich halte mich ermächtigt, der Armee im Namen ihres früheren Oberbefehlshabers, wie in dem meinigen am Jahresschluß unsern Dank auszusprechen. Auch im neuen Jahre möge Gottes Segen auf unsern Fahnen ruhen und neuen Sieg an dieselbe knüpfen. Das ist mein Gebet!

gez. Manteuffel.

Schlußkapitel.

Kapitulation von Mezieres am 1. und von Rocroi am 6. Januar. Ausscheiden der 14. Division aus dem Armeeverband. — Niederlagen des Französischen Truppencorps unter General Roye auf dem linken Seine-Ufer am 4. Januar. — Vorrücken der Nordarmee zum Entsatz von Peronne. Gefecht bei Sapignies am 2., Schlacht bei Bapaume am 3. Januar. — Operationen der Cavallerie-Division Lippe gegen Vervins 2. bis 6. Januar. — Uebernahme des Oberkommandos der I. Armee durch General Goeben, — und Kapitulation von Peronne am 9. Januar.

Der Neujahrswunsch des Oberbefehlshabers ging bald in Erfüllung. Die Ereignisse drängten sich. In Folge des erst Tags zuvor begonnenen Bombardements kapitulirte schon am Neujahrstage die Festung Mezieres mit 2000 Mann und 193 Geschützen. General Manteuffel hoffte jetzt die 14. Division zur Verstärkung der Feldarmee nach der Somme heranziehen zu können und erließ die dahin zielenden Befehle. Es war aber in Versailles schon anderweitig über diese Division verfügt: sie hatte von dorther Befehl erhalten, zunächst noch einen Handstreich gegen Rocroi zu versuchen. General Senden, welcher am 3. Januar bei Mezieres eintraf, bestimmte hierzu 5 Bataillone, 2 Escadrons, 6 Batterien und 1 Pionier-Compagnie unter General Woyna's Führung. Das Unternehmen gelang vollständig. Am nebeligen 6. Januar wurde die kleine Festung plötzlich berannt und aus Feldgeschütz beschossen. Da die Wirkung nicht alsbald übersehen werden konnte, war man schon im Begriff, von dem Unternehmen abzustehen. Es gelang aber dem als Parlamentair in die Festung gesandten Divisions-Adjutanten Premier-Lieutenant Foerster, unter gewandter und energischer Benutzung der Umstände den Kommandanten zur Kapitulation zu bestimmen. 300 Mann 72 Geschütze kamen wieder in unsere Hände; die im äußersten Nordwinkel des Landes gelegene Festung Givet war jetzt ganz isolirt. — Inzwischen hatte schon am 5. der Eisenbahntransport der 14. Division und ihres Belagerungsparks nach Mitry begonnen. Letzterer sollte zur Verstärkung des Nordangriffs gegen Paris Verwendung finden. Die Division aber wurde in Folge der drohenden Wendung im Südosten Frankreichs zur Bildung der Südarmee nach Chatillon sur Seine herangezogen und schied damit definitiv aus dem Verbande der I. Armee. Der bisher vor Mezieres verwendete Pontontrain des 1. Armee-Corps wurde am 7. über Reims nach Rouen in Marsch gesetzt. Auch wurde ein Theil des Belagerungstrains vor Mezieres nebst 1 Artilleriekompagnie für den Angriff gegen Peronne zur Verfügung gestellt, wo sie aber nicht mehr zur Thätigkeit kamen, weil die Festung vor ihrem Eintreffen kapitulirte. —

Nachdem sich General Bentheim am 31. Dezember in der unmittelbarsten Nähe von Rouen Luft gemacht hatte, erwartete er jetzt das Eintreffen des Regiments No. 44 von Amiens. Diese vom Oberbefehlshaber gewährte Verstärkung wurde indessen von vornherein als eine nur vorübergehende bezeichnet, weil zwar für jetzt noch keine Anzeichen einer neuen feindlichen Offensive gegen die Somme vorlagen, eine solche aber über kurz oder lang wieder vorauszusehen war. Es sollte deshalb unmittelbar nach Eintreffen jener Verstärkung dem Feinde auf dem linken Seine-Ufer mit kurzem und energischen Offensivstoß zu Leibe gegangen werden, um demnächst nicht nur das Regiment No. 44, sondern noch mehr Truppen von Rouen nach Amiens werfen zu können. Nach einer allgemeinen Abrede in diesem Sinne mit General Bentheim, begab sich General Manteuffel am 1. Januar Nachmittags nach Amiens zurück. —

An Stelle des erkrankten General Falkenstein übernahm einstweilen General Bergmann von der Artillerie die Führung der 1. Division und das Kommando auf dem linken Seine-Ufer. — Auf dem rechten Ufer fand seit dem 1. Januar keine weitere Vorbewegung des Feindes statt. Das hier entgegen geschobene Preußische Detachement ging nach Yvetot und blieb daselbst am 3. Januar unbehelligt stehen. Der Feind war auf der Straße Bolbec—Yvetot schon am 2. bis Languetot zurückgewichen; in der Richtung nach Caudebec aber nicht über Anquettierville hinaus vorgedrungen. —

Nachdem nun das Regiment No. 44 in Rouen eingetroffen war, wurde am 4. in aller Frühe der beabsichtigte Vorstoß auf dem linken Seine-Ufer ausgeführt. Der Feind unter General Roye hatte in vorderer Linie anscheinend 3 Hauptgruppen; etwa 1500 Mann bei la Sonde (westlich Elbeuf) 2500 Mann bei Bourgtheroulde, 4000 Mann bei Bourgachard; die dahinter befindlichen Reserven waren wegen des starken Nebels und bei der Unübersichtlichkeit des Terrains nicht zu erkennen.

General Bentheim setzte sich Morgens 4 Uhr in Bewegung und führte den ersten Stoß über Moulineaux. Der Mond war von dichtem Nebel verschleiert; man sah nur wenige Schritt vor sich. Die Vertheidigungs-Abschnitte und Barrikaden bei Moulineaux wurden unbesetzt gefunden. Eine Nebencolonne aber griff die inzwischen wiederbesetzte Ruine Robert le Diable an. Der hier befindliche Feind wurde größtentheils niedergemacht oder gefangen. Man gelangte jetzt nach Tagesanbruch bis vor den Abschnitt und Straßenknoten von la Maison brulee. Diese Position wurde vom Feinde vertheidigt, welcher die vorrückenden Truppen mit lebhaftem Gewehrfeuer empfing, während 2 Geschütze die Chaussee nach Moulineaux bestrichen. Unter Benutzung des vor der Stellung befindlichen Waldes gelang es aber, letztere durch einen Flankenangriff zu nehmen. Der größte Theil der Vertheidiger wurde in den Häusern gefangen, die beiden feuernden Geschütze genommen. —

Zum weiteren Vorrücken formirte sich General Bentheim in drei Kolonnen: Die rechte Flügelcolonne (Oberst Legat mit 2 Bataillonen des Regiments No. 3) auf der Straße nach Bourgachard; Centrum (Oberst Busse mit 1 Bataillon Regiments No. 43 und dem Regiment No. 44) gegen Bourgtheroulde; linke Flügelcolonne (Oberstlieuteuant Hüllessem mit dem Regiment No. 41) auf einem in grader Richtung nach la Londe führenden Waldgestell.

Oberst Legat stieß in St. Quen auf stärkeren Widerstand. Der Feind hatte hier etwa 8 Geschütze im Feuer und suchte die Preußischen Flügel zu umfassen. Das Gefecht wurde zum Theil sehr ernst; besonders wurde der linke Flügel durch eine französische Colonne hart bedrängt. Die inzwischen vorgezogene Preußische Artillerie brachte aber den feindlichen Angriff ins Stocken. Unter Anderem fand hierbei die aus St. Quen debouchirende Batterie Hoffbauer Gelegenheit, den linken Flügel durch ihr rechtzeitiges Eingreifen zu begagiren, indem sie den bis auf 300 Schritt herangekommenen Feind durch wohlgezieltes Kartätschfeuer zur Umkehr zwang. Auch auf den anderen Punkten wurde der Feind zum Weichen gebracht und nun der Vormarsch auf Bourgachard fortgesetzt, welches noch vor Eintritt der Dunkelheit genommen wurde. Der Feind wich jetzt in Unordnung weiter zurück. Ein kleines Detachement unter Major Preinitzer (1 Escadron, 2 Geschütze, 1 Infanterie-Compagnie auf Wagen) setzte die Verfolgung fort und erreichte den Feind bei Rougemontier (1½ Meile westlich Bourgacharb). Von Neuem hier angegriffen, verlor der Feind 2 Geschütze, zahlreiche Gefangene und setzte seinen fluchtartigen Rückzug nach Pont Audemer fort. — Die mittlere Colonne unter Oberst Busse traf den Feind in der Gegend von Bourgtheroulde vor der Südwest-Lisiere des großen Waldes von la Londe. Nach kurzem Feuergefecht wurde der Feind geworfen; dann Bourgtheroulde ohne großen Widerstand genommen. Der Feind zog sich, vom Nebel begünstigt, anscheinend in den beiden Richtungen nach Bourgacharb und nach Brionne ab.

Dem Vorstoß der linken Flügelcolonne gegen la Londe und der damit verbundenen Cooperation eines Detachements von Pont de l'Arches über Elbeuf hatte sich der Feind anscheinend durch rechtzeitigen Rückzug entzogen.

Das Resultat des Tages an Trophäen bestand aus 4 gezogenen Geschützen, 3 Fahnen und etwa 500 unverwundeten Gefangenen. Der Totalverlust des Feindes war natürlich weit größer. Er wich erst auf beiden Seine-Ufern in weitere Entfernung von Rouen zurück und kam es auf diesem Theil des Kriegsschauplatzes seitdem nicht mehr zu ernsten Engagements. — Es wird später gezeigt werden, welche anderweitigen Vortheile hieraus für uns erwuchsen. —

Wir wenden uns jetzt zur **Heeresgruppe an der Somme**. — Bei General Sendens Abgang übernahm am 1. Januar der Kommandeur der 16. Division General Barnekow den Befehl vor Peronne; die Leitung des Artilleristischen Angriffs wurde dem Oberst Kameke übertragen. Die Infanterie und Artillerie der bisherigen Division Senden und die Garde-Cavallerie-Brigade waren in Folge Allerhöchster Genehmigung durch Armee-Befehl vom 31. Dezember zu einem Truppencorps unter Prinz Albrecht vereinigt, die Cavallerie-Brigade Strantz der 3. Cavallerie-Division attachirt worden. — Am 1. Januar, bevor diese Formationsveränderung ins Leben getreten war, standen die Truppen im Allgemeinen so vertheilt:

Vor Peronne die bisherige Division Senden (1 Bataillon nach wie vor in la Fere) und der größere Theil der 16. Division. Seine gegen Norden gerichtete Aufstellung hatte General Goeben in Folge der neuerdings gemeldeten Truppentransporte von Douai nach Cambrai etwas rechts geschoben. Auf dem rechten Flügel bei Fins stand ein gemischtes Detachement unter Prinz Albrecht. Nach leichten Tirailleurgefechten gegen die von Cambrai vorgeschobenen Truppen gelang es am 1. Januar, die drei Schelde-Brücken bei Noyelles, Marcoing und Masnieres (letztere freilich nur unvollkommen) zu sprengen. Auf dem linken Flügel bei Bucquoy befand sich General Groeben mit 3 Regimentern der 3. Cavallerie-Division (General Mirus mit dem Ulanen-Regiment No. 5 war am 31. Dezember bei derselben eingetroffen), 1 Bataillon und 1 Batterie. Im Centrum die 15. Division in der Gegend von Bapaume; die Brigade Strubberg nach Sapignies vorgeschoben, von wo aus links nach Achiet le Grand detachirt wurde. Das Regiment No. 70 der 16. Division befand sich theils als Besatzung in Amiens und auf einzelnen Eisenbahnetappen, theils beim Detachement des Oberstlieutenant Pestel.

Dies letztere streifte nach wie vor in der westlichen Flanke der Armee. Nach der vergeblichen Aufforderung von Abbeville hatte sich Oberstlieutenant Pestel nach der Gegend von Nouvion gewandt, um die Verbindungen zwischen Abbeville und Boulogne zu unterbrechen. Am 1. Januar zerstörte er den Telegraphen und die eiserne Eisenbahnbrücke über den Maie-Kanal. —

Die General-Etappen-Inspection ging am 2. Januar von Amiens nach Chantilly ab. —

Die Division Lippe stand noch bei le Catelet, wohin General Senden jetzt detachiren wollte, um erstere am 2. Januar zum Abrücken nach Vervins abkömmlich zu machen. General Goeben hatte sein Hauptquartier am 31. Nachmittags von Bapaume nach Combles verlegt, um Peronne näher zu sein. Der auf dem linken Somme-Ufer etablirte Belagerungspark aus Amiens war jetzt aktionsbereit geworden. Unter dessen Mitwirkung wurde das seit dem 31. Dezember sistirte Bombardement am 2. Januar Vormittags wieder aufgenommen. —

Inzwischen hatte die Kunde von unserem Vorgehen gegen Peronne den General Faidherbe zu dem Entschluß veranlaßt, einen Entsatzversuch zu Gunsten des bedrängten Platzes zu unternehmen Am 2. Januar ging er von Arras her mit 2 Divisionen auf den Straßen nach Bucquoy und Bapaume vor. Der Preußische linke Flügel unter General Groeben repliirte sich über den Encre-Bach; auch das kleine Detachement der 15. Division an der Eisenbahn bei Achiet räumte diesen Ort dem von Bucquoy her vordringenden

Feinde gegenüber. Auf der Straße nach Bapaume aber wies die Brigade Strubberg bei Sapignies alle Angriffe des sehr überlegenen Feindes zurück, wobei besonders das Kartätschfeuer erfolgreich wirkte, auch eine Escadron des Husaren-Regiments Nr. 7 Gelegenheit zu einer glücklichen Attake fand. Die Verluste der Brigade Strubberg waren mäßig, der Feind verlor bedeutend mehr, unter Anderem auch 250 unverwundete Gefangene. Als aber am Abend die nach allen Seiten vorgesandten Patrouillen das Anrücken neuer feindlicher Colonnen aus den Richtungen von Douai und Arras meldeten, zog General Kummer die Brigade Strubberg näher an Bapaume heran und concentrirte hier seine ganze Division, welche am folgenden Morgen noch durch 2 reitende Batterien von Le Transloy her verstärkt wurde. —

In Folge der in Combles eingegangenen Meldung vom Gefecht bei Sapignies hatte nämlich General Goeben die 15. Division angewiesen, ihre Stellung bei Bapaume am 3. Januar zu vertheidigen. General Groeben aber sollte aus einer Aufstellung westlich bei Pys einem feindlichen Angriff gegen Bapaume mit dem größeren Theil seiner Cavallerie und einigen Geschützen in Flanke und Rücken zu gehen suchen. Das inzwischen bis auf 3 Bataillone, 3 Cavallerie-Regimenter und 3 Batterien verstärkte Detachement Prinz Albrecht rückte am 3. Morgens von Fins nach Bertincourt. Von der Cernirung von Peronne wurden 3 Bataillone und die Corps-Artillerie als Reserve nach Sailly herangezogen. General Goeben für seine Person ritt am 3. Morgens von Combles nach Le Transloy vor, wo vorläufig 2 Bataillone und 2 reitende Batterien in Reserve standen, welche letztere aber bei Beginn des Kampfes alsbald dem General Kummer überwiesen wurden. —

Am 3. Januar Morgens ging der Feind mit seinen beiden jetzt versammelten Armee-Corps zum Angriff vor. Dieser drei- bis vierfachen Ueberlegenheit gegenüber vertheidigte die 15. Division bis gegen Mittag das nördliche Vorterrain von Bapaume, wo besonders um die Dörfer Favreuil und Biefvillers der Kampf mit großer Heftigkeit hin und her wogte. Dann aber zog General Kummer seine Truppen zurück und ließ die 30. Brigade auf den Höhen südlich Bapaume Stellung nehmen, die 29. Brigade in vorderer Linie entwickelt. Inzwischen war Prinz Albrecht von Bertincourt nach Fremicourt vorgerückt und traf hier in dem

Augenblick ein, als General Kummer die Truppen aus dem Vorterrain zurücknahm. Prinz Albrecht griff sogleich in das Gefecht ein, indem er gegen die linke Flanke des Feindes vorging und dadurch, ohne selbst erheblich Terrain gewinnen zu können, doch den feindlichen Angriff ins Stocken brachte. In Anlehnung an die 15. Division und deren rechte Flanke deckend etablirte sich das Detachement des Prinzen nun zwischen Bapaume und Fremicourt.

Der Feind suchte jetzt die 15. Division links zu umfassen, indem er gleichzeitig Bapaume in der Front angriff. Die Stadt wurde aber behauptet, während die nach dem linken Flügel vorgezogene Reserve einen Theil des dort verloren gegangenen Terrains, insbesondere das Dorf Tilloy mit dem Bajonett wiedernahm. Sie behauptete sich dann in hartnäckigem Kampfe, unterstützt durch das linke Flügel-Detachement des Generals Groeben, in der Gegend von Ligny, bis der Feind um 7 Uhr Abends den Kampf abbrach. —

In neunstündigem blutigen Ringen war Bapaume und die dahinter gelegene Hauptstellung glorreich behauptet worden. Der Feind hatte heute wieder 300 unverwundete Gefangene verloren. Aber auch die eigenen Verluste waren schwer,*) die Truppen vom zweitägigen Kampfe erschöpft, die sehr angegriffenen Munitionsbestände bedurften der Ergänzung. Unter diesen Umständen konnte eine unmittelbare Fortsetzung des Kampfes gegen den so überlegenen und bis zuletzt in fester Haltung aufgetretenen Feind bei ungünstigem Ausgang zu einer ernsten Niederlage führen. In richtiger Berücksichtigung der allgemeinen politisch-militärischen Situation wollte aber General Goeben einen Kampf vermeiden, wo der Vortheil des Sieges nicht im Vergleich zu den Nachtheilen einer Niederlage gestanden hätte. Er ordnete deshalb an, daß am 4. früh 8 Uhr die 15. Division in südlicher Richtung abmarschiren, das Detachement Prinz Albrecht aber die Richtung nach Roisel

---

*) Der preußische Verlust am 2. und 3. Januar betrug:
11 Offiziere   117 Mann todt,
35   =   667   =   verwundet,
—   236   =   vermißt,
im Ganzen also 46 Offiziere 1020 Mann.
Davon kamen ungefähr 200 auf den 2. Januar.

(östlich Peronne) einschlagen sollte. Die Cavallerie-Division, verstärkt durch die auf dem linken Flügel der Schlachtlinie verwendete Infanterie, jetzt also mit 5 Bataillonen, sollte nach Albert gehen, wo sie dann in der Flanke eines feindlichen Vormarsches auf Peronne stehen würde. —

Die durch die Schlacht verursachte Erschütterung war aber beim Feinde noch größer, als auf Seite der Vertheidiger. Schon in der Nacht räumte er die nächstliegenden Dörfer nördlich Bapaume und trat am 4. Morgens in übrigens guter Haltung den Rückzug auf Arras und Douai an.*) Es wurde das preußischer Seits bald erkannt. Während die Masse der Truppen die vorgeschriebenen Bewegungen ausführte, blieb ein Theil der Cavallerie-Division am Feinde; das Cürassier-Regiment Nr. 8 attakirte die letzten Bataillone und nahm ihnen Gefangene ab. Am 4. Januar Abends stand die 15. Division in der Gegend von Bray, größtentheils auf dem linken Somme-Ufer, die 16. Division und Division Prinz Albrecht auf dem rechten Somme-Ufer um Peronne. — Die mit Infanterie verstärkte Division Groeben occupirte Bapaume und setzte die Beobachtung des Feindes fort. General Goeben nahm sein Hauptquartier in Becquincourt (zwischen Bray und Peronne). —

---

*) Die Verluste der französischen Armee bei Bapaume betrugen nach dem Faidherbeschen Werk 53 Offiziere 2119 Mann, waren also doppelt so groß als die preußischen. Dennoch schrieb man sich französischer Seits den Sieg zu. Es ist richtig, daß die französische Armee mit ihrer großen Uebermacht im Laufe der Schlacht Terrain gewann und daß preußischer Seits nicht alles verlorene Terrain im Kampfe selbst, sondern erst in unmittelbarer Folge desselben wieder gewonnen wurde. Aber das entscheidende Kriterium für die Beurtheilung liegt wieder anderswo. Hätte Faidherbe wirklich gesiegt, so würde ein so thatkräftiger General den selbst angegebenen Zweck seines Vormarsches, den Entsatz von Peronne durchgesetzt, nicht aber den Rückzug angetreten haben. Die zur Motivirung desselben angeführten Gründe: Mangel an Unterkommen in den von Todten und Verwundeten angefüllten Ortschaften, ein Gerücht von geschehener Sistirung des Bombardements von Peronne, die große Kälte und Ermüdung der Truppen u. s. w., das Alles ist mehr geeignet, eine Niederlage zu verschleiern, als einen Sieg zu illustriren. Das Wahre ist wohl, daß der taktische Sieg unentschieden blieb, weil sich beide Theile zu unmittelbarer Fortsetzung des Kampfes nicht aufgelegt, also wohl gleich wenig fähig fühlten und deshalb einiges Terrain zwischen sich zu legen suchten. Der strategische Sieg aber lag in der Vereitelung des Entsatzes von Peronne unbedingt auf preußischer Seite.

Während dieser Vorgänge bei Bapaume hatte das am 2. Januar wieder begonnene Bombardement von Peronne am 3. und 4. fortgedauert. Am letztgenannten Tage hatte sich auch der in La Fere bereit gestellte Belagerungspark von 11 Geschützen nach Villers-Carbonnel in Marsch gesetzt. Da aber die damaligen Umstände zu einer vorübergehenden Aufhebung der Cernirung führen konnten, so ließ General Barnekow die 11 Geschütze einstweilen nach La Fere umkehren, wo heute auch eine von Mezieres heranbeorderte Artillerie-Compagnie eintraf. —

Oberstlieutenant Pestel war von seiner Expedition nach dem Westen wieder in seine alte Aufstellung zwischen Amiens und Abbeville zurückgekehrt und stand am 4. bei Picquigny. —

Dies war der allgemeine Verlauf der Dinge an der Somme-Linie bis zum 4. Abends. Wir haben hier nur noch die damaligen Operationen der Cavallerie-Division Lippe nachzuholen. —

Von Le Catelet aus hatte sich General Lippe am 2. Januar in östlicher Richtung zunächst nach Bohain in Marsch gesetzt. Ein gegen den Eisenbahnknoten von Busigny dirigirtes linkes Seitendetachement vertrieb den Feind aus Maretz und nahm hier eine beobachtende Aufstellung, nachdem es beim weiteren Vorrücken auf Uebermacht gestoßen war. Als der Feind nun von Busigny her in dem nördlich Bohain zwischen Premont und Becquigny sich ausbreitenden Waldterrain vorging, zog General Lippe die nach den beiden letztgenannten Orten detachirten 2 Escadrons und auch das Detachement Maretz nach Bohain an sich heran. Der während des ganzen Tages von Peronne und weiter nördlich her hörbare Geschützdonner bestimmte den General Lippe, vor Fortsetzung des Marsches nach Vervins einen Vorstoß gegen Busigny zu machen, um dadurch die Verhältnisse in der linken Flanke aufzuklären. Hierzu wurde auch General Senfft, welcher am 2. in Origny eingetroffen war, am 3. nach Bohain herangezogen. Man fand an diesem Tage Maretz und Busigny vom Feinde verlassen; er war Nachts vorher angeblich nach Cambrai abgezogen; auch die in nördlicher Richtung weiter streifenden Patrouillen fanden nirgends eine Spur vom Feinde. Die früher vergeblich ins Auge gefaßte Eisenbahnzerstörung bei Busigny wurde jetzt gründlich bewirkt. —

Am 4. wurde der Marsch nach Guise fortgesetzt. Stadt und Gegend waren von feindlichen Mobilgardenschaaren besetzt, welche die anrückende Avantgarde mit lebhaftem Feuer empfingen, sich aber anscheinend schon zum Abzug, theilweise auf Wagen, anschickten. Von den Höhen westlich Guise eröffnete die sächsische Artillerie ihr Feuer auf alle sich bietenden Objecte und beschleunigte den Rückzug des Feindes. Die Stadt wurde von Süden her besetzt, das westlich vorliegende Defilee gesäubert, die weitere Verfolgung aufgenommen: vom Garde-Reiter-Regiment nach Vervins, vom Ulanen-Regiment Nr. 17 in nördlicher Richtung. Ersteres griff bei Beaurain noch 20 versprengte Mobilgardisten auf und patrouillirte dann gegen Vervins und Marle, welche Orte anscheinend nicht mehr besetzt waren. Das Ulanen-Regiment stieß am Abschnitt von Iron auf etwa 1000 Mobilgarden, so daß die Batterie und 1 Jäger-Compagnie zu seiner Aufnahme vorgehen mußten. Das Geschützfeuer hinderte den wieder offensiv gewordenen Feind am weiteren Vordringen; das Gefecht wurde mit Eintritt der Dunkelheit abgebrochen. —

Am 5. früh aber ging ein gemischtes Detachement aller Waffen zur weiteren Aufklärung gegen Landrecies bis über Etreux vor, das Garde-Reiter-Regiment von Neuem gegen Vervins und Marle. Nirgends wurde der Feind angetroffen. Alle bisher in dieser Gegend befindlichen Truppen schienen jetzt ihre Vereinigung mit der Nordarmee nach Arras und Douai hin anzustreben. Mit diesem Resultat der Expedition marschirte General Lippe am 6. nach St. Quentin. —

Wir wenden uns wieder nach Westen.

Am 7. Nachmittags war die Meldung vom Ausgang der Schlacht bei Bapaume in Amiens eingegangen und General Goeben in Folge dessen aufgefordert worden, mit den zunächst am Feinde stehenden Truppen den schwer errungenen Sieg auszubeuten, insbesondere auch die Belagerung von Peronne nun wieder fortzuführen. —

Nachdem am 5. Januar die Wiederergänzung der Munition stattgefunden hatte und die über Bapaume vorgeschobene Cavallerie den vollständigen Rückzug des Feindes nach Arras und Douai meldete, wurde am 6. Januar ein Theil der 15. Division nach Albert hin dislocirt und der Belagerungstrain von La Fère wieder heran beordert. Oberstlieutenant Pestel erhielt Befehl, sich dem linken Flügel zu nähern; er marschirte in Folge dessen mit 3 Escadrons am 6. Januar nach Villers-Bocage, am 7. nach Acheur.

Eine Escadron blieb in Picquigny, das Füsilier-Bataillon Nr. 70 wurde zur 16. Division herangezogen.

General Goeben meldete diese Anordnungen am 6. nach Amiens und machte folgende Mittheilung über seine ferneren Absichten:

Um nicht von Neuem in die Lage zu kommen, eine Defensivschlacht mit der Front nach Norden schlagen zu müssen, werde er nun folgende Aufstellung nehmen:

1. 15. Division bei Albert und längs der Eisenbahn nach Arras,
2. Division Prinz Albrecht und Corps-Artillerie in der Gegend von Combles,
3. 3. Cavallerie-Division mit 2 Bataillonen bei Bapaume,
4. 16. Division und Cavallerie-Brigade Strantz vor Peronne, mit der Aufgabe, die Sicherung der Cernirung nach der Seite von Cambrai hin selbst zu bewirken.

Würde die feindliche Armee von Neuem zum Entsatz von Peronne vorrücken, so wollte General Goeben die Straße über Bapaume frei lassen, ihr dann aber mit den unter Nr. 1 bis 3 aufgeführten Truppen, also mit 18 Bataillonen, 24 Escadrons und 90 Geschützen in Flanke und Rücken gehen.

Am 7. Januar gingen von verschiedenen Seiten her Mittheilungen über neue Verstärkungen der feindlichen Nordarmee ein. Es sollten 20,000 Mann bei Boulogne ausgeschifft, ein Theil davon nach Abbeville geworfen sein. General Faidherbe, so hieß es, beabsichtige mit jetzt 3 Armee-Corps einen Vorstoß gegen Amiens und habe bereits am 6. starke Massen bei Hamelincourt, halbwegs zwischen Arras und Bapaume versammelt. Bestätigten sich diese Nachrichten, so wäre allerdings die feindliche Uebermacht eine erdrückende geworden und beabsichtigte General Goeben dann, die Truppen ganz hinter die Somme zu nehmen und hier den Angriff zu erwarten. Nur die Cavallerie-Division sollte dann bei Bapaume am Feinde bleiben, sich aber einem überlegenen Andrange desselben in südlicher Richtung entziehen.

General Goebens Absichten und Anordnungen waren vollkommen im Sinne der beim Oberkommando herrschenden Auffassung. So großen Werth man hier nämlich aus den früher angegebenen Gründen auf den Besitz von Peronne legte, so war es doch klar, daß man sich keiner Niederlage nördlich der Somme aussetzen durfte. Nöthigenfalls mußte man sich daher entschließen, die Cernirung jener Festung auf dem rechten Somme-Ufer vorübergehend aufzugeben und dann das Bombardement einstweilen nur vom gesicherten linken Ufer aus fortzusetzen, wo aus diesem Grunde der Belagerungspark etablirt war. Ueber die hier in Betracht kommenden Verhältnisse fand am 6. und 7. Januar eine eingehende Correspondenz zwischen dem Oberbefehlshaber und General Goeben statt.*) —

Es ist hier am Ort, einige andere Anordnungen des Oberkommandos nachzuholen. Wir wissen aus dem Vorangegangenen, wie in den ersten Januartagen vier wichtige Nachrichten nach und nach in Amiens eingegangen waren: zuerst die vom definitiven Ausscheiden der 14. Division aus dem Armeeverband, wonach also von dort her keine Verstärkung mehr in Aussicht stand. Dann kamen die Meldungen vom Ausgang der Schlacht bei Bapaume, später die Mittheilungen über ansehnliche Zuzüge zur feindlichen Nordarmee. Um so willkommener war es also, daß die am 5. erhaltene Meldung von General Bentheims Erfolgen gegen General Roye es bereits gestattet hatte, die für uns an der Somme so wünschenswerthen Verstärkungen wieder von Rouen heranzubeordern. —

Vom 1. Armee-Corps standen damals 9 Bataillone auf dem linken Seine-Ufer in der Linie Bourgachard—Pont de l'Arches, 6 Bataillone auf dem rechten Ufer in der Linie Pavilly—Duclair, 6 Bataillone in Rouen selbst, 1 Bataillon in Gisors und auf anderen kleinen Etappen; 3 Bataillone (das Regiment Nr. 4) und 2 Batterien waren in Amiens geblieben. General Bentheim wurde jetzt telegraphisch angewiesen, 6 Bataillone und 2 Batterien auf der Eisenbahn nach Amiens zu dirigiren. Diese Transporte, wodurch die vom 1. Armee-Corps nach der Somme detachirte Abtheilung wieder bis auf die Stärke von 9 Bataillonen, 4 Batterien gebracht werden sollte, begannen am Nachmittag des 7. Januar.**)

---

*) Wir halten uns zu einem Abdruck dieser sehr characteristischen Correspondenz nicht ermächtigt, worin unter voller Festhaltung des dienstlichen Standpunktes Selbstständigkeit der Ansichten und gegenseitiges Vertrauen der beiden Generale in schöner Weise hervortreten. —
**) Bei der nun fortbauernden Unthätigkeit des Feindes in der Normandie wurden später noch mehr Truppen von Rouen herangezogen, was für den glänzenden Ausgang der Schlacht bei St. Quentin nicht unwichtig war. —

An demselben Tage ging in Amiens die Meldung von Oberstlieutenant Pestel's Abmarsch nach Acheux ein, zugleich die Nachricht, daß von Abbeville aus, wo sich der Feind nach dem Gefecht bei Longpre bisher ganz passiv verhalten hatte, am 5. Mittags Truppen nach Pont Remy (zwischen Abbeville und Longpre) vorgeschoben waren. Es wurde das mit den angeblich aus Boulogne eingetroffenen Verstärkungen in Verbindung gebracht. Zur Deckung der Eisenbahn Amiens—Rouen befahl deshalb General Manteuffel noch am 7. das Abrücken eines Bataillons vom Regiment Nr. 4 und einer bisher in Amiens verbliebenen Gardehusaren-Escadron nach Molliens-Vidame, von wo aus mit der Escadron bei Picquigny in Verbindung getreten werden sollte. —

Das Detachement traf am 7. Abends in Molliens-Vidame ein und poussirte weiter auf Airaines vor, ohne mit dem Feinde in Berührung zu kommen. Auch Oberstlieutenant Pestel durchstreifte am 8. Januar unbehindert das Terrain zwischen der Eisenbahn von Albert nach Arras und der Straße Doullens—Arras und schob seine Patrouillen nun weiter gegen Arras und die von hier über Avesnes nach Frevent führende Straße vor. Ebenso wenig hatte die am 7. erwartete Vorbewegung der feindlichen Armee auf Bapaume statt gefunden. Hamelincourt sollte sogar wieder verlassen sein. Die oben mitgetheilten Gerüchte reducirten sich für jetzt darauf, daß die Nordarmee nach bewirkter Ravitaillirung hinter den Festungen ihre Kantonnements jetzt wieder um ein Weniges nach Süden vorgeschoben hatte. Ihre Vorposten standen etwa auf der Linie Douchy—Ervillers—Croisilles; dahinter kantonnirten die Truppen in der Gegend von Boisleux und Boyelles, also etwa halbwegs zwischen Arras und Bapaume. —

Unter diesen Umständen war General Goeben am 7. in seiner bisherigen Aufstellung (15. Division zwischen Bray und Albert; Prinz Albrecht bei Combles; 16. Division und Brigade Strantz um Peronne; Hauptquartier Becquincourt) verblieben.

Am 8. änderte sich nichts in dieser Sachlage. Das Bombardement von Peronne wurde kräftig fortgesetzt; am 9. Morgens schwieg das feindliche Festungsfeuer und am Spätabend kapitulirte die Festung mit 3000 Mann und 47 Geschützen. Eine Zeitlang schien indessen die Ausführung der Kapitulation noch in Frage gestellt. Von Cambrai aus waren feindliche Truppen vorgerückt, vor denen sich Oberst Wittich am 9. von Fins bis Nurlu repliirt hatte. Am 10. Vormittags wurde außerdem das Vorrücken der Nordarmee über Bapaume nach Sailly gemeldet. Zu dieser Zeit aber waren die Truppen aus Cambrai schon wieder bis nördlich Fins zurückgewichen und auch die Nachricht von einer Annäherung der Nordarmee erwies sich als übertrieben.*) So wurde Peronne am 10. Januar Mittags 1 Uhr von den preußischen Truppen besetzt. —

Mit diesem Ereigniß war das seit der Schlacht an der Hallue vom General Manteuffel ins Auge gefaßte Ziel, — der gesicherte Besitz der Somme-Linie von La Fere bis Amiens, erreicht. — Die Nachricht davon erhielt er aber nicht mehr in Amiens. Ein am 7. Abends hier eingegangenes Telegramm hatte ihn nach Versailles berufen, um den Oberbefehl über die aus dem 2., 7. und 14. Armee-Corps neu gebildete Südarmee zu übernehmen. Das Oberkommando der I. Armee ging vom 9. Januar an auf General Goeben über. Vor seinem Abgang am 9. Januar erließ der bisherige Oberbefehlshaber folgenden Abschiedsbefehl:

„Seine Majestät der König haben mich zu einem anderen Kommando berufen und mir befohlen, das über die I. Armee dem General der Infanterie von Goeben zu übergeben. Mit vollstem Vertrauen lege ich dies schöne Kommando in so bewährte Generalshand.

General der Infanterie von Goeben übernimmt von morgen an den Oberbefehl über die I. Armee. Aber scheiden kann ich nicht von der Armee, ohne den Schluß meines Neujahrwunsches zu wiederholen.

Ich sage auch heute, aber heute in meinem alleinigen Namen und aus meinem vollen, ganzen Ich heraus, der Armee meinen tiefgefühlten Dank und meinen herzlichsten Glückwunsch für ihren ferneren Lorbeer! Ich danke dem Stabe des Oberkommandos, ich danke den Herren Generalen, Regiments-Kommandeuren und Offizieren, ich danke jedem einzelnen Soldaten der Armee; ich danke den Herren Aerzten, die in und außer Feuer ihre Dienste mit gleicher Hingabe geleistet und danke da speciell den beiden Herren consultirenden Generalärzten, deren unermüdliche Thätigkeit dem

---

*) Nach dem Faidherbeschen Werk hatte man eine neue Recognoscirung der Verhältnisse von Peronne beschlossen und am 10. Januar Kantonnements um Ervillers (1½ Meilen nördlich Bapaume) bezogen. —

Könige ebenfalls manchen braven Soldaten erhalten hat; ich danke den Geistlichen, die auch das Feuer nie gescheut, wo es galt in ihrem Berufe zu wirken; ich danke sämmtlichen Militärbeamten und führe es anerkennend an, daß die Beamten der Intendantur es stets verstanden haben, die Verpflegung der Armee sicher zu stellen und daß die Offiziere und Soldaten, welche den Dienst beim Train und den Etappen versehen, hierzu erfolgreich mitgewirkt haben.

Und so sage ich Euch Allen Lebewohl! Und bei diesem Lebewohl gedenke ich zugleich in inniger Dankbarkeit unserer gebliebenen und verwundeten Kameraden, deren geflossenes Blut soviel zu dem Ruhme der I. Armee beigetragen hat.

Gott sei ferner mit Euren Fahnen.
Amiens, den 8. Januar 1872.
gez. Manteuffel."

Nachwort.

Wir schließen hiermit diese Darstellung. Sie sollte nur soweit fortgeführt werden, als dem Verfasser die persönliche Anschauung der Dinge und vollständige Kenntniß des inneren Zusammhangs der Ereignisse zur Seite stand. Einer dazu berufeneren Feder bleibt daher die Schilderung der Schlußperiode des französischen Nordfeldzuges überlassen, in welcher General Goeben die erfolgreiche Thätigkeit seiner Vorgänger durch den glänzenden Sieg von St. Quentin krönte. —

Anhang.

Truppenbewegungen, Gefechte und Schlachten, überhaupt alle im Kriege äußerlich zu Tage tretenden Erscheinungen erwecken als solche ein allgemeines Interesse. An den Resultaten eines Feldzuges participiren indessen auch Factoren, welche äußerlich betrachtet mehr oder weniger in den Hintergrund treten, dennoch aber von hervorragendem Einfluß auf den Ausgang der Dinge sind. In ihrer Gesammtheit bilden sie gleichsam das innere Getriebe der großen Armee-Maschine, deren regelmäßiges Funktioniren erfahrungsmäßig von so hoher Wichtigkeit ist. Mit Recht wandte sich der Oberbefehlshaber der I. Armee in seinem Abschiedsbefehl vom 8. Januar dankend auch an diese Factoren. Um deren verdienstvolle Thätigkeit mit ganzem Verständniß zu würdigen, wäre aber eine ins Einzelne gehende Darstellung nöthig, — ein wenig geeigneter, weil nicht besonders anregender Stoff für Autor und Leser. Wir beschränken uns deshalb auf einige Angaben über Verpflegung und Munitionsergänzung vom Standpunkt der Armeeführung aus, wobei wir uns auf authentische Mittheilungen von befreundeter und kompetenter Weise stützen konnten. —

1. Uebersicht der Verpflegungs-Dispositionen beim Oberkommando der I. Armee im Kriege gegen Frankreich.

Bei Beginn des Feldzuges gegen Frankreich bestand die I. Armee aus dem 7. und 8. Armee-Corps und der 3. Cavallerie-Division. Ihre Verpflegung war anfänglich naturgemäß auf den Rhein basirt. Es wurde der laufende Verpflegungsbedarf auf 6 Wochen und eine Reserve auf 14 Tage zunächst in Coblenz und Coeln niedergelegt, in der Voraussetzung, daß beim Vormarsch der Armee entweder die Rhein-Nahe-Bahn für den Nachschub zu benutzen, oder die Bahn Call—Trier bald fahrbar gemacht sein werde. Beides traf aber nicht zu. Der Nachschub blieb auf den Landtransport angewiesen; dessen Unzulänglichkeit aber ergab sich schon bei den Märschen durch Eifel und Hundsrück und während der dann folgenden Aufstellung östlich der Saar.

Als daher die Armee weiter über die Saar vorrückte und zu dieser Zeit die General-Etappen-Inspection in Thätigkeit trat, wurde die Verpflegungsbasis vom Rhein nach der Saar verlegt und die Anlage eines Hauptmagazins sowie der nöthigen Back-Anstalten in Trier und Saarlouis angeordnet. Zu diesem Zweck mußten diejenigen Verpflegungsgegenstände, welche sich noch in den früher angelegten Etappen-Magazinen in der Eifel und im Hundsrück befanden, ebenso auch die in Coblenz und Coeln lagernden Vorräthe herangezogen werden, und zwar mittelst Landtransport nach Saarlouis und Trier. Die General-Etappen-Inspection begab sich in Folge dessen nach Saarlouis. Sie formirte dort einen Fuhrenpark von 2000 Wagen, welche im Regierungs-Bezirk Trier auf dem Wege der Requisition aufgebracht wurden; auch sorgte sie für Anlage von Feldbacköfen, welche unter Heranziehung der aus den Bäckerei-Colonnen der Armee-Corps dazu überwiesenen Feldbäcker bald in Betrieb gesetzt werden konnten.

Die Truppen hatten jedoch bereits die eisernen Portionen und Rationen angreifen müssen, ohne sie bestimmungsmäßig sogleich wieder ergänzen zu können. Ein Ersatz erschien für den Vormarsch in Frankreich geboten; hierzu aber reichten die inzwischen nach Saarlouis herangezogenen Vorräthe nicht aus, zumal die Armee inzwischen durch Hinzutritt des 1. Armee-Corps und der 1. Cavallerie-Division verstärkt worden war. Es wurde deshalb mit höherer Genehmigung auf die Approvisionnements-Vorräthe der Festung Saarlouis zurückgegriffen, (woran indessen die Bedingung eines schleunigen Natural-Ersatzes geknüpft war). Auf diese Weise konnten die Truppen wieder mit der eisernen Portion und Ration versehen werden.

So lange sich die Armee auf dem Vormarsche befand, war es nicht möglich, ein von Saarlouis aus vorgeschobenes Magazin anzulegen, aus welchem die Armee-Corps ihre Lebensbedürfnisse hätten abholen können. Es blieb nur übrig, den täglichen Bedarf, so weit er durch directe Requisitionen nicht zu decken war, auf Wagen verladen, der Armee nachführen zu lassen. Die

General-Etappen-Inspection ließ die zu diesem Zwecke geeigneten Organe in Saarlouis zurück und folgte dem Hauptquartier des Ober-Kommandos in Entfernung eines Tagesmarsches.

Als sich die Armee gegen Mitte August der Eisenbahnlinie Forbach—Metz wieder näherte, ordnete der General-Intendant an, daß von den an dieser Bahn für die II. Armee angelegten Etappen-Magazinen das in Courcelles (an der Bahn) der I. Armee überlassen werden sollte. Hiervon war jedoch, so lange die Armee noch in der Bewegung begriffen war, kein wesentlicher Gebrauch zu machen. Es mußten nach wie vor von Saarlouis aus beladene Fuhrenpark-Colonnen nachgeführt werden, und trafen die letzten derartigen Colonnen, aus etwa 600 Wagen bestehend, am 19. und 20. August in Gravelotte ein. Aus ihnen wurde die Armee nach der eben vorangegangenen Schlacht mit Lebensmitteln versorgt; außerdem konnten auf die entfrachteten Wagen Verwundete nach verschiedenen Eisenbahnstationen transportirt werden.

Nachdem die Armee vor Metz Aufstellung genommen hatte, wurden Seitens der General-Etappen-Inspection die nöthigen Magazin-Vorräthe von Saarlouis nach Courcelles vorgeschoben. Von hier aus führten die einzelnen Armee-Corps mittelst ihrer Proviant- und Fuhrenpark-Colonnen den Bedarf in die angelegten Corps-Magazine über. Auch wurden in diesen letzteren unter Aufbietung aller Fuhrkräfte allmählig so viel überschießende Verpflegungs-Vorräthe angesammelt, als man im Falle eines plötzlichen Abmarsches auf den vorhandenen Wagen hätte mitführen können.

Dieser Transportdienst wurde während der ganzen Dauer der Cernirung von Metz mit bewunderungswürdiger Ausdauer und Energie gehandhabt. Dies gilt sowohl von dem Nachschub von Saarlouis aus, als auch von der Ueberführung der Bestände aus den vorgeschobenen Magazinen. Da letztere nämlich je nach den veränderten Dislocationen der Armee-Corps mehrfach wechselten, so wurde in den meisten Fällen eine Ueberführung der in ihnen angesammelten Vorräthe in die neuen Corps-Magazine nöthig. — Es wäre nun unmöglich gewesen, den seit Hinzutritt der 3. Reserve-Division (Kummer) bis Ende September noch verstärkten Bedarf mittelst Landtransport nach Courcelles zu schaffen, zumal der Fuhrenpark der General-Etappen-Inspection in Folge der

Krankentransporte von Gravelotte und anderer Umstände sich fast zur Hälfte aufgelöst hatte. —

Nach Beendigung der durch die Schlacht bei Gravelotte und durch die Vorbereitungen zur Cernirung von Metz bedingten rein militärischen Eisenbahn-Transporte wurde der I. Armee eine theilweise Mitbenutzung der Eisenbahn über Forbach für Verpflegungszwecke zugestanden. Auch gelang es der General-Etappen-Inspection, neue Bezugsquellen zur Füllung des Hauptmagazins in Saarlouis zu eröffnen, wobei eine directe Einlieferung in das letztere stattfand, so daß die hierdurch ersparte Fuhrkraft jetzt zum Transport des Nachschubes verwendet werden konnte.

Auch wurden damals der I. Armee mehrere Eisenbahnzüge mit Verpflegungs-Gegenstände aller Art nach Ars s/M. zugeführt; diese wahrscheinlich für die III. Armee bestimmten Züge konnten nämlich von Nancy aus, wohin sie dirigirt waren, nicht weiter befördert werden und mußten deshalb behufs Räumung der Bahn entfrachtet werden. Als diese Verpflegungs-Transporte später der II. Armee überwiesen wurden, blieb der I. Armee immer noch eine gewisse Betheiligung an denselben. — Auf diese Weise gelang es allmählig in den verschiedenen Magazinen größere Vorräthe anzusammeln. Es wurde dadurch möglich, nicht nur 50,000 Kriegsgefangene von Sedan nebst ihren Begleit-Kommandos zu verpflegen, sondern auch der damals in den Argonnen operirenden Armee-Abtheilung des Kronprinzen von Sachsen, eine Zeit lang täglich 100 Wagen mit Lebensmitteln aller Art nach Etain zuzuführen. Dagegen trat Ende August eine allgemeine große Calamität in Bezug auf die Verpflegungs-Verhältnisse ein. Es war das die in sämmtlichen Viehparks der Armee zu Saarlouis, Courcelles, Ars s/M. und Jouy aux Arches fast gleichzeitig ausbrechende Seuche, welche durch die von der Regierung in Trier requirirten Thierärzte als wirkliche Rinderpest constatirt wurde. In Folge dessen mußten ungefähr 1000 Stück Podolische Ochsen getödtet und eine Grenzsperre angeordnet werden, welche jeden Nachschub an lebenden Vieh verhinderte. Um nun trotzdem die Armee noch ferner mit frischem Fleisch versehen zu können, wurden die Requisitions-Rayons immer weiter nach rückwärts ausgedehnt, das Requisitions-System auch mit einer gewissen Rücksichtslosigkeit gehandhabt. Dennoch konnte auf diesem Wege der nothwendige Bedarf nicht aufgebracht werden. Es blieb deshalb nur übrig, so oft als möglich Hammel- und Schweinefleisch auszugeben, die Zufuhr an geräuchertem Speck zu verstärken, gesalzenes und geräuchertes Rind- und Schweinefleisch in den größeren See- und Handelsstädten aufzukaufen. Da aber auf die Dauer das frische Rindfleisch nicht ganz entbehrt werden konnte, so wurde außerdem in Mainz eine Feldschlächterei angelegt, in welcher man das ausgeschlachtete Fleisch durch Ansieden, Trocknen und Einreiben mit Salz und Pfeffer conservationsfähig machte, um es in Stroh verpackt auf Eisenbahn versenden zu können.

Es geschah somit alles Erdenkliche, um jener Ungunst der Verhältnisse zu begegnen und darf behauptet werden, daß im Großen und Ganzen die schwere Calamität ohne Nachtheil für die Gesundheit der Truppen vorüberging.

Inzwischen wurde die Anhäufung von Vorräthen in den Magazinen für den Fall eines Vormarsches andauernd weiter betrieben. Als aber die Capitulation von Metz eintrat, zeigte es sich, daß alle jene vorsorglichen Vorbereitungen kaum ausreichend waren. Denn (während der II. Armee nur die Fürsorge für die Einwohnerschaft der cernirten Stadt zufiel) hatte die I. Armee die Verpflegung sämmtlicher etwa 150,000 Kriegsgefangenen auf dem Transport bis zur Grenze zu übernehmen. Dadurch wurden die vorhandenen Bestände absorbirt; neue Vorräthe mußten unmittelbar vor dem Abmarsch herangezogen werden. Die General-Etappen-Inspection ließ das seit Mitte October von Courcelles nach Herny verlegte Magazin jetzt nach Metz vorschieben, um die Eisenbahn frei zu machen. Hierdurch trat für die Armee-Corps eine Empfangserleichterung ein, welche mit dazu beitrug, daß allen Anforderungen rechtzeitig entsprochen werden konnte.

Es handelte sich nämlich demnächst auch um die Vorbereitungen zum weiteren Vormarsch. Von Seiten des General-Intenbanten war der zunächst nach der Oise vorrückenden I. Armee die Linie Reims—Rethel als Verpflegungsbasis zugewiesen. Zur Sicherung des nach Absorbirung der mitzuführenden Vorräthe eintretenden Bedarfs wurden bereits am 2. November Beamte vorausgesendet, welche binnen 12 Tagen in Laon und Rethel für das 1. Armee-Corps, in Reims und Soissons für das 8. Armee-Corps und die 3. Cavallerie-Division Magazine mit 14tägigem Bedarf anlegen sollten. Bei Ausführung dieser Maßregeln wurde einerseits die Unterstützung des General-Gouvernements in Reims in Anspruch genommen. Andererseits hatte der General-Intendant das Oberkommando der Maas-Armee ersucht, auch seinerseits insoweit mit auszuhelfen, als die eigenen überschießenden Bestände es gestatteten. Insbesondere sollte in Soissons für Anlage eines größeren Magazins Vorsorge getroffen werden.

In Folge dieser Ersuchen wurden die in Clairmont befindlichen Hafer-Vorräthe zur Verfügung gestellt, von denen die Cavallerie-Division auf ihrem Vormarsch Gebrauch machte; andere Unterstützungen konnten einstweilen nicht zugesagt werden.

Der im Auszug hier folgende Armee-Befehl vom 4. November traf nachstehende Anordnungen hinsichtlich der Verpflegung beim Vormarsch:

„Die Corps haben an den, ihrem Abmarsch vorangehenden beiden letzten Tagen, die erforderlichen Vorräthe zu empfangen. Dahin gehört die Ergänzung der 3tägigen eisernen Portionen resp. Rationen, die Beladung der Proviant-Colonnen mit mindestens einem 4tägigen Bedarf an Victualien und Brobmaterial, so wie die Beladung des bei jedem vorhandenen Fuhrenparks von 400 Wagen mit dem 6tägigen Bedarf an Hafer und mit einer Reserve an Mehl resp. Zwieback. Hiernächst wird die General-Etappen-Inspection alle ihr zur Disposition stehenden Wagen sammeln und, in der Annahme, daß in den nächsten Tagen 1000 vorhanden sein werden, mit einem 3tägigen Bedarf an Hafer und Victualien beladen, in der Art folgen lassen, daß auf der nördlichen Etappenlinie der Bedarf für ein Armee-Corps, auf der südlichen der für ein Armee-Corps und eine Cavallerie-Division vorgeschoben wird. Die General-Etappen-Inspection hat Zahl, Ladung und Instradirung der abgesandten Wagen zu melden. In erster Linie ist unbedingt Verpflegung von den Quartierwirthen zu beanspruchen. Nur in Nothfällen soll auf die eigenen Bestände zurückgegriffen werden, und zwar dann zunächst auf die Proviant-Colonnen und die Fuhrenpark-Wagen. Die entleerten Wagen sind täglich zu sammeln und bis auf weiteren Befehl an die General-Etappen-Inspection nach Metz zu dirigiren, damit dieselben dort von Neuem beladen, den Truppen wieder nachgesandt werden können.

Requisitionen von Lebensmitteln sollen auf dem Vormarsch nicht vorgenommen werden; dagegen wird der Ankauf von Lebensmitteln gestattet und bleibt es den Corps überlassen, sich durch geeignete Maßregeln einen Markt zu eröffnen. Dabei wird das

1. Armee-Corps darauf aufmerksam gemacht, daß sich in Sedan ein Magazin befindet, welches nach Communication mit der Kommandantur vielleicht unter Entsendung eines Beamten nutzbar gemacht werden könnte. Ob das 8. Armee-Corps auf dem Vormarsche die Magazine an der Etappen-Linie der Maas-Armee wird benutzen können, darüber wird weitere Mittheilung erfolgen. Für die Anlage von Magazinen bei weiterem Vormarsch ist soviel als möglich Sorge getragen." —

Diese den Verhältnissen entsprechenden Anordnungen haben sich im Ganzen bewährt. Das 8. Armee-Corps empfing nach der Capitulation von Verdun einige Hafer-Vorräthe aus dieser Festung, nahm auch Theil an den gleichartigen Vorräthen, welche die Cavallerie-Division in Clermont von der Maas-Armee übernommen hatte. So legte die Armee den Marsch durch die Argonnen bis in die Champagne hinein ohne Verpflegungsübelstände für Mann und Pferd zurück. — Hier fand man die vorsorglich angelegten Magazine, aus welchen sich die Armee wieder ganz complettirte, so daß sie mit hinreichenden Vorräthen versehen den Marsch in das nordwestliche Frankreich antrat.

Von jetzt ab handelte es sich hauptsächlich um rechtzeitigen Nachschub aus den rückwärtigen Magazinen. Die zu Reims und Soissons waren die nach Lage und Eisenbahn-Verbindungen am geeignetsten. Es hatte sich jedoch herausgestellt, daß die Magazine nicht durch Einlieferung an Ort und Stelle, sondern nur durch Nachschub aus dem Vaterlande gefüllt werden konnten. Es wurde deshalb das Hauptmagazin der I. Armee von Saarlouis nach Metz verlegt, wo eine unmittelbare Einlieferung stattfinden konnte, und von wo aus dann die Verpflegungstransporte zunächst bis in die Magazine von Reims und Soissons vorgeschoben wurden. Diese letzteren waren deshalb während ihres Bestehens nicht Hauptmagazine, behielten vielmehr den Character vorgeschobener Magazine.

Als die Armee ihre Operationen über die Oise hinaus fortsetzte, wurde ihr anfänglich der Verpflegungs-Bedarf von Soissons aus nach Compiegne nachgeführt; die weitere Heranziehung hatten dann die Armee-Corps selbst zu besorgen. Als jedoch seit dem 1. Dezember die Bahnlinie Crepy—Creil fahrbar geworden war, wurden die ganzen Bestände von Reims und Soissons nach Compiegne vorgeschoben, demnächst auch in Beauvais und Creil Magazine angelegt. In Beauvais konnten die Vorräthe der Maas-

Armee mit verwandt werden. Bei der für den Nachschub im Allgemeinen günstigen Lage der Verbindungen mit dem Vaterlande kam es jedoch darauf an, die zerstörten Eisenbahnen in den occupirten Landestheilen wieder herzustellen. Auch handelte es sich um Beschaffung und Herstellung des nöthigen Betriebsmaterials, namentlich von Locomotiven, um den Verpflegungs-Bedarf nach den wichtigsten Punkten dirigiren zu können. Die Verbindung über Crepy und Creil nach Amiens und Rouen hatte ihre besondere Schwierigkeit, beim Passiren der über die Oise angelegten Nothbrücke. Für größere Verpflegungs-Transporte wurde sie deshalb nicht benutzt, wohl aber zur Heranziehung des allerdringendsten täglichen Bedarfs. Dagegen eröffnete sich mit Inbetriebsetzung der Linie über Reims, Laon, la Fere, Ham, Amiens (abgesehen von ihrer freilich militärisch etwas exponirten Lage) eine Verbindung mit dem Vaterlande, auf welcher auch größere Transporte von Metz ohne Umladung bis Amiens und Rouen befördert werden konnten. Solche in Metz abgelassenen Züge gingen dann mit ihrem Inhalt unmittelbar in die Corps-Magazine, ohne daß eine vorherige Uebernahme in ein Magazin der General-Etappen-Inspection erforderlich war. —

2. Ueberstichtliche Darstellung der Munitionsergänzung bei der I. Armee.

Die im Feldzuge von 1870/71 bei den Feldarmeen zur Verwendung gekommenen Munitionsbestände muß man sich nach den damaligen Bestimmungen folgendermaßen gegliedert denken:

1. In vorderster Linie die Taschenmunition der fechtenden Truppen, sowie die Munition in Protzen und Munitionswagen;
2. Die Munitionscolonnen der Armee-Corps;
3. Die Reserve-Munitionscolonnen einer Armee;
4. Das Reserve-Munitions-Depot einer Armee.

Der Munitionsersatz bei den Truppen geschah aus den Corps-Munitionscolonnen, und zwar wo möglich aus denen des zugehörigen Armee-Corps. Der Nachschub und Ersatz für diese letzteren aber ressortirte vom betreffenden Armee-Oberkommando und wurde hier vom Kommandeur der Artillerie geleitet. Er verfügte dazu über die Reserve-Munitionscolonnen und über das Reserve-Munitions-Depot; erstere bestehend aus beladenen aber unbespannten Wagen, letzteres aus gefüllten Kisten. In der Regel sollten die Korps-Munitionscolonnen ihren Bedarf aus den Reserve-Colonnen ergänzen, und diese wieder sich aus dem Reserve-Munitions-Depot complettiren. Letzteres wurde für jede Armee an einem in angemessener Entfernung rückwärts gelegenen Orte gebildet und je nach dem Vorgehen der Armeen ihr nachgeschoben. Bestimmungsmäßig sollten die Reserve-Munitions-Colonnen ihren Bedarf aus dem Depot entweder selbst abholen, oder aber er war ihnen vom Depot aus mittelst der Eisenbahn zuzuführen. Der letztere Weg als der einfachste und kürzeste kam dann aber auch für eine **directe Complettirung der Corps-Munitions-Colonnen aus dem Reserve-Depot** in Betracht, und bewährte sich dieser Ergänzungsmodus überall da, wo eine Versendung auf der Bahn bis in die Nähe der Armee möglich war.*)

Den Munitions-Ersatz der I. Armee leitete nach obigen allgemeinen Grundsätzen der General Schwartz. In der ersten Periode des Feldzuges und während der Cernirung von Metz befanden sich die der Armee zugetheilten Reserve-Munitions-Colonnen unter Major Rosenzweig in Saarlouis; Vorstand des Reserve-Munitions-Depot gleichfalls in Saarlouis war der Hauptmann Boettcher. —

Nach dem Fall von Metz schob man zunächst einen Theil der Reserve-Colonnen dorthin vor. Ende November, als von der Oise aus die Operationen gegen die Somme und untere Seine begannen, wurden sämmtliche Reserve-Colonnen nach Laon gezogen. Der telegraphische Befehl zu ihrer Translocirung erging unterm 20. November; in den Tagen vom 24. November bis 2. Dezember trafen sie in Laon ein. Hieran schloß sich der Transport des Reserve-Munitions-Depots von Saarlouis nach Soissons, wo der-

---

*) Steht nämlich ein Schienenweg für Munitions-Transporte nicht zur Verfügung, so müssen unbespannte Reserve-Munitions-Colonnen durch requirirten Vorspann erst fahrfähig gemacht werden, um den leer auf sie zukommenden Corps-Munitions-Colonnen entgegen zu gehen.

Die Beschaffung von Vorspann in einigem Umfange, stieß aber im französischen Feldzuge erfahrungsmäßig immer auf Schwierigkeiten und Aufenthalt; die darauf fußenden Berechnungen trafen — der Zeit nach — nur selten zu. —

selbe in den Tagen vom 7. bis 10. Dezember anlangte. Dann wurden auch die Colonnen mittelst requirirten Vorspanns von Laon nach Soissons überführt, wo nun Colonnen und Depot bis zum Schluß des Feldzuges verblieben.

Die von Soissons nach Westen führenden Eisenbahnen boten das Mittel, die Ergänzungs-Munition in den Bereich der Corps-Munitions-Colonnen, also bis in hinreichende Nähe der operirenden Armeetheile vorzuschieben. Für den Transport der unbespannten Reserve-Colonnen konnte das erforderliche Eisenbahn-Transport-Material nicht aufgebracht werden; auch war eine Beförderung größerer Eisenbahnzüge wegen schadhafter Stellen auf der Linie mit Schwierigkeiten verknüpft und deshalb unzuverlässig. Wäre es aber auch möglich gewesen, die Colonnen auf Eisenbahn weiter vorzuschieben, so würde deren Aufstellung auf den Stationen den Bahnverkehr gestört und ihm auf mehrere Tage ein erhebliches Material entzogen haben.

Der bereits erwähnte Vorzug einer directen Complettirung der Corps-Colonnen aus dem Depot fand also seine Bestätigung, indem zum Transport der Kistenmunition wenige, den Eisenbahnzügen angehängte Waggons ausreichten. So kam denn dieser letztere Modus sowohl nach der Somme, wie nach der Seine hin mit geringen Ausnahmen zur Anwendung. —

Das Verfahren war hierbei im Allgemeinen folgendes: Sobald eine Schlacht in Aussicht stand, erging nach Soissons telegraphischer Befehl zur vorläufigen Bereitstellung der vorzusendenden Munition. Diesen rechtzeitigen Vorbereitungen war es zu verdanken, daß selbst bei großem Munitions-Verbrauch der Ersatz stets rechtzeitig ausgeführt wurde. Das nächste Telegramm enthielt nämlich den eigentlichen Absendungsbefehl. Er erging unmittelbar nach der Schlacht, ohne vorherige Anzeige der Truppen über das zu ersetzende Quantum, sondern nach einem ungefähren Ueberschlag auf dem Schlachtfelde, welcher durch schleunige Umfrage der Adjutanten gewonnen wurde. Ergab sich später ein Mehrbedarf, so wurde dieser nachträglich heranbeordert. War ein Ueberschuß vorhanden, so ging er nach erlangter Sicherheit über die allseitige Complettirung auf der Eisenbahn zurück. Da die mit Munition beladenen Waggons auf seitwärts gelegenen Schienensträngen in der Nähe der Bahnhöfe aufgestellt wurden, so konnten die zu füllenden Munitionsfahrzeuge bis an die Waggons heranfahren, ohne daß der Eisenbahnverkehr gestört wurde.

Nach Maaßgabe der weiter vorschreitenden Operationen wurden außer dem Haupt-Depot in Soissons noch Zwischen-Depots und Complettirungspunkte in Laon, Creil, Beauvais, Breteuil, Nesle und Longueau bei Amiens etablirt. In Laon fand zunächst Ersatz der in der Schlacht von Amiens am 27. November verschossenen Munition in den Tagen vom 2. bis 4. Dezember statt.

Die späteren Munitions-Transporte von Soissons aus, sowohl für die Armee-Theile an der Somme in Richtung auf Amiens, als auch für die Truppen an der Seine nach Beauvais hin hatten sämmtlich die Station Creil zu passiren. Dieser Ort wurde daher nach beiden Richtungen hin zur Etablirung eines vorgeschobenen Depots benutzt. Seine Lage, gesichert gegen den Feind und doch in nicht zu weiter Entfernung von der Armee, eignete sich für diesen Zweck. Hier fand diejenige Munition, welche von dem weiter vorgeschobenen Quantum nicht an die Truppen verausgabt war, vorläufige Unterkunft. Bei erneut eintretendem Bedarf konnte sie schleunigst wieder vorgesandt, auch von Soissons aus in kürzester Zeit ersetzt werden.

Am 22. Dezember, am Vorabend der Schlacht an der Hallue, erließ das Oberkommando der Artillerie telegraphischen Befehl, einen Munitions-Transport in Richtung auf Amiens vorzubereiten. Nach ungefährer Schätzung des Verbrauchs wurde am Abend des ersten Schlachttages die Stärke des Transports angeordnet; am Abend des zweiten Schlachttages aber am 24. die Station Breteuil zum Complettirungsort bestimmt, wohin die leeren Munitions-Fahrzeuge vom Schlachtfelde aus abgingen.

Die erste Ergänzung fand daselbst in den nächstfolgenden Tagen statt; der Rest der Munition ging vorläufig nach Creil zurück, wurde dann aber am 28. Dezember nach Longueau bei Amiens dirigirt. Von hier aus fand eine vollständige Munitions-Complettirung der Armee statt; indem der in Folge Beschießung von Peronne telegraphisch aus Soissons requirirte Mehrbedarf jedesmal binnen kürzester Frist in Longueau eintraf. Hier wurde auch die in der Schlacht bei Bapaume verschossene Munition unverzüglich ersetzt, so daß ungeachtet des großen Verbrauchs während des Bombardements von Peronne und in der Schlacht bei Bapaume nie ein Mangel an Ergänzungs-Munition eintrat. Ein

Theil der gegen Peronne verschossenen Munition wurde auch vermittelst der an die 3. Reserve-Division überwiesenen Reserve-Munitions-Colonne ersetzt, welche ihrerseits den Ersatz aus dem Depot nach La Fere geliefert erhielt. Die nicht zur Verausgabung kommende Munition blieb bis zum 14. Januar in Longueau. Dann wurde sie nach dem gesicherteren Zwischen-Depot Creil zurückgesandt. —

Der nächste Bedarfsfall trat am 19. Januar mit der Schlacht von St. Quentin ein, auch wurde der Munitions-Ersatz nach dieser Schlacht mit besonderer Schnelligkeit bewirkt. Der Befehl zur Versendung von Creil bis Nesle konnte zwar erst in der Nacht nach der Schlacht durch den Telegraphen befördert werden. Dennoch traf der Transport schon am nächsten Abend in Nesle ein; gleichzeitig auch derjenige Theil der entleerten Colonnen, welchen Nesle als Complettirungsort angewiesen worden war. General Schwarz hatte nämlich noch auf dem Schlachtfelde befohlen, daß nur die eine Hälfte der leeren Colonnen nach Nesle, die andere aber nach Soissons abrücken solle, um für den Fall von Unregelmäßigkeiten auf der Eisenbahn jedenfalls die Hälfte des nöthigen Ersatzes aus Soissons gesichert zu haben, von woher die zurückkehrenden Colonnen freilich erst nach einigen Tagen wieder bei der Armee eintreffen konnten. Da indessen der Transport nach Nesle ungesäumt zur Ausführung gelangte, so war schon am 20. Abends der Ersatz für den größten Theil der verschossenen Munition in nächster Nähe der Armee zur Verausgabung verfügbar und konnte unverzüglich mit der Complettirung begonnen werden.

Für die an der unteren Seine operirenden Armee-Theile gingen nur zwei unbedeutende Munitions-Transporte von Soissons auf der Bahn bis Beauvais, wohin von Rouen her die leeren Fahrzeuge dirigirt worden waren. Während des Waffenstillstands war jeder Schuß wieder ersetzt. —

Das während der Operationen der I. Armee an den einzelnen Complettirungs-Orten aus den Reservebeständen verausgabte Munitionsquantum ergiebt summarisch folgende Tabelle:

Ausgebende Colonne oder Depot	Complettirungsort	4pfd. Granatschuß	6pfd. Granatschuß	Zündnadelpatronen	Zündnadel-Carabinerpatronen	Cavallerie-Patronen	Empfangende Colonne
Reserve-Munitions-Colonne der I. Armee	Laon	4055	1552	121,155	800	628	Munitions-Colonne des 8. und 1. Armee-Corps.
desgleichen	Soissons		1457				desgleichen.
Reserve-Munitions-Depot der I. Armee	Soissons	1931					Munitions-Colonnen 8. Armee-Corps.
desgleichen	Breteuil	2949	1131	227,500	21,290	12,000	desgleichen und 1. Armee-Corps.
"	Amiens (Longueau)	2490	3323	10,460			desgleichen.
"	Reßle	5212	3550	549,265	1500	17,688	1. Armee-Corps.
"	Beauvais	1105	486	256,984	59,622	19,281	
"	Creil und la Fère	1054	896	162,530	8,660	6000	13. Colonne des Reserve-Munitions-Parks beigegeben der Reserve-Division.
Summa der während der Operationen der I. Armee im Norden Frankreichs verausgabten Reserve-Munition		18,796	11,395	1,227,894	91,872	55,577	

Außerdem wurden vom Reserve-Munitions-Depot noch 450,000 Zündnadelpatronen für die Citadelle von Amiens abgegeben, welche jedoch nicht zur Verwendung gelangt sind.

Der Ersatz der nach vorstehender Tabelle verausgabten Munition erfolgte durch directe Requisition von Seiten des Reserve-Munitions-Depots aus den Artillerie-Depots Coblenz, Coeln, Minden und Spandau. Den Requisitionen wurde immer schnell entsprochen; der Eisenbahn-Transport nach Soissons nahm aber oft längere Zeit in Anspruch. Beispielsweise brauchte ein Transport von Minden 7, ein solcher von Spandau 14 Tage.

Ordre de bataille der I. Armee
zur Zeit des Abmarsches von der Mosel (7. Novbr.)

Oberbefehlshaber: General der Cavallerie Freiherr von Manteuffel.
Chef des Stabes: General-Major von Sperling (abcommandirt).
Interim. Chef des Stabes: Oberquartiermeister Oberst Graf von Wartensleben.
Interim. Oberquartiermeister: Major von Lewinski I.
Kommandeur der Artillerie: Generallieutenant Schwarz.
Kommandeur der Ingenieure und Pioniere: General-Major Biehler.

A. I. Armee-Corps.

General der Cavallerie Freiherr von Manteuffel
(später Generallieut. von Bentheim).
Chef des General-Stabes: Oberstlieut. von der Burg.
Kommandeur der Artillerie: Gen.=Major von Bergmann.

1. Division.

Generallieut. von Bentheim
(später Gen.=Major Frhr. von Falckenstein).

1. Brigade.
Oberst von Böcking Combr.
des Regts. Nr. 44.
" Nr. 41.
Jäger-Bataillon Nr. 1.
Dragoner-Regiment Nr. 1.
1. Fuß-Abtheilung.

2. Brigade.
Gen.=Maj. Frhr. von Falckenstein später Oberst v. Massow
Combr. des Regts. Nr. 3.
" Nr. 43.

2. Fuß-Abtheilung.

2. Division.

General-Major von Pritzelwitz.

3. Brigade.
Gen.=Maj. v. Memerty (krank, traf am 3. Dzbr. bei d. Armee ein, interim. Oberst von Busse Combr. des Regts. Nr. 43).
" Nr. 44.
Dragoner-Regiment Nr. 10.
3. Fuß-Abtheilung.

4. Brigade.
Gen.=Maj. von Zglinitzki.
Regiment Nr. 5.
" Nr. 45.

Corps-Artillerie.

Reitende Abtheilung.   (2 Batterien.)

B. VII. Armee-Corps.

General der Infanterie von Zastrow.
Chef des General-Stabes: Oberst von Unger.
Commandeur der Artillerie: Gen.-Major v. Zimmermann.

13. Division.

Generallieut. von Bothmer.

25. Brigade.
Gen.-Maj. v. d. Osten-Sacken,
Regiment Nr. 13.
„ Nr. 73.

26. Brigade.
Gen.-Maj. Frhr. v. d. Goltz
(abkommandirt) interimistisch
Oberst v. Barby, Combr. des
Regts. Nr. 55.
Regiment Nr. 15.
„ Nr. 55.

Jäger-Bataillon Nr. 6.
Husaren-Regiment Nr. 8.
3. Fuß-Abtheilung.

14. Division.

Generallieut. von Kamecke.

27. Brigade.
Oberst von Barnewitz
(interim. Oberst von Conrady
Combr. des Regts. Nr. 77.)
Regiment Nr. 39.
„ Nr. 74.
Husaren-Regiment Nr. 15.
1. Fuß-Abtheilung.

28. Brigade.
Gen.-Maj. von Woyna.
Regiment Nr. 53.
„ Nr. 77.

2. Fuß-Abtheilung.

Corps-Artillerie.
Reitende Abtheilung.
(2 Batterien.)

C. VIII. Armee-Corps.

General der Infanterie von Goeben.
Chef des General-Stabes: Oberst von Witzendorff.
Commandeur der Artillerie: Oberst von Kamecke.

15. Division.

Generallieut. von Kummer.

29. Brigade.
Gen.-Maj. v. Sperling (krank)
für denselben Oberst Mettler,
Combr. des Regts. Nr. 70,
später Oberst von Bock.
Regiment Nr. 38.
„ Nr. 65.*)

30. Brigade.
Gen.-Maj. von Strubberg.
Regiment Nr. 28.
„ Nr. 68.*)

16. Division.

Generallieut. von Barnekow.

31. Brigade.
Gen.-Maj. Graf Gneisenau.
Regiment Nr. 29.
„ Nr. 69.

32. Brigade.
Oberst von Rex (krank) interim.
Oberst Beyer von Karger.
Regiment Nr. 40.
„ Nr. 70.*)

Jäger-Bataillon Nr. 8.
Husaren-Regiment Nr. 7.
1. Fuß-Abtheilung.

2. Fuß-Abtheilung.

Corps-Artillerie.

Husaren-Regiment Nr. 9.
3. Fuß-Abtheilung.

Reitende Abtheilung.

D. 3. Reserve-Division.

(Bisher Generallieut. von Kummer.)

a. Combinirte Infanterie-Brigade.
General-Major von Blankensee.
Regiment Nr. 19.
„ Nr. 81.

b. Landwehr-Division.
(General-Major Schüler von Senden.)
Die 12 Landwehrbataillone lösten sich zum Transport der Meher Gefangenen auf.
Von den bisherigen Bestandtheilen verblieben:

3. Reserve Cavallerie-Brigade.
General-Major von Strantz.

5. Reserve-Ulanen-Regiment.
3.   „   Husaren-Regiment.
2. schw. Reserve Reiter-Regiment.
1. Reserve Dragoner-Regiment.
3. Festungs-Pionier-Comp. des IX. A. C.
1. leichte Reserve-Batterie des Art.-Regts. Nr. 11.
3 Reserve Batterien.

E. 3. Cavallerie-Division.

Generallieut. Graf von der Gröben.

6. Cavallerie-Brigade.
General-Major von Mirus.
Cuirassier-Regiment Nr. 8. (Oberst Graf Roedern.)
Ulanen-Regiment Nr. 7. (Oberstlieut. v. Bessel.)
Reitende Batterie des Feld-Art.-Regts. Nr. 7.

7. Cavallerie-Brigade.
General-Major Graf zu Dohna.
Ulanen-Regiment Nr. 5. (Oberst von Weißenstein.)
Ulanen-Regiment Nr. 14. (Oberst von Lüderitz.)

Anmerkung. Die Regimenter Nr. 65, 68 und 70 waren für die früher zum VIII. Armee-Corps gehörigen Regimenter Nr. 60, 67 und 72 eingereiht; das Regiment Nr. 65 war aber noch beim Detachement Gayl vor Verdun und wurde gegen das Regiment Nr. 60 erst ausgetauscht, als die Armee am 9. November die Gegend von Verdun erreichte.

Ordre de bataille des I. Armee-Corps. 9. Dezember.

Commandirender General: Generallieut. und Divisions-Commandeur von Bentheim.
Chef des Generalstabes: Oberstlieut. v. d. Burg.
Commandeur der Artillerie: General-Major von Bergmann.
Commandeur der Ingenieure und Pioniere: Major Fahland.

2. Infanterie-Division.
General-Major von Pritzelwitz.

4. Infanterie-Brigade.
General-Major von Zglinitzki.
Infant.-Regiment Nr. 5.
Major v. d. Dollen.
Infant.-Regiment Nr. 45.
Oberst von Mühlschefahl.

3. Infanterie-Brigade.
General-Major von Memerty.
Infant.-Regiment Nr. 4.
Oberst von Liechen und Hennig.
Infant.-Regiment Nr. 44.
Major Bock.

1. Infanterie-Division.
General-Major von Falckenstein.

2. Infanterie-Brigade.
Oberst von Busse.
Comm. des Inf.-Rgts. Nr. 43.
Infant.-Regiment Nr. 3.
Oberst von Legat.
Infant.-Regiment Nr. 43.
Oberstlieut. von Rosenberg.
Jäger-Bat. Nr. 1.
Oberstlieut. von Plötz.

1. Infanterie-Brigade.
Oberst von Böding.
Comm. des Inf.-Rgts. Nr. 44.
Inf.-Regt. Kronprinz Nr. 1.
Oberst von Malzon.
Infant.-Regiment Nr. 41.
Oberstlieut. von Meerscheidt-Hüllessem.
2. u. 3. Pionier-Comp. mit Schanzzeug-Colonne.
Hauptm. Neumann.
3. "   Riemann.

Dragoner-Regiment Nr. 1. Hauptm. Ritter.
Dragoner-Regiment Nr. 10. Oberst v. d. Goltz.
3. Fuß-Abtheilung Feld-Art.-Regts. Nr. 2. Major Müller.

Dragoner-Regiment Nr. 1. Oberst Junge.
1. Fuß-Abtheilung Feld-Art.-Regts. Nr. 1. Major Preiniker.

Corps-Artillerie. Oberst Junge.

Colonnen-Abth. des Feld-Art.-Regts. Nr. 1. 2. Fuß-Abth. des Feld-Art.-Regts. Nr. 1. Reitende Abth. des Feld-Art.-Regts. Nr. 1.
Major von Kaunhoven.   Oberstlieut. von Gregorovius.   Major Gerhards.
Infanterie-Munitions-Colonne.
Artillerie-Munitions-Colonne.
Ponton-Colonne des XII. Armee-Corps.

Trains. Major von Hose.

Ordre de bataille des VIII. Armee-Corps. 9. Dezember.

Commandirender General: Gen. der Infant. von Goeben.
Chef des Generalstabes: Oberst von Witzendorff.
Commandeur der Artillerie: Oberst von Kamecke.
Commandeur der Ingenieure und Pioniere: Oberstlieut. Schulz.

16. Infanterie-Division.

Generallieut. Freiherr von Barnekow.

32. Infanterie-Brigade.
Oberst von Rex
(J. B. Oberst Beyer v. Karger v. Regt. Nr. 69.)
Infant.-Regiment Nr. 70.
Oberst Mettler
(J. B. Major Erni.)

31. Infanterie-Brigade.
Gen.-Major Graf Reichardt v. Gneisenau. (J. B. Oberst Mettler vom Inf.-Regt. Nr. 70.
Infant.-Regiment Nr. 69.
Oberst Beyer von Karger
(J. B. Oberstlieut. Marschall von Sulicki.)

Füsilier-Regiment Nr. 40.
Oberstlieut. Meinicke.

Infant.-Regiment Nr. 29.
Oberstlieut. von Blumröder.
(J. B. Major von Elern.)

Husaren-Regiment Nr. 9.
Oberst von Wittich, gen. Hinzmann-Haßmann.
3. Fuß-Abtheilung des Feld-Art.-Regts. Nr. 8.
Oberstlieut. Hildebrand.

15. Infanterie-Division.

Generallieut. von Kummer.

30. Infanterie-Brigade.
Gen.-Major von Strubberg.
Infant.-Regiment Nr. 68.
Oberst von Sommerfeld.
Infant.-Regiment Nr. 28.
Oberst von Rosenzweig.

29. Infanterie-Brigade.
Oberst von Bock.
Infant.-Regiment Nr. 65.
Oberstl. Frhr. von Dörnberg.
Füsilier-Regiment Nr. 33.
Oberstlieut. von Henning.

Jäger-Bataillon Nr. 8.
Königs-Husaren-Regiment Nr. 7.
Oberst Frhr. vom Loë.
1. Fuß-Abtheilung des Feld-Art.-Regts. Nr. 8.
Major Mertens.

Corps-Artillerie: Commandeur Oberst von Broecker.
Reitende Abtheilung des Feld-Art.-Regts. Nr. 8.
Oberstlieut. Dorfenhagen.
2. Fuß-Abtheilung des Feld-Art.-Regts. Nr. 8.
Major Zwirnemann.

Colonnen-Abtheilung.
Hauptmann Eggers. (J. B. Hauptmann von Teichmann-Logischen.)

Train-Bataillon Nr. 8.
Oberst v. d. Marwitz. (J. B. Rittmeister Fischer.)

Armee du Nord. — 22. Armee-Corps. — General Faidherbe.

Aus der Gazette de Cambrai vom 30. Dezember 1870.

1. Infant.-Division. General Lecointe.
1. Infant.-Brigade. Oberst Derroja.
2. Marsch-Jäger-Bataillon.
1.) Bataillon des 75. Marsch-Regiments.
1. "   " 66.   "   "
2. "   " 67.   "   "
3.
6. Bataillon der Mobilgarden des Pas de Calais.
2. Infant.-Brigade. Oberst Mopnier.
10. Marsch-Jäger-Bataillon.
1.) Bataillon des 24. Marsch-Regiments.
1. "   " 64.   "   "
2. "   " 68.   "   "
3.
1.) Bat. des 46. Mobilgarden-Regts. (du Nord.)
2.
3.
3. 8 pfdge. Batterie des 12. Art.-Regts.
1. 3 "   "   "   " 15. "   "
2. 4 "   "   "   " 15. "   "

Summa 20 Bataillone 3 Batterien.

Truppen des Hauptquartiers.
1.) 12 pfdge. fahrende Batterie.
2. Compagnien Genie.
Genie-Park.
2 Escadrons Gensdarmerie.
1 Peloton Dragoner.
"   " Dragoner zur Bedeckung des Hauptquartiers.

Summa 2½ Esc. — 2 Battr. — 2 Genie-Comp.

2. Inf.-Division. General Paule b'Isoy.
1. Infant.-Brigade. Oberst de Bessol.
20. Jäger-Bataillon.
1.) Bataillon des 43. Linien-Regiments.
2.) Marine-Bataillon.
1.) Bataillon des 69. Marsch-Regiments.
2.
3.
3.) Bataillon Mobilgarden du Gard.
" des 44. Mobilgarden-Regiments.
2. Infant.-Brigade. Oberst Thomas.
18. Marsch-Jäger-Bataillon.
1.) Bataillon des 91. Linien-Regiments.
2.
" 33.
1.) Bataillon Mobilgarden der Somme.
2.
4. bis) Bataillon Mobilgarden der Marne.
2. 4 pfdge. Batterie des 15. Art.-Regts.
3. 6) 14 "   "   "   "   "
3. 6) 12 "   "   "   "   "

Summa 20 Bataillone 3 Batterien.

Recapitulation.
1. Inf.-Division . . . . 20 Bat. — Esc. 3 Battr.
2. "   "   20 "   "   —   3
3. "   "   17 "   "   2½   3
Reserve . . . . . . ½   "   2½   "   8 "
Total 57½ Bat. 2½ Esc. 8 Battr.

3. Infant.-Division. Admiral Moulac.
1. Inf.-Brigade. Schiffscapitain Payen.
19. Marsch-Jäger-Bataillon.
1.) Bataillon Marine-Fusilier-Regiments.
3.
8.) Bat. des 46. Mobilgarden-Regts. du Nord.
9.
2. Infant.-Brigade. Commandant de la Grange.
1. Bataillon mobilisé du Pas-de-Calais.
2. Bataillon des 47. Mobilgarden-Regiments.
3.
4.) Bataillon Mobilgarden du Nord.
5.
6.
10.) Bat. des 46. Mobilg.-Regts. (du Nord.)
11.
12.

Summa 17 Bataillone.

Infanterie: 1 Linien-Jäger-Bataillon.
          4 Marsch-   "
          5 Linien-Bataillone.
          4 Marsch-   "
         14 Marsch-   "
         29 Mobilgarden-Bataillone.

Summa 57 Bataillone.

Artillerie: 4 — 4 pfdge. Batterie.
           7 " 8 "   "
           3 " 12 " "

Summa 8 Batterien.

www.ingramcontent.com/pod-product-compliance
Lightning Source LLC
Chambersburg PA
CBHW021707230426
43668CB00008B/752